二十一世纪东亚区域经济合作战略研究

李建民　著

中国财政经济出版社

图书在版编目（CIP）数据

二十一世纪东亚区域经济合作战略研究/李建民著．—北京：中国财政经济出版社，2013.9

ISBN 978－7－5095－4618－5

Ⅰ.①二…　Ⅱ.①李…　Ⅲ.①区域经济合作－经济战略－研究－东亚－21世纪　Ⅳ.①F114.46

中国版本图书馆CIP数据核字（2013）第144891号

责任编辑：林治滨　　　　责任校对：徐艳丽

封面设计：朱　江　　　　版式设计：董生平

中国财政经济出版社 出版

URL：http：//www.cfeph.cn

E－mail：cfeph@cfeph.cn

社址：北京市海淀区阜成路甲28号　邮政编码：100142

营销中心电话：88190406　北京财经书店电话：64033436　84041336

北京财经印刷厂印刷　各地新华书店经销

787×960毫米　16开　22.25印张　248 000字

2013年10月第1版　2013年10月北京第1次印刷

定价：45.00元

ISBN 978－7－5095－4618－5/F·3745

（图书出现印装问题，本社负责调换）

质量投诉电话：88190744

反盗版举报热线：88190492、88190446

前　言

人类社会走入21世纪，世界政治、军事、外交和经济形势发生了令人无法想象的变化。世界多极化趋势取得了突破性进展。过去以美国为中心的政治经济单极世界，正在向多极世界转变，欧盟、中国和俄罗斯与美国在许多领域既并驾齐驱又相互角逐。国际权力从跨大西洋向跨太平洋、从发达国家向发展中国家、从大国向中小国家转移和扩散的趋势持续发展，国际体系新旧并存，大小国之间博弈加剧，竞争加深，世界处于一种动荡的非常时代。

从中东不断燃起的战火到非洲利比亚卡扎菲政权的沦陷，从2008年的美国次贷危机，到金融危机在欧盟的深化蔓延并在欧盟多国出现的主权债务危机，从中国一跃成为世界第二大经济体和军事大国，到日本经济失落的20年。世界林林总总的这些巨变都使得世界各国及人民对当今世界有了新的认知，对西方的价值观产生了新的理解。同时，世界对美欧等主要经济体的科学性也产生了诸多疑问。欧洲经济为何如此衰退，未来欧元的走向及命运，是欧元区一分为二或各国完全回归主权货币；为何美国解决不了自己金融危机的问题，美国就业率如何快速提高和如何面对过高的国家债务问题，以及如何面对各国减少美元储备意愿的不断增长的问题；还有诸如中国崛起对世界及东亚的威胁问题和中、美、日在东亚和钓鱼岛的博弈问题。尽管世人对东方和西方有过多疑虑，尽管世界发生着快速变化，然而2012世界末日并没有到来；尽管我们看到世界近几年来风云变幻，全球经济缓慢增长，欧、美、日等主要经济体已经步入衰退通道，但是，新兴经济体的经济增长比之前者还是充满阳光和希望的。

除此之外，我们还看到20世纪90年代和21世纪初是世界经济格局发生剧烈变化的一个新的历史时期：一方面，科学技术进一步推动着经济全球化，而经济全球化又推动着区域经济一体化，世界上几乎每一个国家都难以游离于其外，不受其影响；另一方面，全球区域经济一体化组织风起云涌，从北美自由贸易区的建立和向南美的延伸，到欧盟的东扩，到俄罗斯最近提出“欧亚联盟”的构想，俄罗斯、哈萨克斯坦和白俄罗斯三国关税同盟已经运行一年，三国之间的贸易额已经从250亿美元增长到1000亿美元。“欧亚联盟”一开始由3个国家组成，将来可能会有新的国家加入，俄罗斯将借此增加其在与美国、欧盟和中国的竞争中的实力。可见，与大西洋两岸区域经济合作的蓬勃发展相比以及其他区域经济合作相比，东亚区域合作显得非常滞后。同时各国也认识到，没有区域经济合作，各国在全球竞争中会处于劣势，在国际经济贸易规则制定过程中会永远处于较低地位。因此，加强东亚区域经济合作，组建区域经济联盟，走区域经济一体化的道路是东亚各国现在和未来奋斗的目标和方向。东亚区域经济合作和一体化从提出、探讨到FTA在不同国家之间的签署和具体实施到东亚区域经济合作和一体化的制度化建设，东亚在迈向区域经济一体化的道路上已经取得了较大的进展。虽然离组成欧盟那样的区域经济一体化组织的路途还很遥远且困难重重，但是，东亚在此道路上毕竟迈出了第一步。

东亚区域经济合作和一体化的研究既是一个经济学课

题，也是一个国际政治学领域的课题，同时也是一个历史与现实相结合的课题。所以本书欲在借鉴西方研究方法的基础上，主要以经济学研究的方法为主，如地区主义理论、国际经济相互依赖理论、关税同盟理论和大市场理论等，采用理论研究与实证研究相结合、定性分析与定量分析相结合的方法，去探求东亚区域经济合作和一体化的可行性和现实性。

从第二次世界大战后区域经济一体化的第一次浪潮的酝酿和兴起到20世纪90年代第二代浪潮的风起云涌，全球区域经济一体化的道路已经走过了比较漫长的阶段，跨过了两个世纪，与此同时，世界政治经济格局亦发生了巨大变化。20世纪90年代伴随冷战的终结和世贸组织（WTO）的诞生，经济全球化和区域经济一体化进入了一个崭新阶段，在世界贸易组织框架之下的区域经济合作组织也像雨后春笋一样出现，区域经济合作组织遍及全世界。国内生产总值排名前30位的国家（或地区）无一例外地参与了不同区域经济合作组织，除蒙古和朝鲜等个别国家外，几乎所有世贸组织成员都隶属于一个或多个不同程度的区域经济合作组织。区域内贸易总量占国际贸易总量的比重已超过50%，且呈快速上升趋势。越来越多的国家把区域经济合作提升到与多边贸易目标同等重要甚至更加优先的地位。

为什么区域经济合作的浪潮席卷全球，成为当前世界经济发展的一个最重要特征？这是因为，区域间各国的经济贸易合作是世界许多国家加快本国经济发展，共同抵御外部经济侵略与威胁的最重要的手段之一。东亚各国自金融危机和“9·11”后也充分认识到只有融入经济全球化及区域经济一体化的浪潮中，只有加强本域各国经济的联合，建立自己的区域经济组织，才能摆脱金融危机后的经济低迷状态，才能更加有效地防范未知的经济、金融等方面的威胁，从而加速本地区和本国的经济发展，才能更好地融入经济全球化的大潮中，才能真正成为世界经济发展板块的另一极。在以上大的国际和区域形势下，东亚“新地区主义”思潮蔓延，地区经济合作的实践也同时展开。

区域经济一体化是当今世界经济发展中的一个相当重要的经济现象。第二次世界大战后，有关区域经济发展和区域经济一体化的问题开始引起了人们的关注，而对区域经济合作和一体化的研究最早起源于欧洲。由于东亚经济合作和一体化的实践刚刚开始，对其在理论方面的探讨和研究几乎很少，尚无成型的理论。所以，关于东亚区域经济合作和一体化的研究几乎都要借鉴当今世界上对其他区域经济合作和一体化的相关理论和实践。

区域经济一体化特别是东亚区域经济一体化是当前学术界研究和探讨的重要领域。因为 20 世纪 80 年代末 90 年代初期，在经济全球化向纵深发展的同时，世界上区域经济合作和一体化也风起云涌。受此影响，创造“东亚奇迹”的东亚国家也萌发了谋求区域内部经济整合以应对未来危机和振兴区域经济的想法。

在经济全球化进程中，世界上大多数国家卷入了更深层次的国际分工。目前，在全球区域经济合作方面，欧洲、北美已经形成了一个强大的经济联盟，这无疑让东亚感到压力。而东亚至今还未建立起一个真正意义上的区域经济合作组织，这无疑对东亚区域的经济合作提出了一个严峻的挑战。因此，东亚加速区域经济的整合具有极其重要的政治和经济意义。

从战略角度考虑，东亚与美欧的崛起不同，无论是中国还是日韩或者是东盟各国，要想在世界经济的大格局中崛起，必须有一个可以依托的战略地带，以提高其在国际上的地位和作用。否则，中国不可能成为世界经济强国，日本也不可能成为政治大国，韩国亦是如此。对于东亚中小国家而言更无法在世界和区域政治和经济整合中获得实在的战略利益。从经济的角度可以预见，在未来的世界经济、科技竞争的格局中，国与国之间的角逐和竞争会逐渐减弱，取而代之的是区域集团之间的竞争。哪个区域最具有经济贸易等整合的优势，谁就具有最强的竞争实力，谁就能谋求区域和国家利益最大化，谁就有在国际政治和经济舞台上的更多话语权。虽然东亚地区的地位在最近几年大大提高，但还没有导致世界经济板块发生“三足鼎立”之实质变化，东亚还没有成为“世界第三极”。世界经济仍是美国与欧洲的天下，东亚尚不足以与美欧在许多领域抗衡，因为东亚还没有在经济合作方面取得突破进展和成效。

另外，东亚目前存在的一系列重大的战略问题，如中日之间、中菲之间、韩日之间等国存在的领土争端问题，朝鲜半岛问题（朝鲜的核试验问题）、中国台湾问题等都期待通过区域合作得以解决。因此，东亚各国都必须认识到区域经济整合的紧迫性。从东亚长远共同利益的战略层面上着想，各国应该积极参与和推动东亚区域经济合作和一体化的建设，这会加速整个世界政治经济格局的改变，东亚各国及各经济体应该为尽早成为真正意义上的“世界第三极”做好准备。

研究东亚区域经济一体化不能只从东亚看东亚的经济合作，要从当前和历史的角度来分析和研究东亚区域经济合作和一体化的可行性。东亚区域经济合作和一体化的提出和实践有其客观的东亚经济背景。过去的东亚经济发展模式——“雁行模式”已经荡然无存，区域经济发展受到来自世界其他区域经济组织的威胁和挑战，在国际贸易组织WTO规则弱化的情况之下，各国经济运行发展有所茫然，因此“后雁行模式”的东亚经济发展方向，是竞争还是合作？当然走向区域经济合作是各国共有的愿望，以此来抗衡域外的经济扩张和侵略。因此，我们要从东亚“新地区主义”思想的角度去分析东亚各国经济合作的心态，并以此为主导思想来重新设想和构建东亚经济未来的发展模式。

我们现在的世界政治和经济格局更像100年前1913年的情景——它是一个竞争的多极化世界。回想20世纪的1913年，同样是技术、贸易和金融把我们今天的世界联系在一起。理性的利己主义启示我们，这些力量所带来的世界经济政治的改变和整合是不可逆转的。然而我们看到在过去几年中，世界贸易保护主义正在抬头，全球贸易等谈判破裂，全球气候谈判也未取得共识，关于《京都议定书》更有美国和加拿大不予承认，互联网出现分裂，美国推行到了第四轮（QE4），从2007年到2012年，仅美联储一家就把自身的资产负债表从近9000亿美元扩张至近3万亿美元。欧洲央行陆续释放了上万亿欧元的流动性等等。因此，当前世界上有一种激烈的、会自我应验的思想及言论认为，西方多少年来主导世界的地位、作为世界规则制定者的地位、作为世界警察的地位正在慢慢终结。雄关漫道真如铁，而今迈步从头越。在这个地球上唯一不变的真理就是世界一直在变，一切都充满变数！

目　　录

第一章

东亚区域经济合作大势所趋

当今世界，区域经济合作及一体化之所以能继续在世界各区域特别是东亚得以迅速发展，展现勃勃生机，有其很深的历史背景和原因。东亚地区的经济合作一方面有其世界政治和经济的背景，如冷战后世界政治格局的变化以及经济的全球化和多边贸易谈判进展迟缓等；另一方面主要是来自欧盟和北美区域集团化的巨大压力和自身内部的潜在要求，而20世纪亚洲金融危机的沉痛教训是其走上经济合作的直接原因。虽然各国对地区经济合作的模式和进程还在协商和探讨之中，但合作的愿望空前强烈，已经开始进入制度性安排和日程安排的阶段，这为东亚区域合作和经济一体化的发展奠定了良好的基础。所以，东亚区域经济合作体现了各方睦邻互信合作的强烈意愿，也是近年来各国经济贸易联系不断深化的必然结果，符合区域内有关各方的政治和经济利益。

第一节

世界政治经济格局的变动

世界政治经济格局在“二战”后发生了巨大变化，人类科学技术的发展也日新月异，世界生产力的发展水平达到了非一国所能控制的程度，经济的扩张和联合也达到非一国所能制约的地步。从20世纪80年代末90年代初，东欧发生剧变、前苏联解体，美苏对立的两极格局不复存在，世界政治和经济格局朝着多极化方向发展，并且暂时形成了“一超多强”的局面。“一超”是美国，“多强”是指欧盟、中国和俄罗斯等国家和国家联盟。原有世界政治格局的解体并向多极化方向发展的根源，是世界上各种力量经过不断的消长变化和重新分化组合，是大国关系的调整、世界经济体系的扩展和世界主导力量的重构，是从量变逐渐发展到质变并构成一种相对稳定的均势的结果。在当今世界政治经济格局中，我们可到中美俄和欧盟左右世界地缘政治的局面和经济的格局已经形成。

20世纪90年代初冷战结束后，各国都把精力投入到经济发展和建设上来。无论是发达国家还是发展中及落后国家，都在融入世界经济，推行开放的地区主义，实施外向型的经济发展战略，积极参与全球及区域经济合作。

东亚（过去包括日本、朝鲜半岛、中国和蒙古，现在加上东盟十国）区域经济合作和一体化的产生有其复杂的全球经济背景。20世纪70年代以后，国际经济关系经历了大的调整。一方面美国作为世界第一经济强国在日本和德国的追赶下，经济力量开始削弱，致使资本主义世界开始形成以美日欧为代表的三个经济中心。随后，以中国为首的第三世界崛起并在国际事务中起着越来越重要的作用。

由于当今世界国与国的竞争，越来越取决于综合国力的竞争，因此，世界政治格局的多极化趋势，根源在于经济结构的多极化。另外，当今世界，经济全球化和区域一体化迅猛发展，已经成为不可逆转的历史潮流。欧盟和北美经济体的形成影响着世界其他区域的经济合作，同时也对东亚国家产生了极大的冲击，所以在此新的国际经济环境下，在新的国际分工中，东亚出现了“新地区主义”的思维，区域经济合作取得了令人瞩目的发展。其背景及动因表现在以下几个方面：

一、国际经济关系变动中的美国

第二次世界大战后，美国利用战胜国的特殊优势，很快在世界经济领域建立起了自己经济强国的地位。战后美国的经济总量占世界经济总量65%，黄金储备占世界的70%。然而20世纪70年代的经济危机导致美国主导世界经济地位的失去，并受到来自于欧洲及日本的追赶和竞争。而最为严重的是2007年8月美国全面爆发的次贷危机，它一方面对国际金融秩序造成了极大的冲击和破坏，使金融市场产生了强烈的信贷紧缩效应，其造成的危害已经向实体经济迅速蔓延。受次贷危机拖累，英国北石银行遭遇挤兑，瑞银蒙受巨额损失，各主要世界性银行的利润大幅下降；另一方面，此次次贷危机是美国20世纪30年代“大萧条”以来最为严重的一次金融危机，它使得美国经济走向衰退，也带来世界经济的放缓。我们也可以把此次贷危机看做新世纪美国乃至国际金融体系从未遭遇到的最严峻困难。这种困难不仅体现在它爆发于美国经济的核心地带——金融领域，还表现为它史无前例，美国政府根本没有任何经验可循，只能在摸索中解决。与此同时对美国金融和经济产生影响的还有美国国债的不断增加。2011 年 5 月 16 日美国国债达到 14.29 万亿美元，达到国会规定的上限。学者预计到 2020 年美国国债的预期总额是 20 万亿美元。美国次贷危机结束后，随着各国投资者风险偏好的增强所导致的避险资金流出美国国债市场，从而导致美国国债收益率上扬以及美国国债市场价格下降。从 2001 年后，受美国经济增长放缓影响，尤其是作为 CPI 核心指数的房地产市场在 2005 年后持续下滑，美元持续下跌。而作为全球主要结算货币的美元，再次遭受信任危机。美元贬值导致全球性通货膨胀的压力，并且导致美元储备国持有的外汇资产财富缩水。时至今天，美国国债的总额增至 16 万亿美元，然而只有三成为本土投资者持有，而且比例不断下降。

据美国财政部公布了截至 2012 年 3 月底的世界各国及地区持有美国国债的状况。3 月中国所持有的美国国债总计 11699 亿美元，是世界各国及地区中最高的，超过 2 月的 11552 亿美元，环比增持 147 亿美元，中国仍为美国最大债权国。

美国有一个金钱上的大问题。亚历克西斯·德·托克维尔在 1835 年就表示："我尚不知还有哪个国家的人比美国人更爱金钱，在美国，人们对定期平等财产的理论不屑一顾。"但是，他能够想象到吗？两个世纪之后，对金钱的酷爱、对平均财富的不屑能够发展演绎成 20 万亿美元的赊账。一个比大革命之前的欧洲国家更不平等的社会和一个不稳定的、疯狂的、失去任何控制的货币。希望美国涅槃再生。

曾对美国经济"一言九鼎"的美联储前主席格林斯潘曾经明确指出，美国经济发生衰退的几率接近 50%，重大不确定因素依然存在。他认为，未来美国经济的增长速度毫无疑问将会放慢，而住房市场的发展方向将是影响美国经济健康发展的关键因素。今天的事实证明其言之正确。2013年1月30日晚间9点半（北京时间），美国公布了核心经济数据，数据一出，市场哗然：2012年第四季度，美国实际GDP季环比年增长率仅为-0.1%，不仅远低于上一季度的3.1%，1947—2012年历史平均的3.23%，甚至还低于2008—2012年危机阶段季均的0.525%，并为2009年第三季度以来首次负增长；而根据彭博网站统计，数据公布前市场预期中值为1%，实际经济表现不仅绝对值为负，相对于预期水平也是十分疲弱。那么，在2009年7月正式告别最近一次衰退之后，美国会不会在财政悬崖的冲击下再次步入衰退泥沼？历史会见证。然而尽管如此，美国还是世界最大单一“内需”消费市场，美元是世界上实力最强的结算货币，美国的超强地位，不只在于其政治、军事及科技实力（世界创新能力的70%），经济影响（全球资本的58%）亦无处不在。

美国经济随着历史发展也经历了不断的大起大落，当然实力不如从前。所以，美国要在当今世界上长期维持其经济领导者的地位有可能，但欲永远保持“霸主地位”是不可能的，实际上美国的“霸主地位”在经济和贸易等方面正日益受到来自各方的挑战，特别是来自中国的挑战。冷战后美国的全球战略，主旨仍是保持美国作为世界超级大国的地位，建立美国主导的国际新秩序。美国的霸权野心还在不断膨胀，从遏制共产主义发展到试图凭借强大的国力称霸世界，从充当西方世界的盟主发展到确立“领导”世界的全球战略目标。但是冷战后，全球不但在政治上出现了多极现象，而且在经济上也出现了多极区域经济与美国抗争的局面，金砖各国经济的发展和实力的增强，东亚的崛起就是佐证。面对着世界经济全球化和区域经济一体化的大潮涤荡着世界，对其排斥、反对和干预都是徒劳的，更是无益的。因此，美国近年来也逐渐意识到，一国在世界经济格局中的地位和欲取之利益在很大程度上取决于其参与和推动区域经济合作的态度和行动，区域经济合作与多边贸易合作对美国至少同等重要，“孤立主义”的战略原则是行不通的。据此其才有了建立北美自由贸易区的设想，参加 APEC 的行动，同时也有了政治、军事和经济向亚太区域移动的重大转变。

北美区域经济合作的想法最早出现在 1979 年美国国会关于贸易协定的法案提议中，1980 年美国前总统里根在其总统竞选的有关纲领中再次提出，但由于种种原因，该设想一直未受到太大的重视，直到 1985 年才开始起步。1985 年 6 月，欧共体最高权力机构——欧共体委员会提出了建立“共同体统一市场”的宏伟发展规划，美国第一次感觉到了世界经济霸主地位丧失的威胁和挑战，使之放弃了“孤立主义”的战略原则，也开始致力于推进区域经济合作并于 1992 年 8 月 12 日与加拿大、墨西哥签订了《北美自由贸易协定》，1994 年 1 月 1 日正式生效和运行，北美自由贸易区宣告成立。北美自由贸易区的建立是迫于经济一体化的外在压力和三国业已存在和不断发展的经贸关系向更高层次发展的内在要求下应运而生的，是美国联合其周边国家抗衡欧共体的产物。

然而美国并不满足于自贸区给自身经济实力带来的提高。在 2004 年欧盟东扩完成之际，美国就有了以北美自由贸易区为核心，建立起世界上最大的美洲自由贸易区的设想。按其设想，美洲自贸易区将包括美洲大陆除古巴以外的 34 个国家，届时此区域的经济、市场规模、人口和面积都将超过东扩后的欧盟，以此来防止美国在全球经济优势与地位的下降和经济霸主地位的丧失，力争在未来的全球经济竞争中立于不败之地。但是这种思想却遭到了南美许多国家的反对，从而搁浅。

人类进入21世纪以后，世界政治和经济格局又开始发生了巨大变化。2004年5月1日中东欧10个国家正式成为欧盟的成员国，欧盟成员国现在已经达到27个，欧盟的东扩、东亚和中国的经济的飞速发展、俄罗斯的变革，都对美国在世界上的霸主地位整体提出了挑战，当今单极世界已经被多极世界所代替。

可见，我们这个时代，原先世界领先的力量——美国恰恰处在了相对衰落期，它为国内的政治危机和不断遭到侵蚀的经济发展所困扰。同时，崛起中的国家正在世界各地争先恐后地寻求自己的位置。它们当中，有的正为自己在当前的国际秩序中寻找新的一席之地，有的则对这一秩序的合法性、公正性和平等性等多方面提出了质疑，世界各国都想推翻一个旧世界并建立一个新世界。

二、国际经济关系变动中的欧盟

欧洲联盟（European Union EU）是由欧洲共同体（European Communities）发展而来的，它的成立标志着欧共体从经济实体向经济政治实体过渡。欧盟是各成员国在共同经济和政治利益基础上结合的产物，又是它们之间各种不同利益的结合体。[①] 欧盟是当今世界一体化程度最高的区域政治、经济集团组织，其总部设在比利时首都布鲁塞尔。在冷战时期，美国为了遏制前苏联争霸欧洲，极力帮助联邦德国复兴，支持欧洲各国联合，以形成一股与东欧集团相抗衡的力量。德国以总理阿登纳为代表的政府审时度势，勇敢承认

① 白英瑞：《欧盟经济一体化理论与实践》，经济管理出版社2002年版。

战争罪行，主动采取与法国和解的姿态，推动区域内各国的联合。而法国在美国的压力和协调下，在确保法国的安全和在欧洲的地位同时，为了恢复昔日世界强国的地位，也积极参与到欧洲经济合作的道路上来。

于是在 1951 年 4 月 18 日，法、德、意、荷、比、卢，在法、德的倡导下，在巴黎签订了建立欧洲煤钢共同体条约（又称《巴黎条约》）。1952 年 7 月 25 日，欧洲煤钢共同体正式成立。1957 年 3 月 25 日，这六个国家在罗马签订了建立欧洲经济共同体条约和欧洲原子能共同体条约，统称《罗马条约》。1965 年 4 月 8 日，六国签订的《布鲁塞尔条约》决定将三个共同体的机构合并，统称欧洲共同体。但三个组织仍各自存在，具有独立的法人地位。欧共体的目标是推动西欧一体化。1968 年 7 月 1 日欧共体实现了关税同盟，使成员国之间的工业制成品贸易不再征收关税。1993 年 1 月 1 日欧洲统一大市场建立，这使得成员国的商品、资本和劳务基本可以自由流动。1993 年 11 月 1 日“马约”正式生效，欧共体更名为欧盟。欧盟成立至今经济快速发展，1995 年至 2000 年间经济增速达 3%，人均国内生产总值由 1997 年的 1.9 万美元上升到 1999 年的 2.06 万美元。欧盟的经济总量从 1993 年的约 6.7 万亿美元增长到 2002 年的近 10 万亿美元。2003 年欧盟的国民生产总值达到 110060 万亿美元，[①] 美国为 1100405 万亿美元，[②] 第一次超过美国，成为世界上最大的经济体。2011 年欧盟 GDP 总量 为 15.788 万亿美元，2012 年为 16.106896 万亿美元，美国 15.924184 万亿美元。其整体经济实力已日渐能与美国媲美。欧盟成员国现有 27 个成员国，人口从约 3.8 亿增至约 5.011 亿（2010

① EIU：Country Report [R]. European Union, Jue., 2004.

② GDP 数据 [DB] 来自 IMF 2004 年 9 月《世界经济展望》数据库。

年），与此同时，欧元对美元的抗衡作用也将会越来越明显。欧盟的统一货币为欧元（euro），2002 年 1 月 1 日零时，欧元正式流通，形成了有史以来的第一个超国家货币，也成为世界上最重要的储备货币之一。

当前欧盟在经济发展和债务危机方面陷入了前所未有的困境，但是，欧盟东扩的欲望还远未满足并向经济和政治一体化方向迈进。这些进步使欧盟在国际政治、军事和经济事务中的发言权不断上升。比如，在 WTO 的多边贸易谈判中，真正能够与美国抗衡的力量只有欧盟（而日本则无欧盟所具有的地位与发言权）。没有欧盟的合作，WTO 框架之内任何多边层次上的谈判都不可能取得顺利进展。另外，在许多重大的国际问题上欧盟各国始终能协调彼此立场，“用一个声音说话”，从而提高了欧盟的国际地位和影响力。正如美国经济学家莱斯特·瑟罗认为的未来是属于欧洲的。如果欧洲可以真正把欧洲共同体（3.37 亿人口）变成一个一体化经济体，并能把其他欧洲国家（5 亿多人口）吸收进欧洲大厦，那就能组成一个无与匹敌的经济。①

然而，由于受到美国次贷危机的严重冲击，欧盟经济在 2008 年中陷入衰退，并在 2009 年处于深度衰退，几乎所有成员国经济都呈现出负增长。另外，2009 年 12 月希腊债务危机爆发以来，欧洲始终笼罩在主权债务危机的阴霾之中，并不时发作。欧元区主权债务危机反复恶化，并迅速向区内第三大经济体意大利和第四大经济体西班牙蔓延。2011 年第一季度，欧盟经济环比增长 0.8%，增速快于其他主要发达经济体。但进入第二季度，随着欧元区主权债务危机再度恶化以及出口增势减缓，欧盟经济增长速度出现较大滑坡。第二季度欧盟经济环比仅微增 0.2%，创 2009 年第三季度

① EIU：Country Report [R]. European Union, Jue., 2004.

以来最低水平。据欧盟统计局（Eurostat）近日公布的数据显示，2011年欧元区（17国）和欧盟27国的财政赤字均比2010年有所下降；同时，政府债务均比2010年有所上升。欧元区的政府债务占GDP比重从2010年的85.3%升至87.2%，欧盟从80.0%升至82.5%。此外，14个成员国的公共债务比例超过GDP的60%，其中希腊的公共债务水平最高，为165.3%。这一数据表明，按照欧盟规定的赤字水平不得超过3%、公共债务水平不得超过60%的规定许多国家都已超过，可见欧盟各国、尤其是南欧国家改善本国财政状况仍任重道远。另外，债务危机更对经济信心构成重创，导致私人消费和投资萎缩，令欧盟脆弱的经济复苏失去两个重要的增长引擎。当前，欧盟严峻的就业形势依然没有好转，失业率仍在攀升，消费增长反弹势弱。截至2010年4月，欧元区失业率已升至10.1%，创下1998年8月以来的新高，欧盟失业率则升至9.7%。除此之外，欧盟还面临一些政治危机。民意调查显示，超过50%的英国人希望退出欧盟，反欧盟情绪正在英国三大政党中蔓延。根据“Opinium研究”联合实施的调查，56%的英国人表示，如果举行全民公投，他们很有可能或一定会投票支持英国离开欧盟。

在全球次贷危机的冲击下，欧盟经济还面临着很多的风险因素。比如欧债危机可能在继续恶化。欧盟由于在经济治理的体制和机制方面存在结构性缺陷，以及核心国家间存在意见分歧，其面对发生主权债务危机的国家至今未能拿出更好的解决方案，从而导致危机持续恶化。为挽救危局，欧盟及成员国展开大规模联手救助行动，屡次升级救助方案，向希腊和爱尔兰两国提供紧急贷款援助，斥资7500亿欧元设立“欧洲金融稳定工具”和“欧洲金融稳定机制”，并有限修改《里斯本条约》，制定出台总额7000亿欧元的危机永久应对机制。欧盟还陆续出台了欧盟经济治理一揽子法案和

《欧元公约》，启动了首个旨在加强成员国预算监管的“欧盟学期制度”，建立泛欧金融监管体系。随着各项措施效果逐步显现，市场信心有所恢复，危机恶化势头得到了一定控制，但是希腊、葡萄牙等国债务问题仍很严峻。2011 年 4 月，葡萄牙向欧盟求援，成为继希腊、爱尔兰之后第三个接受救助的国家。2011 年 6 月，希腊议会表决通过了政府制定的经济紧缩计划。欧盟已决定向希腊发放第五批总额为 120 亿欧元的贷款，并抓紧研究制订第二轮救助方案。

欧盟经济的衰退同时也带来全球经济增长的普遍放缓。欧盟经济在过去 8 个季度持续复苏的主要动力在于出口，但是从 2011 年第二季度以来，世界主要经济体均出现增长放缓迹象，外部需求下降将削弱出口对欧盟经济增长的拉动作用，最后是欧盟严厉的紧缩政策带来的风险。主权债务危机的迅速蔓延，使包括意大利、西班牙，甚至法国在内的国家被迫进一步加快落实财政紧缩政策，不但会导致社会不稳定、威胁经济增长更会导致全面的资金短缺。比如，欧洲银行系统是欧盟实体经济进行融资的主要来源，企业 60% 的融资需求通过银行系统完成。债务危机的不利影响使欧洲银行业惜贷如金，给本已因财政紧缩而困难重重的实体经济带来更多困难。欧盟状况直接影响到比如中国这样的出口大国对欧盟的出口。欧盟进口的减少一方面导致老百姓买不到价廉的世界产品，另一方面也影响到世界贸易的增长和自由化。

腾讯财经讯：北京时间 2012 年 1 月 31 日凌晨消息，zerohedge. com 周一刊登文章强调，不管达拉斯联储统计数据给出了多漂亮的结果，下次再有人跟你说起美国经济逆势增长之类的结论，只管告诉他们，不管是明确的美国欧洲伙伴关系，还是隐性的欧洲—亚洲—美国合作关系都表明，一个深陷衰退的欧洲将会保证美国无法实现经济繁荣。

三、国际经济关系变动中的东亚

东亚经济的崛起是第二次世界大战后的一件世界大事。20 世纪的 50—80 年代东亚经济快速发展，成为世界上经济发展最快的地区，创造了举世瞩目的“亚洲经济奇迹”。20 世纪 50 年代出现了“日本奇迹”。20 世纪 60 年代和 70 年代又出现了韩国、中国台湾、中国香港和新加坡“亚洲四小龙”的经济腾飞。20 世纪 80 年代以来中国、马来西亚、泰国和印度尼西亚奋起直追，经济增长的势头为世人瞩目。今后还会有更多的东亚国家逐步进入经济高速增长的行列。新加坡、韩国和中国台湾、中国香港迅速进入“新兴工业化经济体（NIEs)”行列，被誉为“四小龙”或东亚“四虎”；新加坡以外的其他东盟国家也高速向工业化和现代化发展。包括中国大陆在内的东亚广大地区的经济增长速度，都远远超出西方早期工业化时代的增长速度。东亚成为当代世界发展最快、经济最有活力的地区。近 20 年来，东亚地区“四小龙”、东盟和中国的经济持续高速增长，平均年增长率为 8%，远远高出世界发达国家的 3% 的增长水平。20 世纪 80 年代后半期以来，世界经济普遍不景气，东亚经济却一枝独秀，被世界银行誉为“东亚奇迹”。

与此同时，东亚的日本和中国也在发生着巨大变化。20 世纪下半叶，日本经济在许多方面已赶超美国。特别是从日本学者赤松提出的“雁行产业发展形态说”，即进口—国内生产—出口，这种国内产业似三只大雁依次展飞的“内源性”发展模式，到日本经济学家、前外相大来佐武郎的“雁行”分工理论，使日本在东亚的经济合作和分工中实现了其经济大国的目标，起到了领头雁的作用。日本经过战后 20 多年的努力，虽然实现了“追赶”欧美的目标，但之后由于在“追赶”期发挥巨大作用的在美国帮助下建立的政府体制和宏观经济政策已不能准确地指导日本的发展，使其深陷于“制度缺陷”和“政策扭曲”之中。传统经济结构和经济体制与新经济增长方式的这种冲突，在日本经济结构调整滞后、经济体制不能随时代的变迁和环境的变化及时变革的20世纪90年代，表现得最为明显。[①]

中国作为亚洲和世界最大的发展中国家，自改革开放以来，经济取得了巨大的进步并高速向工业化和现代化迈进。中国已经成为世界第二经济大国，2012年国内生产总值519322亿元，2012年中国外汇储备余额为3.24万亿美元。2012年6月底，我国持有美国国债总量达11643亿美元，占外汇储备的比重高达36%。中国持有美国国债的事实给人一种感觉，即美国正在衰落。而这种力量此消彼长的感觉会很大程度上影响其他国家对待它们的态度。外汇储备的增长既是国家经济实力增强的明证，也对我国的国际信誉和对外交易安全起到了重要保障作用。外汇储备的多少是一个国家应对风险和防范危机的重要筹码和心理保障，当年我们能够成功实现“香港保卫战”，跟香港的外汇储备有关系，跟中国内地的外汇储备对其的支持更有直接关系，而想当年当时亚洲许多国家如泰国印尼等没有足够的外汇储备，所以就出现了巨大的经济和金融危机。这就是中国力量。

改革开放三十余年，有近26年的平均经济增长率为9.4%，FDI外国直接投资中国20多年来累计到现在（2005/10）已经超过6000多亿美元，差不多是7000亿美元左右。如果拿最近两、三年的指标来看，中国每年吸引外国的直接投资已经直追美国。根据联合国贸易与发展会议发表的《2004年世界投资报告》显示，2003年中国第一次超越

① 戴晓芙、郭定平：《东亚发展模式》，复旦大学出版社2005年版。

美国成为全球最大的外国直接投资接受国。2005 年 FDI 为 724 亿美元。我国对外贸易连续三年实现快速增长，2002 年超过 6000 亿美元，2003 年超过 8000 亿美元，2004 年超过 10000 亿美元。[①]在加入 WTO 三年后，中国整个贸易量翻了一番，进出口贸易总额逐年增大。根据中国对外贸易形势报告（2012 年秋季发布），2012 年前三季度，中国进出口增速低位趋稳，“稳外贸”措施初见成效。前三季度，进出口总额 28424.7 亿美元，增长 4.8%；贸易顺差 1483.1 亿美元，增长 39.1%。分季度看，第一、第二、第三季度进出口分别增长 7.2%、8.5% 和 3%。在国际市场需求有所回升等因素带动下，2012 年 9 月份进出口增速低位反弹，出口增速从 8 月的 2.7% 回升至 9.9%，进口从 8 月的下降 2.6% 转为增长 2.4%，当月进出口和出口规模均创历史新高（见图 1－1）。

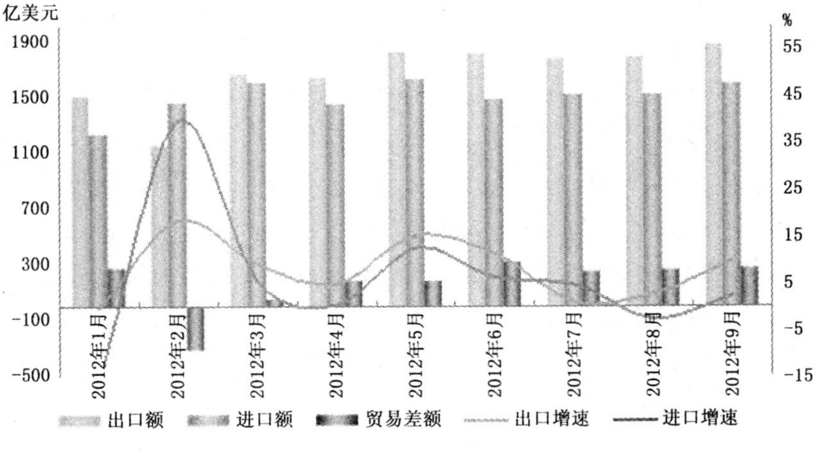

图 1－1　2012 年 1—9 月中国月度进出口及贸易差额情况

对发达国家出口明显分化，对新兴市场出口总体增长较

① EIU：Country Report［R］. European Union，Jue.，2004.

快。随着美国经济温和复苏，零售市场回暖，前三季度中国对美国出口2581.6亿美元，增长9.6%。受欧盟经济陷入衰退、市场需求明显萎缩影响，中国对欧盟出口2504.6亿美元，下降5.6%。对日本出口1125.1亿美元，增长4.5%。由于新兴经济体经济增长相对较快，以及出口企业深入推进市场多元化，中国对新兴经济体出口总体保持快速增长势头，其中对东盟、俄罗斯和南非出口额分别为1447亿美元、325.8亿美元和107.2亿美元，增长16.6%、14.5%和10.8%。前三季度，中国自美国和欧盟进口分别增长7.7%和2.1%，自日本进口下降6.5%（见表1-1）。

表1-1　2012年1—9月中国与主要贸易伙伴贸易情况

金额单位：亿美元

国家或地区	出口额	增长（%）	进口额	增长（%）	贸易差额
世界	14953.9	7.4	13470.8	4.8	1483.1
欧盟	2504.6	-5.6	1605.3	2.1	899.3
美国	2581.6	9.6	972.6	7.7	1609.0
东盟	1447.0	16.6	1441.7	0.6	5.3
日本	1125.1	4.5	1362.5	-6.5	-237.4
中国香港	2241.4	15.1	127.0	9.1	2114.4
韩国	663.3	6.8	1216.2	1.5	-552.9
俄罗斯	325.8	14.5	336.0	13.9	-10.2
中国台湾	257.5	-3.8	954.6	1.4	-697.1
印度	354.9	-4.6	153.6	-11.2	201.3
澳大利亚	271.0	10.9	638.9	6.1	-367.9

“二战”后，亚洲特别是东亚持续快速的经济增长增强了该地区的经济及军事实力。面对亚洲的发展，西方有人宣称“我们将进入世界史的新纪元：西方统治的终结与亚洲世纪的到来”。目前美国被华尔街拖累，欧洲受困于它的高

福利与僵化的劳工市场，唯有亚洲经济运转良好。于是有人说亚洲式的资本主义，如战略性的国家干预，长期规划以及普遍的物质进步欲望将胜过美国的贪婪式及欧洲保守的资本主义制度。所以，美国将战略重心转移至亚太地区。

即使是克鲁格曼，也认为东亚经济的高速发展是一种很不寻常的、令人赞赏的成就。[①] 东亚经济在发生危机仅仅两年之后，已经开始明显复苏，以至于世界银行首席专家理查德·纽法默博士说：这又是一个“东亚奇迹”。

总之，亚洲和东亚在“二战”后经济突飞猛进，打破了传统的世界经济格局，令世界更加瞩目。东亚走上区域经济合作和一体化之路是在国际经济格局发生巨大变化的情况下启动的。没有美国世界经济霸权的失去，没有对区域经济合作和一体化的认识，东亚区域经济合作还会受到影响和面临障碍；没有欧盟的扩大产生对美国和世界的冲击，就没有较大的全球区域经济合作的浪潮的冲击；没有东亚“雁行模式”的解体和中日韩对东亚区域经济一体化的参与与推动，就不可能有东亚区域经济合作的蓬勃发展；没有东盟经济危机后的觉醒，没有东盟主动建立的区域经济合作的平台，就不可能有东亚“10+1”、“10+3”和“10+6”的合作。我们可以预见，未来的东盟“10+6”自贸区的人数、GDP总量和进出口贸易量都将比现在的欧洲和美国等9国正在谈的TPP规模更大，前景令人期盼。

---

① EIU：Country Report［R］. European Union，Jue.，2004.

第二节

经济全球化浪潮的影响

“没有一个国家和一个大陆是单独存在的”，英国历史学家古奇·G. P. 在1913年就写道：“全球合约化之后，人类对他们的统一性更加自觉了。思想、理想和试验造就了全球化之旅。文明已经国际化了。”当前，世界在新经济的影响和推动之下，几乎所有的国家都将不可避免地被卷入到经济全球化这股浪潮中来并受到它深刻的影响。经济全球化不仅改变了国际政治格局，而且也改变了世界经济格局和其运行方式。经济全球化是生产要素的全球配置与重组，是生产、投资、金融和贸易在全球范围内的大规模流动，是世界各国、各地区的经济融为统一的、相互依存的经济体系的过程，它已经成为21世纪不可逆转的历史洪流。当代虽然经济全球化是由资本主义国家所引领和主导，但是其对发展中国家也提供了机遇。经济全球化不但打破了发展中国家传统的经济运行方式，而且还促进了发展中国家的经济体制改革；它不但能够为发展中国家提供巨大的市场和融资渠道，同时还为发展中国家经济结构的调整与升级提供了机遇。

然而，经济全球化的“双刃剑”效应同时又给发达国家和发展中国家一并带来消极的一面。在全球性国际组织如联合国、国际货币基金组织以及世贸组织等尚难开展在全球“有效治理”的情况下，各国寻求通过与地缘邻近国家的联合，加强利益捆绑，共同减缓全球化带来的无序冲击，争取在更大市场范围内配置资源，更好发挥比较优势，提高经济效率是当今欧盟、北美自贸区和东亚组成区域经济集团的一个主要背景所在。

面对经济全球化的冲击，任何国家，不论是发达国家还是发展中国家，任何区域，无论是欧盟还是东盟等都不可能回避或抗拒，它是人类社会生产力发展的必然结果和趋势。英国学者戴维·赫尔德等著的《全球大变革》一书中认为："全球化标志着人类历史的一个新时代"，是"人类进步的标志"。[①] 各国通过人员、贸易、货币流通以及史无前例的无视距离的新技术传播，世界经济正以前所未有的深度内联在一起，这就是经济全球化的鲜明体现。

一、生产和资源配置的全球化

经济全球化的实质体现在生产要素在各国间的自由流动，以达到全球资源的重新组合和优化配置。"二战"后，随着科技的进步特别是信息技术革命的发展，跨国公司在全球的生产和投资不断扩大，使生产要素在各国间的流动在加快并逐渐达到最优化的配置，它大大推动了经济全球化的进程，并带动了世界经济的全面增长。跨国公司作为国际生产一体化的载体和组织者，通过国内生产、海外销售；海外生产、当地销售；海外生产、海外销售等经营方法整合着全球市场，强有力地推动着世界一体化的生产和资源配置。世界各国难免被卷入到经济的国际化潮流之中，各国经济相互依存、相互依赖已成为不可分割的一个整体。

英国著名跨国公司研究专家约翰·邓宁教授曾经说过，跨国公司在国外分设公司的目的，在于把独立的原料供应商与零售商功能糅为一体，从而将产、销等活动按照最有利的

① 戴维·赫尔德等，杨雪冬等译：《全球大变革》，社会科学文献出版社 2001 年版。

区位分布到世界各地，都能为母公司的战略服务。跨国公司在东道国建立生产基地，利用公司间内部贸易和内部价格转移进行生产要素配置和提高资源的使用效率。由于生产国际化和生产要素在全球的优化配置，使传统的国际分工正演变成世界性的以国际化生产为主体的国际分工，从过去的垂直分工发展为以当前的水平分工，这样的国际分工内容、形式、机制都发生了根本变化。

二、全球贸易自由化程度大幅度提高

生产的国际化和生产要素的国际化配置使国际贸易快速发展。国际贸易持续快速的增长既是经济全球化的主要表现之一，也是推动经济全球化的引擎。首先，国际贸易的快速增长表现在其增长速度持续高于世界国内生产总值的增长速度。20 世纪 80 年代后半期，世界 GDP 年均增长率为 3%，而世界商品出口量的年均增长率为 5.8%。从 1991 年到 1995 年，世界 GDP 的年均增长率为 -0.5%、1.0%、1.5%、3.7% 和 3.9%，同期世界商品出口量总体不断上升，年均增长率分别为 3.5%、4.5%、4.0%、9.6% 和 8%。[①] 国际贸易的发展使各国之间的生产关系更加紧密，使生产要素的流动更加迅速。“二战”后，国际贸易以空前的规模和速度增长，1950 年世界商品贸易额仅为 610 亿美元，1970 年世界贸易总额为 3150 亿美元，1980 年为 4.1 万亿美元，1990 年为 6.98 万亿美元，1994 年为 8.5 万亿美元，其中商品贸易达到 4.1 万亿美元，创近 20 年的最高纪录，1995 年为 10.297 万亿美元，到 1997 年世界贸易总额达到 11.1 万亿美元，突破 10 万亿美元大关。2000 年达到

---

① 戴维·赫尔德等：杨雪冬等译，《全球大变革》，社会科学文献出版社 2001 年版。

13 万亿美元。据世贸组织公布的统计数据，全球贸易额增长率，2001 年为 2.5%，2003 年为 4.5%，2004 年预计为 7.5%。而世界贸易组织 2006 年 4 月 11 日统计，世界商品贸易总额达 21.1 兆美元。据 2011 年 4 月 12 日 WTO 发布的数据，2011 年世界货物贸易额为 182170 亿美元，比 2010 年增长 19%。中国、美国、德国为前三大出口国，占全球出口比重分别为 10.4%、8.1% 和 8.1%。美国、中国、德国为前三大进口国，占全球进口比重分别为 12.3%、9.5% 和 6.8%。若不考虑欧盟内部贸易，欧盟为世界最大出口方和进口方，占全球出口、进口比重分别为 14.9% 和 16.2%。据荷兰经济政策分析局的数据显示，2011 年第一季度，发展中国家出口贸易量增长 4.9%，进口贸易量增长 4.0%，增幅均高于发达国家的 0.8% 和 1.2%；第二季度，发展中国家的进出口增速趋于回落，其中出口贸易量下降 0.9%，高于发达国家的 0.3% 跌幅；而发展中国家和发达国家的进口贸易量均下降 0.4%。2011 年以来，"金砖国家"的贸易增长依然强劲。

另外，国际贸易的快速增长使世界各国的外贸依存度大幅增长。从 1980 年到 2001 年，美国、日本、印度、德国的外贸依存度达到 14%—20%，不少国家的对外贸易依存度已超过 30%，个别国家则达到 50%—60%。比如，韩国、马来西亚、泰国和中国台湾等为代表的国家和地区，这些国家和地区最显著的特征是国土面积较小，都在致力于本国和地区的工业化，走外向型发展战略。近年来这些国家和地区的平均对外贸易依存度均在 50% 以上，尤以马来西亚最高，1995 年对外贸易依存度高达 173.2%（见表 1－2）。而中国对外贸易依存度（进出口贸易总额占 GDP 的比重）也是逐年上升，从 2002 年的 51% 攀升至 2004 年的 70%，2005 年上半年更是接近 80%。

表 1－2　　部分国家/地区外贸依存度高峰时期情况对照表

国别/地区	依存度高峰年份	依存度（%）
美国	1994	23.0
英国	1909—1913	43.5
法国	1905—1913	53.7
德国	2002	65.2
丹麦	1910—1914	61.6
瑞典	1911—1913	40.4
澳大利亚	1816—1870	40.0
日本	1831—1940	39.1
新加坡	1990	361
马来西亚	2002	211
中国台湾	2005	112
韩国	2002	79

资料来源：联合国开发署：《2002 年人类发展报告》。

据商务部信息，2011 年我国进出口外贸依存度为 50.1%。其中出口依存度为 26.1%，进口依存度为 24%。外贸依存度在一定程度上反映对外贸易对经济发展的影响程度。海关总署相关人员介绍，2006 年以来，我国外贸依存度总体呈现回落态势，由 2006 年的 67% 回落至 2011 年的 50.1%。外贸在我国经济活动中的地位依然举足轻重，但是已经是大幅度下降。但是，从全球角度讲这种趋势很多国家还在进一步加强。

三、投资和金融的全球化

自 20 世纪 90 年代中期起，全球的外国直接投资（FDI）流入规模陡然剧增，国际直接投资开始进入全面的繁荣时期。除发达国家之间相互投资外，发展中国家的吸收外资和对外投资的能力都有明显的增加。据联合国贸发会议统计，全球直接投资额1995年已达3150亿美元，到1998年进一步增至6440亿美元，累计余额约为40000亿美元。国际资本流量年均增长率达20%。国际直接投资的不断增加，从生产上把世界各国的经济越来越密切地联系在一起，大大推动了经济全球化的进程，并带动了世界经济的全面增长。2000年，全球外国直接投资流入总量创下历史最高纪录，达到1.27万亿美元，比1999年的1.08万亿美元增长18%。2001年为7800亿美元，2002年总额为6510亿美元（尽管2003年后有所减少）。从2004年起全球FDI开始回升，达到6112亿美元，比2003年增长9%。亚洲，中东欧已经并将成为最有吸引力的跨国直接投资的地区。

联合国贸易和发展会议（UNCTAD）称，2010年全球对外直接投资达13462亿美元，同比增长13.2%，其中新兴经济体（特别是金砖四国）和发展中国家对外直接投资创新高，总额达3770亿美元，占全球总投资的28%，同比增长23%或占全球的份额是2007年的2倍。UNCTAD预计未来对外直接投资将进一步复苏。2010年，发达经济体对外直接投资额为9695亿美元，同比增长9.9%。美国仍是世界最大的对外投资国，达到3255亿美元，增长31.2%，占全球的比重高达24.2%；联合国贸发会议27日发表的2010年对外直接投资额中，中国对外投资同比增长20%，达到680亿美元（非金融投资和金融投资），而同期日本减少24%，为567亿美元，中国对外投资首次超过日本。

2011年，全球直接投资流出额达到16642亿美元，比上年的14286亿美元增长16.5%。其中，发达经济体直接投资流出额12345亿美元，同比增长25.4%，其中欧洲地区对外直接投资额6644亿美元，同比增长26.5%（欧盟对外直接投资额5759亿美元，同比增长27.8%）；发展中经济体直接投资流出额 3565 亿美元，同比下降 6.8%。2011 年金砖国家直接投资流出额主要来自：中国为 676 亿美元（同比下降 0.6%），俄罗斯为 673 亿美元（同比增长 28.1%），印度为 148 亿美元（同比增长 0.9%），南非和巴西为负。2011 年，全球新建项目投资金额为 9028 亿美元，同比下降 0.2%。其中，发达经济体新建项目投资金额 6421 亿美元，同比下降 0.2%；发展中经济体新建项目投资金额 2427 亿美元，同比增长 2.4%。2011 年金砖国家新建项目投资金额，中国为 397 亿美元，增长 20.8%；印度为 346 亿美元，增长 73.9%；俄罗斯为 155 亿美元，增长 0.3%；南非为 106 亿美元，增长 106.6%；巴西为 46 亿美元，下降 56.1%。

联合国贸易和发展会议投资与企业司司长詹晓宁 2012 年 10 月 23 日在日内瓦表示，2012 年前 6 个月全球外国直接投资总额为 6680 亿美元。今年上半年美国吸引的外国直接投资总额为 574 亿美元，仅次于中国，列全球第二位，虽较去年同期减少近四成。今年前 6 个月，发展中经济体吸引外国直接投资的总量较去年同期下降 4.8%，但流入发展中经济体的外国直接投资总量首次超过全球外国直接投资的一半，以往发展中经济体的外国直接投资总量需与东南欧、独联体国家等转型经济体的外国直接投资加在一起才能占到全球外国直接投资的一半份额。詹晓宁告诉新华社记者，今年上半年，中国是吸收外国直接投资最多的经济体，总额为 591 亿美元，尽管较去年同期下降 3 个百分点，但与全球其他主要经济体相比，下降幅度较小，仍维持在较高水平。中国香港上半年吸引的外国直接投资总额为 408 亿美元，是今年上半年全球吸收外国直接投资的第三大经济体。

国际金融市场的发展与国际贸易和国际直接投资相比，其速度之快，影响的范围之大，都是历史上无法比拟的。国际金融市场大致分为三个组成部分：（1）货币中介机构——中央银行和商业银行；（2）非货币中介机构——包括范围较大的各种专业机构，如储蓄信贷机构、开发银行、互助基金会、投资信托机构、保险公司和养老基金会等等；（3）证券市场——主要是股票和债券市场。在1972—1995年间，世界生产（按当年价格计算）增长了7倍，世界出口扩大了12倍，而国际金融市场则膨胀了43倍。国际金融市场的扩大，无疑促进了企业和国家的投资、筹资和融资。现在，世界外汇市场每天的交易额已超过15000亿美元，国际资本市场每年的融资额已在15000亿美元以上。未来，随着各种金融衍生工具的不断推出，交易手段的不断更新，尤其是电子计算机远程终端及国际信息网络技术的广泛应用，在一定程度上为资金在各国间的快速移动提供了便利，从而也会导致世界经济非物质化倾向的日益增强。

当前的国际金融市场有三大趋势：

1. 国际金融市场的一体化趋势。由于电子计算机技术与卫星通讯的应用，分散在世界各地的金融市场已紧密地联系在一起，全球性资金调拨和资金融通可在几秒钟之内迅速完成。另外，随着跨国银行的空前发展，国际金融中心已不限于少数发达国家金融市场，而是向全世界扩展。这样，各个金融市场和金融机构便形成了一个全时区、全方位的一体化国际金融市场。这是国际金融市场一体化的重要表现。国际金融市场一体化的另一个表现是金融资产交易的国际化。金融资产交易的国际化是指交易的参加者不受国籍的限制，表明金融资产面值的货币也不受任何限制。

2. 国际金融市场的证券化趋势。在第二次世界大战后，国际银行贷款一直是国际融资的主要渠道，并于1980年达到顶峰，占国际信贷总额的比重高达85%。但从1981年开始，国际银行贷款地位逐渐下降，到80年代中期，国际证券已取代了国际银行贷款的国际融资主渠道地位。1985 年，国际银行贷款占国际信贷总额为 41%，国际债券发行额则占 59%。1986 年前者仅为 29%，后者高达 71%。进入 20 世纪 90 年代以后，这种趋势也未发生逆转。金融市场的结构性变化，除了从银行贷款逐渐转向证券之外，还包括在以前不进行交易的资产（如公司应收款项）也可成为交易的资产。形成金融市场证券化（Securitization）趋势的主要原因是：（1）在债务危机的影响下，国际银行贷款收缩了，促使筹资者纷纷转向证券市场；（2）发达国家从 20 世纪 70 年代末以来实行金融自由化政策，开放证券市场并鼓励其发展；（3）金融市场广泛采用电子计算机和通讯技术，使市场能处理更大量的交易，更迅速、广泛地传送信息，对新情况迅速作出反应，设计新的交易程序，并把不同时区的市场连续起来，这为证券市场的繁荣提供了技术基础；（4）一系列新金融工具的出现，也促进了证券市场的繁荣。

3. 金融创新的趋势加强。金融创新（Financial Innovation）的含义，有狭义和广义之分。狭义的金融创新是指金融工具和金融业务的创新；广义的金融创新则指涉及金融各个方面（金融工具、金融业务、金融机构和金融市场）的、全面的创新。

随着中国金融市场国际化的不断深化，在国际金融机构参与中国金融市场的同时，越来越多的中国金融机构也开始走向海外，开拓国际市场。中国金融机构参与全球市场，有利于进一步推进中国金融市场国际化的步伐，也有利于全球金融市场平衡发展。金融危机后全球金融市场的动荡和调整为中国金融机构参与国际市场既带来了机遇，也带来了挑战。但是，无论是中国还是其他国家都应该对国际金融市场未来的动荡或风险进行关注与跟踪，2013 年依然面临巨大的风险和挑战。其中包括叙利亚前景、美联储量化宽松政策

（QE）以及美国债务上限、欧洲主权债务危机以及东亚的冲突等，这些都将加大全球金融市场的动荡和不确定性。

所以，此时世界各国所面临的是民族国家经济界线的模糊。金融全球化是随着经济全球化的发展而发展起来的，并随着生产资料跨国界流动到技术的跨国界流动，最后到资本的跨国流动而不断地渗透到世界，形成当今的国际金融市场。面对着这样的世界经济格局，东亚各国只有尽快搭上经济全球化的列车，才能分享其给自己带来的巨大利益。

过去二十几年年间，与经济全球化相伴而生的区域经济合作不仅改变了国际经济的格局，而且也改变了国际经济运行的方式。所有国家都将不可避免地卷入并受到它的影响。如何应对全球性区域主义浪潮是东亚以及发展中国家面临的一个新课题。

第三节 WTO 多边框架下贸易形势和格局的复杂性

“二战”后 GATT 和 WTO 的成立使经济全球化进程明显加快，在双边和多边合作框架下的货物、服务贸易以及金融、投资的自由化都取得了明显进展。然而，也有一些深层次矛盾始终困扰着经济全球化的发展。比如，当多边体系进入更深层次时，国家之间根本利益的冲突就变得十分复杂和尖锐。

一、贸易保护和单边主义盛行

WTO的宗旨是推动世界贸易的自由化，虽然通过多轮贸易谈判，全球平均关税已大幅度下降，但是种种形式的变相贸易保护主义泛滥，使战后建立的自由贸易多边贸易体系面临严峻的挑战。如美国频频使用的“301”条款，各国对反补贴、反倾销等进口救济措施的滥用以及就某些特殊产品采取的“灰色区域”措施等。根据WTO的有关专家的说法，当代各国所采用的非关税壁垒的具体措施高达1000种，其中主要的有进口许可证、配额、技术标准、出口补贴与反补贴、倾销与反倾销、政府采购、海关估价、卫生检疫标准、环保要求等等。其中有些措施虽名为合理，但其过度的不合理要求，就成为限制进口或人为刺激出口的非关税贸易壁垒。虽然战后进口关税的大幅度减低本可有利于世界经济与贸易的发展，但非关税壁垒又抵消了关税减让的效果，而其中受害最大的总是发展中国家和最不发达国家。

例如，2013年1月31日，欧盟贸易专员卡尔·德古特提出要求称，华为和中兴须将其出口商品的价格上调29%，德古特还提出，欧洲设备供应商应该获得中国电信市场30%的份额。作为交换，欧盟会放弃对中国公司接受补贴一事的调查。同一天，美国国际贸易委员会宣布，对华为、中兴、三星和诺基亚公司的3G和4G无线设备发起“337调查”，以确定这些产品是否侵犯美国公司专利权，这是今年以来美国对中国产品发起的第4起“337调查”。欧美用各种借口打压华为、中兴，实质上是用贸易保护主义维护欧美企业利益，而美国的“337调查”本身就违背了世贸组织规则。2013年1月份，美国已对中国产品发起1项反倾销调查和4项“337调查”。中国商务部多次表示，希望美国政府恪守反对贸易保护主义承诺，共同维护自由、开放、公正的国际贸易环境。

2012年9月24日，欧盟贸易委员会“批发”出一系列的贸易保护账单：对中国、巴西、亚美尼亚、越南等国的产品采取限制措施。而这仅仅是冰山一角。泰国贸易代表机构总裁薛达望日前接受法国国际广播电台记者采访时指出，不过大半年时间，G20的20个成员国，竟有17国提出了多达47项贸易保护主义条款。而他的说法被许多观察家认为太过乐观——独立机构“全球贸易警告”日前发表的一份报告指出，自2008年11月10日G20华盛顿峰会至今，G20成员国共实行了121项贸易壁垒措施，还有134项呼之欲出，具体措施除关税壁垒外，还有出口补贴、贸易国别限制等等，报告称，全球商品种类的90%，都不同程度地受害于贸易壁垒。耐人寻味的是，不论是从G20总体，还是从单个国家来审视，都可发现一个明显的现象，即一面高喊反贸易壁垒，一面毫无顾忌地自己竖起一道又一道壁垒来。所以我们要警惕地缘政治局势变化引起的政治风险和贸易保护主义的持续抬头。

世界贸易组织或其他形式的区域贸易协定，在一定程度上都会给成员国和非成员国或强国和弱国构成某种程度的歧视——保障市场准入。为克服这种负面影响，强国和弱国大都可以采取以下措施来加以应对：一是加强多边贸易谈判；二是组建新的区域经济一体化组织；三是加入业已存在的区域经济一体化组织中去。在这些区域性集团内各国经济发展水平发展相近，互补性强。它们对内实行开放和互惠政策，对外实行区域保护主义，并以同一口径在国际政治和经济舞台发言，为集团各国谋求共同利益，并以这种单边主义同世界其他国家、区域和世界贸易组织竞争和抗衡。另外，区域经济合作的进一步发展，尤其是大国的参与，在全球范围内产生了一种“多米诺效应”。如欧盟的强劲崛起和北美自由贸易区的形成，一方面促进了本地区国家经济的发展，提高了抵抗外部竞争的能力，同时又使世界其他国家对这种强大的区域贸易集团感到压力和威胁，不得不重新思考自己在全球经济格局的位置，要么被排斥在区域一体化组织之外，要么加入或组建新的区域一体化组织，以更好地保护自身利益。

二、WTO 规则制定的局限性

WTO 虽然是一个平等公正国际的组织，但是往往经济大国主导其走向，决定其游戏规则，并给其他国家施加许多压力。所以，“开放的贸易体制总是对发达国家和新兴工业化国家更为有利一些，这种互利实质上是一种非均衡的互利”。[①] 而区域经济一体化组织作为一个国家和地区群体，比单一国家在国际经济规则制定过程中的作用都大，这迫使任何国家都不能再忽视 WTO 规则的制定过程和自己的弱势地位。所以加入一体化经济组织有利于维护自身的利益，因为在一个范围较小的组织内，一国的呼声更容易得到尊重，这种呼声进而可以通过一体化组织在全球谈判中得到放大。过去许多发展中国家和落后国家和未加入区域性集团的国家，在 WTO 中虽可发表意见和提出自己的主张，但力度较小。所以世贸组织满足不了一些发展中国家在谈判中与发达国家平起平坐的要求，由此导致一些国家把区域贸易协定作为抗衡其他国家和区域的一种手段，以此来增加在国际上的竞争能力。

① 黄静波：“国际贸易政策的两难问题与 GATT/WTO 体制”，《国际贸易问题》2005 年第 1 期。

我们看到，WTO成立后，区域经济一体化组织在国际经济规则制定过程中的作用越来越大；同时，规则对民族国家的约束力越来越强。这迫使任何国家都不能再忽视规则的制定过程。加入一体化组织有利于维护自身的利益，因为在一个范围较小的组织内，一国的呼声更容易得到尊重，这种呼声进而可以通过一体化组织在全球谈判中得到放大。法国农业生产者的利益多年来得到保护，是和欧盟在国际经济规则制定中的地位联系在一起的。甚至就像美国这样的大国也需要加入经济一体化组织。长期以来，美国主导着全球规则的走势，然而到了1986年，当时的欧洲共同市场与欧洲自由贸易区签署合并协定，并宣布于1992年建立欧洲统一大市场。这一决定首次动摇了战后美国的霸主地位，由此刺激美国迅速与加拿大签署《美加自由贸易区协议》及以后的《北美自由贸易区协议》，从而可以防止在未来WTO谈判中处于劣势。

三、WTO谈判的复杂性

从过去的关贸总协定到当今的世界贸易组织，多少次协议的达成都经历了很长而又艰苦的谈判过程，都存在着在许多领域发达国家之间的矛盾和发达国家与发展中国家的冲突。目前，世贸组织成员逐渐增多，多边贸易谈判的议题也更加多元化，所以多方和双方达成协议的难度越来越大。然而，在多边贸易谈判中无法达成的协议却经常能够在双边或诸边贸易谈判中达成。从这种意义上说，区域经济一体化组织是多边贸易体制的实验场，许多贸易自由化的措施都是首先在区域一体化内部实施的。

就多哈回合谈判而言，从多哈到坎昆，从中国香港到日内瓦，历次部长级会谈屡谈屡崩，启动已5年多时间，但是多哈回合谈判前景依然暗淡渺茫。以 2006 年 6 月的日内瓦会谈为例，6 月 22 日公布的农业和非农业市场准入问题协议草案共 72 页，分歧却多达 760 处。抛开技术问题不说，要让 60 位世贸组织成员的贸易或农业部长们在短短的几天里克服重重分歧，达成妥协，几乎是一件难以想象的事情。越来越多的国家意识到多边贸易体制的局限性和区域经济合作达成共识便利性的优点。现在各国面临的形势是，域内体制日趋完善，域外国家普遍担忧被边缘化。谁不参与区域贸易安排，谁就受到区域贸易规则的歧视性影响，市场准入遇到障碍，自身利益受到损害。WTO 多哈回合谈判的多次中止，原因是多方面的，是各种因素综合作用的结果。但其成功有赖于世界经济的稳定增长、各国之间增加互信和谈判的诚意，同时还应采取有效的措施消除导致多哈回合谈判中止的诸多障碍。在经济全球化的今天，双边和多边贸易对于促进各国经济的发展有着难以估量的影响，多哈回合谈判的无限期中止对 WTO 各成员国来说都是一个打击。

2011 年 12 月 15 日在瑞士日内瓦开幕的世界贸易组织第八届部长级会议，157 个成员国一致认为，10 年前，世界贸易组织各成员代表在延期、超时的会议上“拼力角逐”，终使多哈发展议程艰难起步。这本是一个可以让多边贸易体制焕然一新的进程，但路途坎坷，无休止的“拉锯”对世贸组织形成严峻挑战——人们已经开始怀疑它促进贸易开放、完善多边贸易规则的能力。但是，成员国还是希望此次会议能有所收获。世贸组织多哈谈判因发达国家与发展中国家的对立而陷入僵局。

从上可见，从 20 世纪 90 年代以来，经济全球化进程明显加快，在双边和多边合作框架下的货物、服务贸易以及金融、投资的自由化都取得明显进展。然而，也有一些深层次矛盾始终困扰着经济全球化的发展。比如，当多边体系进入更深层次时，国家之间根本利益的冲突就变得十分复杂和尖锐。当世贸组织涉及国内竞争政策、劳工和环境标准、农产品等产品的贸易自由化时，每前进一步都举步维艰。要在157个成员之间达成共识，谈判、协调、执行和监督的成本都很高。正是由于全球多边贸易谈判进展缓慢、困难重重，许多国家和地区越来越倾向于通过组建或加入自由贸易区的方式来加快区内贸易和投资的自由化、便利化，促进贸易、投资和经济增长，最大限度地分享开放的好处。事实证明，建立自由贸易区已成为推动区域经济合作最有效的途径之一，舍此就极有可能丧失未来的贸易和投资机会，在经济全球化进程中有被边缘化的风险。

四、亚太经济合作组织贸易自由化进程受挫

亚太经济合作组织（Asian - Pacific Economic Cooperation，APEC）的目标和宗旨是实现成员间的贸易与投资自由化、便利化和经济技术合作，实现所有成员的共同繁荣。由于亚太经合组织内部成员包括发达工业国、新兴工业化国家和地区以及发展中国家，他们在社会经济和政治制度、经济规模和发展水平等方面存在着巨大差别，所以各成员对待很多问题如具体开放进程等方面存在不同立场，使得它至今仍是各成员进行经济合作的一个协商论坛，而不是一个贸易谈判的场所——这是由决策机制的特殊性所决定。另外，亚太经合组织奉行的是“开放的地区主义”原则、相互尊重、协商一致、互利互惠和灵活性原则，因此，其达成的许多共识，是集体意志而不是协议，也不是条约，不具备法律效力，对各成员也没有约束力。

正是由于各成员社会制度、经济发展水平等方面的不同，所以APEC才在贸易投资自由化、便利化与经济合作等

方面的谈判存在较大差异。比如，在1999年奥克兰会议上，日本等国主张把谈判扩展到修改竞争政策、反倾销等贸易政策问题，以避免集中于开放农业市场方面的磋商，但美国始终抓住农业问题不放；日本主张“一揽子磋商”所有的谈判领域，而首脑会议声明却附加了“不排除存在临时性的提前出成果的可能性的单一磋商”的声明。从很多例子可见，APEC的宗旨：实现贸易投资自由化、便利化与经济技术合作的目标在现有的经济贸易格局下和社会制度下，在现有的经济贸易形势下，是很难顺利达成共识和找到各方的利益平衡点。这样对于大多数亚洲特别是东亚国家来讲，势必会对本国和本区域的经济合作产生巨大影响，亦难跟上全球区域经济一体化的步伐。

近年来亚太经济合作组织发展速度很快，一些问题也逐渐暴露。在削减关税问题上内部矛盾越来越明显。亚太经合会成员中既有发达国家，也有发展中的国家。发展中的国家渴望将经济技术合作作为亚太经合会活动的一个中心，但菲律宾会议虽然通过了《亚太经合会加强经济合作和发展框架宣言》，发达工业化国家却依然把力量集中在贸易投资自由化方面。

亚太经济合作组织（APEC）第二十次领导人非正式会议于2012年9月9日在俄罗斯符拉迪沃斯托克落幕。但是，会议取得的一些成果并不足以令人振奋，它并未推出旨在促进本地区经济整合的重大政策新倡议。其成果之不足原因在于其组织内存在诸多体制性、政治性和经济性消极因素，这些都使亚太地区经济一体化进程面临着重重困难，实现既定目标的时间表或将调整或不断推迟。

近年来美国借助组织TPP以遏制中国地区影响力上升的意图十分明显，所以，这个不谐之举对亚太地区经济合作的进程已经造成极其不利的影响，并已造成了事实上的干扰和迟滞。另外，一些APEC成员单方面挑起的领土争端，亦令本地区的经济整合进程雪上加霜，增添了本地难以预测的动荡因素。同时，在国际金融危机影响下，深陷债务危机、经济恢复乏力的西方经济体，贸易保护主义逐渐抬头，这也在很大程度上影响了亚太区域各成员国经济的整合。总之，由于美国与东盟国家及其他国家在建设亚太经济合作组织的方向和模式上的巨大分歧，加之双方在历史、文化以及经济发展不平衡方面的差异，使得在各个领域的谈判和协商都进展缓慢，也使得亚太经济合作组织的制度化建设难以在短期内启动。因此，东盟和其他东亚地区国家转向以更加务实和积极的态度对待、参与和推动东亚地区内部经济合作和区域经济一体化的进程。

第四节 谋求国家利益最大化和金融危机的影响

在区域经济整合中，每一个国家都在考虑自己的利益和优势的问题，亦即自己的地缘利益。而地缘利益主要包括本地区的政治经济和安全利益。这是当今世界各国参与和推进区域经济合作和一体化的一个最重要的动因。美国组建北美自由贸易区参与跨地区的亚太经合组织，意在抗衡不断扩大的欧盟。而欧盟希望作为一个更强大的整体，用一个强音在国际上更有力地与美、日等国抗争。东盟通过加强内部协调与合作，也欲在世贸组织、联合国贸发会议等多边经济组织中用一个声音说话，来维护日益增强的自身利益。其他区域的经济一体化组织也有相同的想法。

而共同的经济利益不仅是区域经济组织借以实现其政治、安全利益的依托，更是区域组织组建、发展的最重要基础。就发达国家而言，组建区域经济合作组织和推进区域经济合作和一体化不但是为了确保自己在区域内的政治和安全利益，而且经济利益和相关的外部利益如今更显得重要。就发展中国家来说，把区域化经济合作当作抵御和抗衡外来经济、政治影响的手段和发展本国经济的有效途径，同时也当作将来进入区域经济一体化更高层次的一个阶梯。

在当今国际经济体系中，占主导地位的是国家利益，目前的世界经济体系是“新殖民主义”，殖民者和被殖民国家永远是处在争斗中。因此，各个国家都想在国际经济组织中寻求自己利益而不被殖民。

一、提高东亚各国在国际谈判中的地位

面对经济全球化和区域经济一体化的大潮以及日益激烈的国际竞争环境，缺少经济合作的东亚每每感到较之于EU、NAFTA等经济集团，在国际上维护自己的经济利益时往往处于劣势。因此，东亚大多数国家充分认识到，推进东亚区域经济合作和一体化一方面可以为各国提供在国际舞台上的政治和经济的立足点、增加“讨价还价”的力量来改进自己的国际政治和经济环境，同时还可以在多边贸易谈判中提高自己的声音，东亚区域合作将会在新一轮WTO谈判中增强这些呼声。

历史告诉我们，没有地区的稳定就没有东亚的发展。长期被殖民统治和被压迫的历史使东亚各国特别重视领土、主权和安全等问题。冷战的消失使得东亚国家之间的领土纷争和国家内部的统独问题凸显，潜在冲突牵扯到大部分东亚国家。东亚地区内缺乏有效的安全机制，传统的双边协商方式

作用有限，反而增加了问题的不确定性。区域一体化可以将不稳定因素内在化，增强互信和责任感，有助于寻求新的解决办法，贸易并不必然带来和平，但经济交往会促进理解、减少冲突却是不争的事实。东亚区域合作的迅速发展体现了各国对国家利益最大化的追求。当今，东亚各国与世界其他国家彼此之间的经济联系空前紧密，域内经济贸易相互依存度日益提高，提高自身在国际谈判中的地位，突出“东亚的力量和呼声”就显得更加迫切和重要。

地区贸易集团的形成是政治意识的整合与经济市场的分工、冲突和妥协的产物。在这个过程中，作为政治和经济市场上的游戏者，各国谋求国家利益最大化的理性预期得到了满足。所以，推动东亚区域经济一体化符合东亚各国的根本利益。

具体来讲，首先，东亚的发展离不开良好的国际环境。可以认为当前和未来较长时间内，世界经济处于有利于东亚经济发展和合作的战略机遇期。推进东亚区域经济一体化，是推进经济全球化，加深国家和地区间经济相互依赖、相互融合的途径之一，也是发展更合理的地区产业分工体系，促进东亚区域经济结构调整和技术进步，紧紧抓住外部环境机遇的战略举措。其次，历史证明，东亚各国的经济发展离不开本地区更加自由、便利和开放的贸易、投资安排。目前，本地区各经济体间的关税、非关税壁垒，技术和绿色壁垒以及不合理的贸易和竞争政策，直接影响到地区经济交往和联系。推动制度化或市场化的经济合作，减少或消除贸易和投资障碍，既有利于各经济体的共同发展和优势互补，又可以增强东亚在世界经济舞台上的影响力。

东亚很多国家在历史上，无论是政治还是在军事和经济国际谈判中一直处于被西方大国主导的地位，所以，谈判的影响力和重要性越来越受到各国的重视。

二、提高东亚各国的福利水平

东亚选择区域经济合作和一体化的道路，促进区域内贸易自由化还可以使贸易双方或多方的交易成本降低，福利总水平提高。交易成本是一切不直接发生在物质生产过程中的成本，包括信息成本、谈判成本、拟定和实施契约的成本、界定和控制产权的成本、监督管理的成本和制度结构变化的成本。如果交易成本为零，双方的交易就如同在物理学中的“无摩擦平面”中完成。比如，建立中国—东盟自由贸易区，就可以减少这一区域内为制定贸易规则而耗费的各种会晤、谈判等交易成本，以及为解决贸易争端个案而进行的纷繁谈判等交易成本，还能使各个经济体的互信度提高，减少因违约而造成的交易成本。同时，随着交易成本的降低，自由贸易会更加发展和扩大。而区域经济合作在此基础上会更上一个台阶，如关税同盟、经济共同体等，这样当然会给区域内的各经济体带来福利水平的提高。

三、亚洲金融危机的影响

1997 年亚洲金融危机以后，东亚新地区主义急剧抬头。因为面对危机带来的严重影响，IMF 和 APEC 等多边国际组织无能为力，而且美国等西方发达国家又采取袖手旁观和随后在其他方面的施加压力的态度，以及东亚内部有些成员采取“各扫门前雪”的政策，深刻刺疼了东亚国家内心深处的那种优越意识和自我意识。金融危机也使东亚国家认识到，过度金融投机带来的金融风险是任何单个国家都难以防范和抗拒的，依靠其他大国及国际货币基金组织的帮助，是改变不了自己困境和命运的。同时各国也认识到，没有区域经济合作，各国在全球竞争中会处于劣势，在国际经济规则制定过程中会永远处于被支配的地位，在防范危机的时候会显得无助和力不从心。各国只有联合起来建立自己的区域经济合作组织，才能共同抵御外部冲击，保证经济稳定的发展，防止危机的扩大甚至再一次发生的可能性。

另外，金融危机后东盟各国的经济表现差强人意，东亚经济重心进一步北移，东盟经济的表现不如中国、日本、韩国（简称中日韩）三国。东亚地区的经济合作，在东亚地区经济重心北移的情况下不考虑中日韩的加盟是不合道理的。所以，在亚洲金融危机的刺激下，受危机打击非常严重的东盟各国，特别是其中的马来西亚、印度尼西亚出于对地区经济安全的考虑，迫切希望加强东亚合作。

综上可见，随着世界经济格局的发展变化，东亚各国与世界经济以及国家之间的经济联系空前紧密，域内经济贸易相互依存度日益提高，非常希望提高自身在国际谈判中的地位，突出“亚洲的力量和声音”。特别是在 1997 年的金融危机后，东亚地区认识到缺乏一个区域经济合作组织，各国难以采取统一的行动来共同对付危机，依靠其他大国及国际货币基金组织的帮助，是改变不了自己的困境的。只有各国联合起来建立自己的区域经济合作组织，才能拯救自己。在以上大的背景下，1997 年 11 月，东盟国家首脑会议在马来西亚吉隆坡召开。作为会议的东道主，马来西亚积极促成东盟和中日韩 3 国的首脑会议。亚洲金融危机最终导致了东亚国家之间经济合作机制——“10 + 3”模式和“10 + 1”模式的诞生，并开始向着制度化、体制化的方向发展。可以说各国之间经济结盟和东亚地区的结盟是大势所趋，是各国之人心所向。

2013 年，国际政治、军事和经济局势依然纷繁复杂，1 月美国“财政悬崖”虽然推迟了，但风险仍然存在。整个欧洲在衰退中前途未卜，中东叙利亚的结局依然扑朔迷离，中日钓鱼岛是否能引起另外一场战争，整个世界是走在摆脱危机的道路上还是正接近另一场巨大危机的边缘？世界、东亚和中国都在寻求一条希望之路。

第二章

东亚“新旧地区主义”之博弈

近几十年来，随着经济全球化的发展，区域经济一体化的大潮也汹涌而至，大多数国家和地区为维护自身利益和政治经济安全，参加了一个或多个区域性贸易集团和经济一体化组织，并对地区内部成员相互间降低和消除壁垒，甚至建立起商品、资本、劳务和人员自由流动的统一大市场。区域经济一体化正成为推动和改变世界经济的重要力量。

面对着不可预测的经济和金融危机以及经济全球化的挑战与市场竞争，东亚各个经济体逐渐认识到，如果不进一步加强集体的力量和区域经济合作，而仅仅在原有的初级区域化的条件下近乎于各自为政地参与世界经济竞争，那么，不仅不能适应经济和金融全球化的潮流，保持经济的快速发展，而且还极有可能再次面对和陷入经济和金融危机。因此，为提高东亚以及各国的国际地位和国际竞争力，各国从各个层面都在努力参与到区域经济合作和一体化的进程当中来。因为区域经济合作和一体化程度越高，越能深化区域内的资源配置效应，进而越能提高东亚各国及企业的国际竞争力，有助于提高东亚整体对外谈判的实力。所以，当前东亚地区区域经济合作和经济一体化的发展才如火如荼地进行和发展着。同时，各国也在从实践和理论两个方面寻找着依据。然而，用传统的经济贸易理论是不能足以解释当前区域经济合作和一体化现状，而地区主义的理论和思维以及国际经济相互依赖理论等可以充分论证东亚区域经济合作和一体化实践的正确性。

第一节　东亚“新地区主义”思维辨析

东亚“新地区主义”的出现一方面是冷战结束的产物，另一方面也是在经济全球化和区域经济一体化的推动下出现的。1997 年的亚洲金融危机使受危机各国充分认识到，依靠美国和西方国家去摆脱经济危机的困境是渺茫的，也是不现实的。只有依靠域内国家的联合，形成像“欧盟”那样的区域经济组织，才能应对来自各方面的挑战，振兴本国和本域经济，才能在国际政治和经济舞台上占有一席之地，有充分的发言权。

东亚区域经济合作正是在这种新的意识即“东亚意识”上产生的，而其主要推动力量是东亚“新地区主义”思维的出现。当今世界，区域经济合作以前所未有的速度发展壮大。自 20 世纪 90 年代以后，世界签署自由贸易协定（FTA

– Free Trade Agreement）和区域贸易协定（RTA – Regional Trade Agreement）数目加速上升。区域经济发展进入21世纪，延续了20世纪90年代以来的迅猛发展态势并有所加强。与之形成鲜明对比的是，亚洲国家特别是东亚国家之间的经济合作进程显得滞后和缓慢。然而1997年的金融危机，改变了东亚各国的传统意识，使向来缺少地区多边合作的东亚开始积极寻求区域内的经济合作。

一、地区主义和“新地区主义”的异同

地区主义（Regionalism）是“二战”以后出现的国际政治经济思维。它指地域相邻的国家之间，为了共同的政治、经济和战略利益而形成的区域集团或在经济等方面的整合，是在全球转型的过程中不断创造出来的。“地区主义”在一定意义上说，是对民族国家主权的“造反”，也是国家面对全球化的积极应对和策略的反应。[①]“地区主义”一方面是指功能领域里的政治合作，它表达了一种新的安全、发展与战略思维，以此解决长期悬而未决与紧迫的经济发展与国际安全问题。所以，地区主义首先和最重要的是制度的构建，它是一个复杂的多层面的秩序安排，是各个国家在政治、经济和战略方面联合管理它们的地区事务。“地区主义”对“特定地区”寄予厚望，许多国家近年来越来越从“地区”的角度及背景来看待、处理和解决对外政策及经济问题。“地区主义”另外一个核心内容是地区经济合作与地区经济一体化。从欧洲到美洲，从亚洲到非洲，地区合作的核心是如何在经济上在国家之间建立起一套机制，以解决不同国家经济发展的问题。

---

① 庞中英：“地区主义与民族主义”，《欧洲》1999年第2期。

地区主义又分为“旧地区主义”和“新地区主义”。“旧地区主义”始于20世纪的50年代和60年代，是建立在冷战年代欧洲一体化经验与理论基础之上的。其强调历史、政治、文化、经济等方面的同质性，强调地区内国家之间相互依赖和联系。地区一体化是一个渐进的克服民族主义，在政治、文化以及经济领域的融合过程。

“旧地区主义”的内涵主要局限在地区安全与经济目标的范围内。“二战”后，世界上大多数国家所关心的一个问题是如何建造一个和平、健康、美丽的世界，摆脱战争给人们留下的阴影。“二战”后，“地区主义”的发展主要以三种形式表现，一是综合性地区组织，它是为了提高各国在经济、社会和政治领域里合作的层次，如欧洲经济共同体；二是军事联盟型组织，它是指那些以军事政治为中心定位，如北约和前苏联主导下的东欧集团；三是功能性组织，它是指那些提供经济、社会和政治合作，不涉及或较少涉及安全因素的组织。在“二战”结束后的一段时期，“地区主义”在国际体系中的作用体现在其对国家主权原则的维护上。特别是在美洲国家组织、阿拉伯国家联盟和非洲统一组织这三个主要的综合性地区组织中体现得更为充分。这些组织中的新兴国家发现，“地区主义”有利于它们避免遭受大国对其主权和自治权的干预，同时也是它们实现共同经济和政治互信，摆脱殖民统治所带来的阴影的有效途径。

20世纪80年代后期和90年代初兴起的地区主义是所谓的“新区域主义”。“新地区主义”（New Regionalism）的称谓最早是由美国宾州大学政治系荣誉教授诺曼·D. 帕尔默在其名为《亚洲和太平洋地区的新地区主义》（1991年）一书中提出的。此后，“新地区主义”成为国际政治学界的一个重要研究领域，同时其在经济领域也有其重要的适用价值。这一时期全球经济的一个显著特点是：“地区主义”和

"多边主义"共存。正是在"地区主义"和"多边主义"这两种背景下，"地区主义"才在沉寂了十多年后又复兴了。"新区域主义"始于1986年《单一欧洲法案》，该法案旨在创建一个统一的，而且是一个相对封闭的欧洲市场。欧洲一体化的这种深化努力，促使其他地区和国家不得不认真考虑在这种国际经济环境下，如何发展本国经济的问题以及是否创建其自身的地区经济组织或者加入现有的地区经济集团。在这种"新地区主义"潮流的影响下，20世纪90年代初期，有关地区一体化的协定急剧增长。美国先是同加拿大签署了《美加自由贸易协定》，随后于1994年与加拿大和墨西哥建立了"北美自由贸易区"。在拉美地区，阿根廷和巴西等国于1991年发起了一个南美地区经济集团，即"南方共同市场"。东南亚地区则出现了"东盟"十国集团。在亚太地区，则成立了"亚太经合组织"。

"新地区主义"在20世纪90年代后的活跃，其推动力量是经济与安全在地区范围内日益成为许多国家所关心的问题。在经济方面，其不再仅仅是区域间的贸易安排，而且还包括各国之间经济贸易等发展目标的协调，国际、国内问题的地区解决方案，国际投资以及货币金融领域的一体化合作等许多方面。在安全方面，特别是在世界金融危机（特别是亚洲金融危机）、阿富汗战争、9·11事件以后，安全问题早就不再是传统狭义的国家内安全，而且还包括世界各国在内涉及金融、贸易、经济以及社会各个方面的安全问题。

"新地区主义"可以说是各个国家面对政治经济全球化的一种积极反应和战略策略。世界贸易组织成立后，由于其多边贸易谈判进展缓慢，大多数发展中国家在多边规则制定中被边缘化。另外，一些国家对本国的政治稳定，社会安全及对经济的调控能力下降，不能有效地对付来自全球范围内的各种挑战，其结果导致这些国家走向地区层次的各种政治协调和经济安排，以提升本国在世界政治和经济舞台上的地位和影响力。

在经济全球化时代，“新地区主义”与以往的地区主义相比，在许多层面上存在不同。特别是与冷战初期相比，“新地区主义”不再局限于冷战后相当狭隘的军事安全和经济目标，它所关注的内容和要求实现的目标在不断增加。“新地区主义”与冷战时代的地区主义相比，有以下几个特点：

1.“新地区主义”内容的多样性及开放性。冷战时代的地区主义大多关注特定的目标，如以安全定位或者以经济定位；而“新地区主义”不仅包括贸易和经济一体化，还包括环境、人权、社会政策、安全与民主等问题，其发展趋势与世界政治和经济结构的转型紧密地联系在一起。“新地区主义”不仅在贸易方面，而且在金融、信息等服务领域和制造业等方面加强地区联合。它是开放式的、多层面的和交叉的。欧盟的扩大就意味着“新地区主义”的开放性，并在逐渐扩大，并向政治一体化方面迈进。在亚太地区，各国也已经接受并且在逐渐认识“开放的地区主义”概念和其重要性。同样，在世界其他地区，“新地区主义”之所以存在与发展，原因也在于其开放性和多层次性。然而，“新地区主义”特别强调地区内聚力和地区认同，其深远的目标是建立以地区为基础的自由贸易制度、经济联盟或政治、军事、经济的一体化。

2.“新地区主义”是在世界多极化进程中形成的。东亚“地区主义”一个重要的特点就是其决策方式体现了明显的不干涉主权的特征。[①] 冷战结束后，美国采取单边的外交和军事政策，对世界各国带来了很大冲击。以俄、法、中

① 肖欢容：《地区主义：理论的历史演进》，北京广播学院出版社2003年版。

为代表的国家，倡导世界多极化。其他国家也在多极化的思维下，寻找自己的多级思维和地区主义思想。所以，“新地区主义”和多极化体现了许多国家的共同意识。因此，无论美国采取什么外交政策，绝不能完全主宰全球政治、军事和经济事务进程，同时会受到其他大国及新兴地区强国的挑战和反对。

3. “新地区主义”是在世界不同的区域出现的新思维，具有全球性。当今的“新地区主义”思维遍布世界每一大洲，而不是局限于某单个区域，所以我们要以新的观念去认识它。因为任何单个地区的地区化进程都会引起全球政治和经济体系的震动，导致全球权力结构的变化。当前世界涌现了许多经济综合体即各种区域性经济贸易组织，如欧盟、北美自由贸易区和未来即将出现的东亚区域经济合作，已极大地改变了全球政治和经济结构。

4. “新地区主义”主要是地区内部国家自愿和自主的进程，具有明显的自我独立性和扩张性。冷战时代的“地区主义”主要是由大国主导，按大国的思想意识，把不同的国家联系在自己的周围，建立起以自己为核心的区域。而“新地区主义”的出现，是各地区内部国家自愿发起和自我推动的。倡导“新地区主义”的国家不再甘心受制于其他国际组织或大国，也不愿屈从于联合国框架之下，希望取得与大国及联合国平等的地位。当前无论是美洲、欧洲或亚洲的“新地区主义”，都体现了其本身的各种形式的独立性和扩张性。“新地区主义”的这种独立和扩张性，已经对当前的国际政治和经济秩序产生了非常重大的影响。东亚在此新的国际背景下，“新地区主义”的思潮在各国涌动并实施。

二、东亚“新地区主义”兴起的背景

正如前面所述，“新地区主义”是在一个比较复杂的宏观的国际和区域环境之下萌芽和形成的。东亚“新地区主义”的出现，是东亚各国面对政治经济全球化的一种积极反应和应对策略。在世界贸易组织的框架之下，欧盟的东扩，北美自由贸易区以及其他区域性的组织和集团的建立，对东亚各国在经济和贸易方面都产生了重要影响。1997年的亚洲金融危机，使得东亚国家对依靠自身解决本国或本地区的经济和金融问题产生了怀疑和不确定性。各国从中也认识到，依赖国际货币基金组织和西方国家如美国的支持和帮助是不可行的。各国只有组建自己域内的经济合作组织，才能防止各种危机的发生，应对来自各方面的威胁和挑战，发展本国经济。

1. 东亚“新地区主义”是在世界经济全球化及经济区域集团化和一体化的背景下出现的。经济的全球化使各国经济的相互依存加深，使各国经济的发展逐步走向外向型和开放型。东亚“新地区主义”思维是各个国家面对经济全球化采取的一种积极反应，体现了各国要在国际经济和政治的互动中发挥作用，拥有更多的发言权以及发展经济的强烈要求。经济全球化进程的加快，导致国际竞争的进一步加剧，东亚大多数国家为了自身的生存与发展，愿意加强彼此合作，以集体力量共同迎接经济全球化所带来的挑战。另外，区域集团化和区域经济组织在全球的蔓延，也大大激发和促进了东亚国家加强区域合作的积极性与主动性。从世界范围来看，无论是在欧洲、北美，还是在非洲、拉美，以及南亚和南太平洋地区，区域经济组织不断涌现，经济区域合作在不断加强。截至2004年5月1日，欧洲联盟已经扩大成为

25个国家；北美自由贸易区在美国的推动下正在与拉美各国进行谈判，以欲形成更大的美洲自由贸易区。既然经济全球化区域经济一体化是不可阻挡的历史潮流，东亚国家必须认真面对，并以积极的态度迎接挑战。

2. 东亚“新地区主义”的出现是以“开放的地区主义”为背景的。“新地区主义”是一种开放的地区主义，它强调地区经济集团之间的经贸往来，是对全球主义的一种重要补充，是冷战后世界稳定与发展的基本力量，并将受到世界各国更多的重视。① “开放的地区主义”，即在全球范围内，各地区在经济贸易等方面的开放和与其他国家或地区的联合，其在20世纪90年代获得了前所未有的发展。“开放的地区主义”是东亚国家在进行对外开放改革时的必然选择，是经济发展的客观要求。东亚“四小龙”以及中国的经济腾飞，都是建立在对外开放的基础之上。东盟及中、日、韩在区内贸易增长的同时也在大力寻求和发展与区外国家的各种经济合作，欲以区域性的组织来迎接来自世界其他地区的挑战，欲以区域内各国的经济合作来振兴和发展本国经济和区域经济。

3. 东亚“新地区主义”的思维在1997年亚洲金融危机爆发后更加凸显。长期以来，东盟的“东南亚”意识非常强烈，在东盟的辞典中，“东南亚”与“东亚”是截然分开的两个概念。李光耀曾说：“当提到东亚时，我指的是韩国（朝鲜）、日本、中国、越南，它们与东南亚不同，后者是一个中国和印度文化的混合物。”亚洲金融危机爆发后，不仅东南亚国家的经济严重受挫，而且也波及东北亚各国。深陷困境的泰国、韩国、印度尼西亚等国被迫向国际货币基金

① Kozo Kato. “Open Regionalism and Japan's Systemic Vulnerability” [J]. In Peter J. Katzenstein (ed.): *Asian Regionalism*, Ithaca (N. Y.): the Cornell University Press, 2000: 35.

组织（IMF）申请援助，而IMF又在美国的主导之下，不欲提供有效的帮助，态度非常冷淡，从而使这些国家普遍感到失望。于是，东盟转折性地提出并推进“东亚地区主义”的构想，主动地把自己当作“东亚”的一部分，而不再像过去那样突出东南亚的整体性。这种观念的更新和“地区主义”意识即东亚意识的形成，促进了东亚各国去寻求区域内的经济联系与合作。

三、“新地区主义”对东亚区域经济合作的影响

东亚“新地区主义”的兴起实际上是对以往历史和经验教训的总结、反思和对未来的期望。通过这种反思，来探究东亚地区经济发展的真正源泉和动力，通过这种期望，来期盼未来东亚地区经济发展的美好前景。所以东亚“新地区主义”对东亚区域经济合作与发展产生了以下方面的影响：

1. “东盟方式”的产生。“二战”后，东南亚地区曾先后出现过几个地区性组织，但以1967年8月正式成立的东南亚国家联盟（简称东盟）为起点。1992年1月在第四次东盟首脑会议上，印尼、马来西亚、菲律宾、新加坡、泰国、文莱东盟六国签署了建立“东盟自由贸易区”的协议，并开始实施。东盟建立自由贸易区的主要目标是：促进东盟成为一个具有竞争力的基地，以吸引外资；消除成员国之间关税与非关税障碍，促进本地区贸易自由化；扩大成员国之间互惠贸易的范围，促进区域内贸易；建立内部市场。东盟自由贸易区计划仅实施三年时间，东盟的区域内贸易占东盟贸易总额的比重便从20%上升到25%左右。到1997年金融

危机前，东盟对外和东盟内部贸易额均不断扩大。①

东盟的这种地区合作方式，即“东盟方式”，它不同于目前最为成功的“欧洲模式”，而是一种独特的区域合作方式，学术界将其称为地区合作中的“亚洲方式”或“东亚模式”。② 其核心突出强调，成员国无论大小强弱，一律是“平等和伙伴关系”。具体表现就是“全体一致原则”，这使每个成员都享有否决权，不会受到压制，维护了它们在合作中的权益和地位，杜绝了合作的收益偏向任何成员的可能性，从而确保了它们对合作的持久积极性。③ “东盟方式”是东亚地区主义发展的一个模式，是在经济全球化过程中，在全球经济要素的作用下，随着东亚的兴起而发生的。④

2. 中国—东盟区域经济的整合。中国与东盟经济贸易联系一直很密切，但是，并没有达到人们预期的效果。直到2002 年 11 月 4 日，中国与东盟国家领导人共同签署《中国—东盟全面经济合作框架协议》，正式启动了建立中国—东盟自由贸易区的进程，决定到 2010 年建成中国—东盟自由贸易区，中国与东盟的经济贸易才提升到一定高度，其标志着中国参与区域经济合作的深入，进入了实质性的合作阶段。2003 年 10 月 8 日，第七次东盟—中国领导人会议在印度尼西亚巴厘岛举行。双方领导人签署“面向和平与繁荣的战略伙伴关系”联合宣言，宣布建立“面向和平与繁荣的战略伙伴关系”。

自亚洲金融危机后，中国与东盟之间的经贸关系日益紧

---

① 马缨：《区域主义与发展中国家》，中国社会科学出版社 2002 年版。

② Baldwin, P. Planning for ASEAN: How to Take Advantage of Southeast Asian' s Free Trade Area [J]. *London: Economic Intelligence Unit*, 1997: 4.

③ 高华：“地区一体化的若干理论阐述”，[EB]. http://www.iwep.org.cn/html/diquyitihua-gaohua.htm.

④ Peter Robson. *The Economics of International Integration* [J]. 4th edition, London: Routledge, 1998: 1.

密，相互经济依存度不断提高，在过去十几年中，双边贸易保持年均近20%的增长速度。“我从来没有看过东南亚面临这么大的转型，同时又对各种观念如此开放。”美国东协商会会长包尔（Ernest Z. Bower）说。他认为，中国正在东南亚建立中国版的门罗主义，只管地区事务，不理会世界强权斗争。

可见，中国经济贸易发展离不开东盟，东盟更离不开中国。因为，中国与东盟无论从地理位置还是从政治、社会、经济和文化等关系上都是一衣带水和水乳交融的关系。中国—东盟自由贸易区的建立是政治关系稳定发展及经济合作不断发展的结果。在新加坡东南亚研究所举办的《2002年区域前景论坛》上，东亚研究所所长王赓武和世贸组织（当时）侯任总干事苏帕猜针对中国的崛起和入世指出，东南亚必须摆脱“中国威胁论”的悲情，以把握住中国带给本地区的机会。“21世纪的第一个十年很可能会成为永久改变东盟与中国整个区域经济、社会、文化和政治的分水岭。”①

3. “东盟”与中、日、韩“10+3”区域经济合作方式的出现。1990年马来西亚总理马哈蒂尔率先提出“东亚经济集团”，和其后的“东亚经济核心论坛”，但是这一构想遭到美国的极力反对而流产。从历史上可见，亚洲金融危机之前，由于种种原因东盟与东亚其他国家联系较少，各国之间很少寻求与接受某种共同合作的愿望。直到1995年，在泰国曼谷召开的东盟国家首脑会议上，才正式提出召开东盟与中、日、韩领导人会议的倡议，开始了“10+3”的合作筹备阶段。1997年7月金融危机爆发，东南亚各国以及韩国、日本、中国经济（包括中国香港和台湾地区）等均受

① 冯久玲（马来西亚亚洲大趋势研究所所长）在吉隆坡接受《全球财经观察》采访时所说，2004年12月29日。

到不同程度的打击，并相互影响，凸显危机的“外溢性”和“连锁性”特征。另外，在危机期间由于国际货币基金组织和美国等发达国家的无为，使得东盟转折性地提出并推动“东亚地区主义”（East Asian Regionalism）的构想，即把以前由日本、马来西亚等国在20世纪90年代初所提出的各种关于东亚经济合作的倡议变成某种现实。在它的倡议下，1997年12月15日东盟与中、日、韩建立了“10+3”（当时是“9+3”，1993年柬埔寨加入东盟后成为“10+3”）会晤机制，并于1999年11月28日在马尼拉召开的“10+3”第三次会议上发表了《东亚合作联合声明》，提出在各个领域寻求合作。期间，东盟与三国也分别开始了三个“10+1”的对话与合作进程。

在2000年新加坡会议上，经与会国家协商同意把“10+3”首脑非正式会议升格为正式的“东亚首脑”会议。在此会议上，东亚13国就成立“东亚自由贸易区”达成了共识并准备进行具体实施。东盟因急于加强与“东北亚”国家的关系，主动把自身当作是“东亚”的一部分，而不再像以前那样突出东南亚的整体性。因此，才有了东盟自贸区的进一步发展和东盟与中、日、韩的合作。

东盟与中国、日本和韩国自由贸易区“10+1”的启动。2002年11月4日在柬埔寨的会议上，中国与东盟签署了《中国—东盟全面经济合作框架协议》。2004年1月1日中国与东盟自由贸易区框架下的“早期收获”计划的启动，目前，中国—东盟自由贸易区的建设已进入实质性阶段，至2010年，中国与东盟老成员国将建成自由贸易区，2015年，东盟新成员国与中国将实现自由贸易。在柬埔寨会议上，东盟与日本就建立东盟—日本自由贸易区原则上达成了一致意见，并形成了东盟—日本全面经济合作联合声明。在此之后的多次会议上，双方的合作意图不断确认和加强，并同意在

2010年以前实现全面的经济合作。面对着中国与东盟经济联系的加深，自1997年金融危机以来，日本就加强了对东南亚的经济渗透和扩张，使日本与东盟的经济关系提升为“全面的经济伙伴关系”。2001年9月，日本与东盟举行了经济部长会议，提出了经济合作的设想。2002年10月，日本与新加坡签订了双边自由贸易协定，使日本与东盟的经济合作进一步深化。日本近年来在东盟各国的直接投资虽有所减少，但仍然是当前东盟各国最主要的外国投资者，东盟各国对日本资金、技术和市场的依赖仍会继续存在。2004年11月在韩国—东盟首脑会议上签署了《韩国与东盟全面伙伴关系联合宣言》，2005年，韩国—东盟自贸区谈判开始进入实质性阶段，谈判计划在2年内结束，目标是到2009年至少对80%的韩国与东盟之间的贸易产品实行零关税，对东盟新成员将赋予各种特别优惠措施。

2005年12月，第九次10+3领导人会议上通过了《吉隆坡宣言》，确定了“东亚共同体”将是东亚经济合作的长期目标，在“东亚共同体”未来构建过程中，“10+3”机制将是基本框架，发挥中心作用。从目前的发展来看，“10+3”机制的发展不可能一步到位，还有赖于东盟及三个“10+1”的建立和完善。

迄今，虽然东盟10国与中、日、韩三国“10+3”合作意向产生仅仅几年，但是在各方的努力之下已初见成效。比如，东亚国家所达成的“互换货币协议”，将提供相互间的货币支持，以抵御未来亚洲地区的货币危机。基金数额将从最初的500亿美元达到1000亿美元。此外，各国还决定在金融管制、汇率制度等方面加强合作，在外交、经济、财政等方面定期举行高官会议，这些都为东亚区域经济合作的发展奠定了（机制）基础。目前，东盟已经启动“10+6”的对话机制和合作意向。

从中国的角度讲，从历史的角度看，没有一个真正的世界大国不是先从自己所在的地区事务中逐渐占主导地位而发展起来的，中国崛起也不能摆脱这一模式。[①] 所以，中国应该既是全球化的积极参与者，同时在推进地区合作方面也发挥日益突出的作用。[②]

在经济全球化的今天，各国都在选择一条振兴和发展本国经济的有效途径。所以，许多国家特别是东亚国家主张在经济贸易方面的联合即实施区域经济一体化，这都是“地区主义”或“新地区主义”思维的体现。而无论是“东盟”域内的经济合作还是“东盟”与中、日、韩等国的经济合作都将会对东亚地区、亚洲地区乃至整个世界的政治经济格局产生重大的影响。“新地区主义”在全球是一种趋势，是一种强化各国政治、社会、经济和其他联系的手段和方法。虽然东亚“新地区主义”思想还不成熟，但是，它会极大地推动东亚各国经济合作的积极性，我们相信东亚区域经济合作的前景是光明的，是大有前途的。

中国的崛起就是东亚“新地区主义”的写照，并将会慢慢渗透到每个经济体。

第二节 国际经济相互依赖论

当今世界各国经济之间存在着越来越深的相互依赖关

---

① 马缨：《区域主义与发展中国家》，中国社会科学出版社 2002 年版。

② Baldwin, P. Planning for ASEAN: How to Take Advantage of Southeast Asian's Free Trade Area [J]. *London: Economic Intelligence Unit*, 1997: 4.

系，它是社会生产力发展和国际分工的产物，它表现的是一国的经济对另一国的经济活动双向的、相互的作用和影响程度。所谓相互依赖是双方面的传递和影响，不是单向的、片面的，同时也会随着时间的推移、环境的变化而发生相互依赖程度的变化。所以其作用体现了其既有正向或积极的一面，也有反向或消极的一面。正是由于其正向或积极的作用的一面才促使一些国家加入区域经济一体化组织，进行区域经济合作。另外，由于相互依赖的反向或消极的作用，也会加剧区域内部的竞争，使各成员国的经济利益发生冲突，所以，需要各成员国之间进行协商，以协调各自的政策，达到更好的结合。首先运用相互依赖理论来分析区域经济一体化的理论是美国耶鲁大学卡尔·多伊奇教授，而最早提及相互依赖概念的是马克思。

一、马恩列斯的相互依赖理论

相互依赖概念最早出现于《共产党宣言》中。马克思、恩格斯在《共产党宣言》中指出：“资产阶级由于开拓了世界市场，使一切国家的生产和消费成了世界性的了。过去那种地方的和民族的自给自足和闭关自守状态，被各民族的各方面的互相往来和各方面相互依赖所代替了。”① 后来，马克思又在《不列颠在印度统治的结果》一文中进一步指出：“历史中的资产阶级时期负有为新世界创造物质基础的使命：一方面要造成以全人类互相依赖为基础的世界交往，以及进行这种交往的工具，另一方面要发展人的生产力，把物

① 马缨：《区域主义与发展中国家》，中国社会科学出版社 2002 年版。

质生产变成在科学的帮助下对自然力的统治。”①

列宁进一步丰富和发展了马克思、恩格斯相互依赖的思想。他从资本主义与商品流通的关系上阐明了资本主义生产关系本身是在超越国家，更为广泛的商品流通的情况下产生的，资本主义国家的存在和发展必须依赖市场的光辉思想。他还从资本扩大再生产的必然趋势说明了资本主义生产方式依赖国际市场的必要性和重要意义。②

斯大林在社会主义建设的实践中，进一步分析说：“谁也不否认我国国民经济对世界资本主义的依赖是存在的……但这种依赖是双方面的。不只是我们的经济依赖资本主义国家，资本主义国家也依赖我们的经济，依赖我们的石油、我们的粮食、我们的木材以及我们广大的市场。”③

马克思主义相互依赖理论指明，相互依赖是资本主义经济发展的客观要求和必然结果。资本主义打破了地方和民族的自给自足的闭关自守状况，建立了统一的市场，把一切国家的生产和消费都纳入到世界经济的轨道上来，促进了各国的相互往来和相互依赖。这种依赖是多方面的，不仅包括物质生产，而且包括精神生产；这种相互依赖是多种类型的，既有相同经济制度国家之间的相互依赖，也有不同经济制度国家之间的相互依赖；这种相互依赖是相互的、双向的、不是单方面的；社会主义经济体系和资本主义经济体系是对立的，它们之间是有矛盾的、有对抗的，但也存在相互依赖的关系。任何一个国家只要它要生存下去，就要打破独立、停滞、落后的封闭状态，就要把自己和统一的世界经济联系起来，把自己的生存与发展同它国的生存与发展联系起来。

---

① Baldwin, P. Planning for ASEAN: How to Take Advantage of Southeast Asian's Free Trade Area [J]. *London*: *Economic Intelligence Unit*, 1997: 4.

② 《列宁全集》(第 41 卷)，人民出版社 1972 年版。

③ 马缨：《区域主义与发展中国家》，中国社会科学出版社 2002 年版。

二、国际经济相互依赖理论

西方经济学家的国际经济相互依赖理论大致经过了三个发展阶段：

第一阶段是20世纪50年代末60年代初，相互依赖理论在西方开始出现，当时主要是阐述西方发达国家间的相互依赖关系。“二战”后期，美国取得了世界经济霸权地位，其他国家对它的商品、资本、技术等依赖程度较大。20世纪50年代末，西欧和日本的经济实力得到恢复，欧洲经济共同体成立，在政治和防务方面，出现了北大西洋公约组织这种军事政治同盟。相互依赖理论就是对这种国际关系格局的反映。

第二阶段是20世纪60年代末70年代初，相互依赖理论有了很大的发展。1968年美国著名经济学家理查德·库帕出版了《相互依赖经济学：大西洋社会的经济政策》一书，集中反映了对国际经济相互依赖关系研究的成果。在这本书中，他提出了一个基本观点：相互依赖是“二战”后国际经济关系的突出变化，对西方国家来说，要很好地处理国际经济关系，首先要认识和了解一国的经济发展与国际之间经济往来中存在一种敏感的反应关系。西方国家的一个中心问题是如何享受由不受限制的广泛的经济合作所带来的多种好处的同时，保持各国追求合理化经济目标的最大目标。因此，他建议采用多层次的合作，通过建立国与国之间相互信任等办法来适应国际关系发展所出现的这一新变化。

第三阶段是进入20世纪80年代以后，由于世界性的通货膨胀、经济停滞、失业和债务危机的相互传递，使许多西方经济学者对相互依赖理论和经济一体化产生了怀疑，一些西方经济学家纷纷著述撰文，分析相互依赖的优点和弊端，评判相互依赖是否可行，研究如果世界经济倒退到较低程度的相互依赖，将会产生什么后果。

西方经济学家的国际经济相互依赖理论主要包括以下几个内容：

美国著名经济学家理查德·库帕帕认为，相互依赖是指一个国家的经济运动对另一国家的经济运动双轨的、相互的作用和影响程度。这种依赖是双方面的传递或相互依赖，而不是单向或片面依赖。依赖的程度千差万别，但没有一国完全依赖它国，也没有一国完全独立。①

日本经济学家阿部清司在他的《国际经济相互依赖论》中将当代使用的“相互依赖”概念分为广义和狭义的相互依赖、脆弱的和非脆弱的相互依赖、水平型和垂直型的相互依赖、世界的和地区的相互依赖、对称的和非对称的相互依赖、自然的和诱发的相互依赖以及直接的和间接的相互依赖。②

国际货币基金组织和世界银行将相互依赖定义为，相互依赖是指别国发生的事情，将对本国的事情产生影响，本国要做的事情在一定程度上依赖别国的行动和政策。通常两者都有。总之，相互依赖意味着别国的行动和政策影响到本国的经济发展。

相互依赖在国际社会中主要表现在经济层面，世界经济的相互依赖是指国家间的经济的相互作用和影响。归纳起来，西方经济学家的相互依赖理论主要有以下几个方面的内容：一是结构上的相互依赖。两个或更多的国家经济相互之间高度开放，这样，一个国家的经济事件、经济活动就会强

① 马缨：《区域主义与发展中国家》，中国社会科学出版社 2002 年版。

② Baldwin, P. Planning for ASEAN: How to Take Advantage of Southeast Asian's Free Trade Area [J]. *London*: *Economic Intelligence Unit*, 1997: 4.

烈地影响到其他国家的经济事件或经济活动，这种由于结构上的开放，引起了经济上的相互依赖。二是经济目标上的相互依赖。一个国家将会关心和注意另一个国家的经济和目标，有时一国经济目标的实现要依赖于其他国家经济政策上的配合，例如，稳定外汇汇率，保持国际收支平衡等。三是两个或两个以上外生干扰因素之间的低度或高度的相互依赖。如果这些干扰因素是低调相关的，那么当一个国家受到外生干扰因素冲击的时候，另一个国家受到的影响程度就比较小，但是，如果两个国家外生干扰因素的联系程度比较密切，则会加强相互之间的联系。①

另外，还有一点是确定依赖程度的衡量指标。一般是用出口贸易、资本流动总额占国民生产总值的比重及其变动作为衡量经济相互依赖程度的定量分析指标。

三、国际经济相互依赖格局

当今世界没有哪个国家在经济上能孤立存在，一国经济的所有方面——工业、农业、服务业、收入、就业水平和生活水准等都与其贸易伙伴的经济存在着程度不同的关联。在“二战”刚结束时，美国称雄世界，其他资本主义国家单方面依附于美国。但随着时间的流逝，美国对其他国家的依赖也不断加重。20 世纪 50 年代欧共体的成立、60 年代跨国公司的兴起、70 年代能控制世界石油市场的欧佩克（OPEC）的出现及其他世界性或区域性组织的产生，无不建立在国与国之间不断强化的相互依赖的基础之上。②

---

① 马缨：《区域主义与发展中国家》，中国社会科学出版社 2002 年版。

② Baldwin, P. Planning for ASEAN: How to Take Advantage of Southeast Asian's Free Trade Area [J]. *London: Economic Intelligence Unit*, 1997: 4.

20世纪70年代的石油危机、80年代的债务危机，都影响到西方经济稳定发展，以至于发达国家不得不重视发展中国家的困难，关注发展中国家的经济调整和改革。所有这些都表明，当今世界各国经济彼此联系和牵制，进入了生产方式的相互依赖的时代。现代科学技术的突破，使生产力有了极大的发展；现代交通运输和通信工具的广泛应用，使得国与国之间，地区与地区之间的接触与联系更加广泛和频繁，整个世界经济成为相互依赖的复杂体系。一个无所不包的科学世界、波及全球的贸易和金融洪流、在全世界开展业务的跨国企业、活跃于全球的大众媒体和因特网、旅游业和迁移运动、还有各种文化的磨擦以及如环境受害和国际犯罪活动等全球问题—所有这些都是用来表达加强国家之间、社会之间的相互依赖。据统计，美国制造业1/7的产品直接与出口有关，1/3的农田为出口生产，美国公司利润1/3来自于海外活动，每出口10亿美元的货物就可以提供3万个就业机会。欧洲经济共同体所生产的工业制成品、农产品和劳务中有1/4供出口，人均国民收入的1/4来自对外贸易。在经济全球化的过程中，各国经济的相互依赖性空前加强。许多国家的对外贸易依存度已超过30%，个别国家则达到50%—60%。[①]

在这种环境下，经济波动和危机的国际传递便成为经常性的，而且是不可避免的，任何一个国家的内部失衡都会反映为外部失衡，进而很快波及与其有密切贸易和投资关系的国家。

国际经济相互依赖程度的加深，给我们当今经济发展留下了以下几个特征：一是国际经济关系由原来的纯粹的只考虑本国经济利益，转变为在国际经济舞台上更多地注意寻找

① 马缨：《区域主义与发展中国家》，中国社会科学出版社2002年版。

共同利益基础上的合作与协调；二是各国普遍实行对外开放的经济政策，注意适应和利用外部环境，在相互依赖中使自己处于有利地位；三是发达国家更加注意第三世界的经济困难，寻找积极的途径，通过国际性的合作，试图解决重大的国际经济问题。因此，各国逐渐认识到，在相互依赖的国际经济环境中，要实现自己的经济目标，就不能不照顾它国的利益，做出一些牺牲，以求实、合作的态度来处理国家间的问题。

在相互依赖的国际环境中，各国的经济政策应该相互协调。经济政策的协调包括经济目标的协调、经济信息的协调（相互交换）和政策行动的协调。当几个国家拥有一个共同的经济目标，要达到这个目标，各方需要进行有代价的努力，承担一定的责任，做出一定的牺牲。如果有国家想享受利益而不愿为此付出代价，想得到好处而不愿做出努力，那么目标永远也不会实现。

但是，在当今的世界经济中，不同的国家要达成经济目标的协调往往是困难的。因为为了共同目标的实现要做出牺牲或付出代价，一个共同的目标经常会转变成竞争性的赛局，每个国家总会千方百计降低自己的成本或损失，而又不损害目标。因此，在竞争性的谈判中，一些国家往往会将真正希望达到的目标隐匿起来，要求对方做出较大的让步。在这种情况下，经济目标的协调往往趋于崩溃。并且，有些经济目标是直接竞争性的，无法协调。例如，所有国家的国际收支和贸易收支的差额必须为零，一个国家的贸易顺差必须以另一国的贸易逆差为基础，每个国家都要实现贸易顺差是无法实现的。解决这种不协调的途径有三个：第一，在开始的时候就协调目标，以便它们能相互一致；第二，协调外部储备总的数量；第三，劝告一个国家放弃自己的目标，来和其他国家协调实现一个共同的目标。

四、东亚各国在相互依赖的经济格局中获益

无论是发达国家还是落后国家都会在世界相互依赖的经济格局中获益。发达国家在经济全球化的大潮中也存在着相互依存，并在这种环境中而获得的社会可持续性进步和发展。同时，落后国家的依附性发展将表明，“在依附的社会里，存在着进行社会和政治活动的足够的空间”。[1] 所以，落后国家亦可以在依附性状态下实现更加快的发展。

比如发达国家中出现的欧盟各国就是一个最好的佐证。欧共体建立之初国民经济上的恢复就明显表现了经济上的相互依赖。欧共体的相互依赖有两种：一是欧共体与共同体以外的其他国家的相互依赖，美国于 1947 年对欧共体实施的“马歇尔”计划，就是这种依赖的体现。美国在商品、资金、技术等方面占有绝对优势，欧共体对其表现出了一定的依赖。二是欧共体区域内的相互依赖，即区域性经济一体化相互依赖。[2]

欧洲人在经历了 20 世纪两次灾难性的世界大战之后，他们从内心深处感到，不易受伤害是一种幻想，因而，欧洲人更多地考虑经济合作、建立公民社会结构、奉行缓和政策以及建立减少冲突的多边机构。从 1952 年 7 月欧洲煤钢共同体的成立，至 1957 年 3 月《罗马条约》的签订，1967 年 7 月成立欧洲共同体，又经过几次扩大，无不体现了欧共体成员国间经济上的相互依赖。在欧洲一体化过程中，欧共体根据经济发展所需要素分配的不均，充分考虑了共同体内外

---

① 马缨：《区域主义与发展中国家》，中国社会科学出版社 2002 年版。

② Baldwin, P. Planning for ASEAN: How to Take Advantage of Southeast Asian's Free Trade Area [J]. *London*: *Economic Intelligence Unit*, 1997: 4.

政策的协调，对发展中国家和发达国家进行了区别对待，体现了相互依赖的重要性及其重点。同时欧共体也根据外界环境变化做出决策调整，使政策协调作用达到基于经济、文化基础上均衡。

我们探讨东亚区域经济合作和一体化的可行性，其中要表明的一个观点就是，东亚各国首先应更多地强调发展而不是依附，但是主动融入经济全球化和区域经济一体化的大潮中是改变经济落后和提高国际地位的最好途径。费尔南多·卡尔多索（Fernando H. Cardoso）认为：“依附性发展是当今世界上发展中国家取得经济发展的唯一途径，依附是发展中国家取得自立的必要代价。”①

这是因为，发展中国家面对经济和金融的全球化，首先要从跨国公司那里得到各多的资本、先进技术、管理、就业和更加广阔的市场等。同时，发展中国家还会从跨国公司那里得到产业结构的升级和换代。所以，从发达国家产业结构调整而言，当发展中国家在吸收部分资金延续核心国家本土上开始被淘汰的产业后，发达国家就可以在本土建立和调整出新的产业结构，进行新的科学技术的研制与应用，而后进国家也能从发达国家的产业结构调整中获得好处。以东盟为例，东盟经济在过去 30 年中已经历了巨大的结构变动，从而使制造业在国内生产总值中的比重以及制造业产品占总出口的比重不断提高。如果它们与世界其他国家（主要是核心国家）相分离的话，这种结构转换是不可能的。②

从 20 世纪 80 年代中期到 1997 年秋金融危机发生之前，亚太地区——从东北亚的日本、韩国到南亚的印度尼西亚、泰国、新加坡和中国南方一个半弧形地区是世界经济中增长

① 马缨：《区域主义与发展中国家》，中国社会科学出版社 2002 年版。

② 同上。

最快的地区。有人估计，这些国家的经济每年增长8%，约占世界总产量1/4和世界总资本支出的2/3。①

东南亚国家，包括中国在内的发展中国家的发展，首先是奉行新自由主义经济发展战略。东南亚国家从20世纪60年代开始经济腾飞以来都没有离开整个资本主义体系。尤其在亚洲新兴工业化国家，其“新的经济增长战略强调出口导向发展的重要性，这已作为激发世界经济和政治变革的新自由主义思想的一个完整部分被广泛地接受”。②

可以这样认为，对外开放就是对外部经济和其他环境的依赖，没有这样的环境和依赖大多数国家是很难取得经济上的巨大进步。所以说对外开放或者说对外部环境的依赖是大多数东亚国家共同的经济发展战略。比如，亚洲“四小龙”和“四小虎”以及中国的发展都是如此。

第三节

地缘政治经济理论

地缘政治经济理论创立于20世纪90年代初，这种新的国际关系理论已成为各国、特别是各大国制订内外政策的重要依据。在地缘经济的影响下，地区经济合作加强，区域集团化进程加快，欧、美、亚三大经济圈三足鼎立之势正在形成。区域经济集团化由小到大，由初级到高级，由经济合作

① Baldwin, P. Planning for ASEAN: How to Take Advantage of Southeast Asian's Free Trade Area [J]. *London: Economic Intelligence Unit*, 1997: 4.

② 费尔南德斯·希尔贝尔托，安德列·英门：《发展中国家的自由化》，经济科学出版社2000年版。

到政治合作的一体化进程加强，而且不同发展水平与体制不一的国家兼容并蓄，区域经济集团之间排他性与开放性同时并存。该理论强调各国之间相互依存、相互渗透、相互制约和相互竞争，从而促使经济全球化的进程不断向前推进。

一、地缘政治经济理论的内涵

产生于西方的地缘经济学（Geo - economics）是在世界经济全球化和区域经济一体化不断加深的国际背景下出现的一种解释国际关系的新理论。目前，其最具影响和权威的理论家是美国华盛顿战略和国际关系研究中心地缘经济学主任埃德华·卢特沃克（Edward N. Luttwak）和美国华盛顿大学政治学和国际关系教授亨利·诺（Henry R. Nau）。

20 世纪冷战结束后，传统意义上的战争和军事威胁的安全竞争意识已经淡化。但是，作为国际关系主要的行为体，民族国家之间在经济领域的竞争与合作每天都在继续着，各国仍然是围绕争取和维护国家利益而展开竞争。但竞争方式变了，竞争对手们以一种新的竞争方式出现，那就是以经济竞争取代了过去的军事竞争（实际上军事竞争依然存在，只是没有太表面化罢了）。地缘经济学的主要任务就是对这种新的国际竞争方式进行研究和探讨。埃德华·卢特沃克认为：“这种国家竞争的新形式，我就称为地缘经济学，所有官僚机构发现的地缘经济作用的结果和由利益集团控制的地缘经济的结果，在不同的国家和不同的案例中虽然各式各样，但是，从根本上讲，国家将按地缘经济的方式行事。这是因为国家就是如此：以领土划界的行为体明确无误地要胜过世界舞台上的其他行为体。”①

国家要想尽办法维护本国的经济利益，这种由国家和政府参与的国家利益的经济竞争行为，就正是地缘经济学家们要研究的对象。从地缘经济学的理论观点来看，地缘经济学具有以下特点：

1. 地缘经济学与我们在传统意义上认识的地缘概念并不完全吻合。最常规的地缘概念出现在地缘政治里面。地缘政治理论家研究的是一个国家的地理情况，包括人口、资源和气候等情况对国际关系的影响。地缘经济学与传统的地缘理论完全不同，在这一理论里，地缘的概念其实是指民族国家以他们的国家领土作为地理含义上的竞争单位。地缘经济学家研究的是，如何从地理的角度出发，在国际竞争中，保卫国家的自身利益。

2. 虽然传统现实主义在研究国际关系时是以国家的政治、军事和外交为主要内容的，它把对国家经济关系的研究完全放在从属于政治的位置上，而地缘经济学则把研究的重点放在国家之间的经济竞争和较量上。但是在地缘经济学家看来，今天国际关系中的主要行为体应当仍然是国家。地缘经济学和传统现实主义一样，也强调权力，强调的是国家的经济权力和国家的经济安全。认为国家所有的经济较量都是由国家经济利益驱动的。国家利益的实现，主要表现在就业人口的扩大、市场的扩张和产品的出新上面。②

20 世纪 90 年代以来，随着冷战的结束，经济安全日益成为国家综合安全的核心内容。所以，地缘经济学的创始人之一、美国华盛顿战略和国际问题研究中心的勒特韦克讲

---

① EdwardN. Luttwak. *The Endangered American Dream* [Z]. Simon & Schuster N. Y. 1993: 35.

② 同上。

道：“当遏制共产主义是对外事务的军乐队的指挥时，经济政策排在了后面。这种政策不能再继续下去了。在本世纪余下的时间直到下世纪，地缘政治学必须让位于地缘经济学。在地缘经济学中，资本是火力，对市场的渗透取代了国外的基地和驻军。”①

地缘经济安全是国家经济安全的一个重要领域。它主要涉及的是一国从事经济活动时基于地理区位、经济的空间分布及与相邻地域经济单元间关系而存在的安全问题。只要以国家为单位的国际经济共同体存在，就会产生地缘经济安全问题。因为，政治和经济是人类最基本的社会活动，而人类的这些社会活动又与地缘环境有着密切的关系。可以讲地缘经济安全是地缘政治安全的基础；地缘经济安全又是国家其他经济安全的保障，维持着国民经济的持续发展；同时地缘经济安全是国家参与国际经济行为的坚强后盾与首要考虑。

这不仅表现在人类的社会经济活动总是在一定的地缘空间进行，而且地缘环境还对人类的社会活动产生重大的影响。所以，地缘政治经济理论是在国际政治经济相互依赖关系不断深化条件下，地缘政治、政治地理（Political Geography）和经济地理（Economic Geography）等各种现象和因素之综合。它既可以被视为一种客观的总体现象，也被认为是一种进行综合分析的方法，它是地缘政治学在战后世界政治经济新的现实条件下的新发展。地缘经济理论源于地缘政治经济理论。

“二战”后，世界政治经济发展的客观现实是，一方面，经济全球化和一体化的不断发展，推动了人类社会的相互依存的日益加深。各种区域性的政治经济集团和共同体的

① Baldwin, P. Planning for ASEAN: How to Take Advantage of Southeast Asian's Free Trade Area [J]. *London: Economic Intelligence Unit*, 1997: 4.

出现，使得政治经济因素的地缘色彩更加明显；另一方面，新的区域性政治经济集团和共同体的形成和发展促进了世界经济与国际政治之间的相互渗透和相互影响。经济因素在国际事务中的重要性日益明显，经济安全和经济利益正占据国家对外战略的核心地位。国际政治和世界经济日益融合，国际政治经济已经成为当今世界的一种整体现象。①

二、地缘政治与区域经济的关系

自从19世纪末20世纪初系统的地缘政治理论提出以来，它已经成为各国各个地区认识国际关系的一个重要手段和方法，其理论观点直接地影响着政治家们的战略思维和对外政策的制定。当今世界上，政治经济全球化和区域化趋势日益明显，人们对基于权利和狭隘国家利益的地缘政治理论十分反感，以致形成一种“反地缘政治”（Anti – Geopolitics）的倾向，而强调超国家跨区域的整体利益的结合。②

冷战结束后的西方地缘政治学大体向三个方向发展，既强调在科技发展导致人类生存危险的脆弱性、现实国际社会中的文明冲突和全球化作用下的网络化社会。③ 但是，随着全球化和信息化时代得到来，国际政治经济秩序都在发生巨大的变化，所以，以往的观点已经不能很好地解释当今国际政治和经济关系的新趋势和新变化。

当前，世界政治经济全球化和区域经济一体化的浪潮汹涌澎湃，没有哪个国家可以置身其外。而在全球化的发展过

---

① 宋新宁、陈岳：《国际政治经济学概论》，中国人民大学出版社1999年版。

② Baldwin, P. Planning for ASEAN: How to Take Advantage of Southeast Asian's Free Trade Area [J]. *London*: *Economic Intelligence Unit*, 1997: 4.

③ Marston Knox Liverman. World Regions in Global Context: People, Place, and Environments [J]. *Uppoer Saddle River*, New Jersey, 2002: 16.

程中，必须经历一个区域化（或者称地区化 regionalization）的过程。[①] 因为区域经济一体化是全球化的基础，全球化则是区域经济一体化的最高境界。“全球共同体大厦是否能够真正地建立起来，有赖于地区共同体的建立；全球共同体大厦是否坚实牢固，也有赖于他的基石——各个地区共同体和全球性国际组织的联系，是否紧密而不易松散。”[②] 区域化是全球化的一个进程，而“实行一体化通常意味着由部分组成整体，即将原来相互分离的单位转变成为一个紧密系统的复合体。”[③]

从地缘政治的角度来看，区域一体化的进程使地理相近的国家通过稳定的互动，在政治、经济、安全和文化等方面将会产生共同的需求，从而具有某种同质性，形成一种功能性的紧密结合。[④] 另外，“一体化进程往往起源于某一个核心地区，由一个或若干个较强、较高度发展以及在一些重要领域比其他地区更先进、更具吸引力的政治单位构成。”[⑤] 因此，我们可以看到，地缘区域一定有一个决定区域经济一体化的核心国家为支撑，在此区域具有号召力和凝聚力，这样地区政治就成为地区经济一体化发展的主要推动力量。

除考虑地缘政治与区域经济一体化的关系之外，地理因素也是影响国家战略和对外政策制定的最基本和最持久的因素之一，是国家制定战略、选择政策的前提和出发点。随着战后世界政治经济的相互渗透和相互作用及经济因素在国际关系中的地位的不断增强，地缘关系对国家对外经济行为和

---

① Jimothy W. Luke. “Plstmodern Geopolitics: the Case of the 9. 11 Terrorist Attacks” . in John Agnew ed. , *A Companion to Political Geography* [M]. Blackwell Publishers Ltd. , 2003: 219 – 232.

② 宋新宁、陈岳：《国际政治经济学概论》，中国人民大学出版社 1999 年版。

③ 卡尔·多伊奇：《国际关系分析》，世界知识出版社 1992 年版。

④ Marston Knox Liverman. World Regions in Global Context: People, Place, and Environments [J]. *Uppoer Saddle River*, New Jersey, 2002: 16.

⑤ 卡尔·多伊奇：《国际关系分析》，世界知识出版社 1992 年版。

经济关系的影响日益明显。具体表现为：

1. 自然地理条件构成了一个国家经济实力地位的重要因素。地理环境和自然资源对国家的综合国力产生重要的影响，其影响直接作用于国家的经济实力。地理位置往往决定自然气候，进而影响国家的经济类型和经济结构，影响该国的经济发展状况和经济实力。自然资源提供了大工业发展必需的原材料和能源，丰富的自然资源是促成一国成为经济强国的重要物质条件。

2. 地理条件决定国家对外经济战略的性质和特征。一国的国土、资源和地理位置往往决定一个国家的对外经济发展战略。自然资源丰富的国家经济发展战略大都独立性较强。而像日本这样的资源匮乏的国家，严重依赖对外贸易，所以贸易立国、科技立国成为日本经济战略发展的不得已的选择。许多单一资源丰富的发展中国家的经济结构也是比较单一的，其经济发展战略也只能是初级产品出口导向型的。

3. 自然资源的地理分布可能导致不同国家间的经济利益冲突与合作。自然资源的分布并不是按照国界划分的，一国与邻国大都存在着共同或共享的资源，如油田、矿藏、水资源等。各国对自然资源的无止境的追求往往引起国际关系中的一系列冲突和斗争。而为了协调和解决这种矛盾和冲突，也可能使相邻国家间在特定的经济问题上进行合作。欧共体的欧洲煤钢联营便是其一，其原因即是法德之间的煤炭和铁矿资源的交错分布的现实密切相关。

4. 地缘政治关系制约国家的对外经济关系及发展。良好的地缘政治关系是国家建立和扩大对外经济关系的基础。冷战其间，东西方两大阵营不仅是地缘政治集团，而且是两大地缘经济集团。东西方关系作为一个重要的地缘政治因素对两大集团成员国之间的经济关系的影响是十分重要的，“马歇尔计划”的作用已经证明了这一点。

当今世界经济一体化现象更多地表现为经济的区域化和集团化，其重要原因之一就是地理因素。因为在一定区域内的相邻国家之间，由于自然条件较为相似，在历史上政治和经济的联系较为密切，出于共同发展的需要，较为容易结成区域性的经济联盟。如欧洲联盟、北美自由贸易区、东盟等区域性组织已经表明了一体化组织的地缘特点。

三、东亚的地缘政治与经济

冷战结束以来东亚地缘战略的发展表现出三个基本特征：

1. 地缘政治向地缘经济发展的趋势。20 世纪 90 年代以来，经济全球化和区域经济一体化的进程在加快，区域之间合国与国之间的经济联系愈发密切，经济因素对各国政治安全的影响在加重。以此为背景，传统的地缘政治开始向强调合作、非对抗性的地缘经济发展，“世界进入了地缘经济时代”。[①] 由于按照传统地缘政治标准划定的对手或敌手，在地缘经济时代可能同时又是贸易伙伴，如果还继续以地缘政治的观念来对待当今的贸易伙伴，那么，经济合作只能成为泡影，双方和多方的利益将受到损害。所以当今各国的地缘战略目标由此呈现出双重性：既要在政治之上或军事上压制地缘竞争对手，强化本国在地区地缘政治中的地位，又要密切和地区内国家的地缘经济关系，促进本国的经济和社会发展，在地缘范围内取得竞争优势。

2. 东亚地缘经济整合不断发展。1997 年亚洲金融危机以后，东亚各国充分认识到，只有加强区域内部的政治协调和经济合作才能够提高抵御外部政治和经济金融的冲击能

① 马缨：《区域主义与发展中国家》，中国社会科学出版社 2002 年版。

力，否则难免再次遭受金融危机的冲击。地缘经济的整合推动地缘政治的进步。而地缘政治的整合又使得各国在不断思考，如何在制定本国的地缘战略时，不能再把眼光局限于民族国家的范围之内，必须把相关国家集团纳入战略视野。如很久以前成立的东盟，组织内聚力不断增强，合作的欲望不断提高，日益作为一个独立主体参与地区地缘经济合作，并尝试在地缘政治关系中发挥作用；在地缘政治和经济理论的引导下，在东盟的推动下，东亚出现了“10 + 3”等不同社会形态的谈判、协调和合作，经济关系日益加深，合作层次日益提高。传统的地缘政治关系基本上是以民族国家为单位的，国与国之间的地理关系是人们分析地缘政治环境的基础。但是，随着“冷战的结束，整个地缘政治区域化的问题再次呈现出来。”①

3. 大国在东亚地缘经济与地缘政治中的作用增大。东亚各国出于经济和政治原因的考虑，都积极支持和推动地区经济合作和一体化方案（虽然有些国家行动快慢不同）。因为，东亚大多数国际认为，地缘政治和经济战略的改变是推动区域经济一体化的前提，更是发展和稳定整个区域和国家政治和经济的基础，这些符合东亚区域经济合作和一体化的逻辑，符合东亚的整体利益。但是，东亚区域经济的整合，没有大国的参与和推动是不可行的。

从历史上看，亚洲和东亚地区的地缘中心国家是中国，而不是日本和其他国家。因为无论从地理位置、政治与外交、领土面积、人口数量、经济总量、文化影响以及军事整体力量等方面来讲，中国的世界作用应比日本大。虽然中国在近代历史上曾遭受到西方列强的侵略，政治和经济影响减少，综合国力下降。但是，随着中国的崛起，中国当今已经

① 杰弗里·帕克：《地缘政治学：过去、现在和未来》，新华出版社2003年版。

成为世界强国（虽然人均国民生产总值还较比低，但经济总量已居世界前位）。日本当前的经济影响力似乎大于中国，但是在东亚区域经济合作中，中国对各方的影响和在其中所起的作用要远远大于日本。因为中国是亚洲的中心，对东亚乃至世界的政治、军事、外交和经济繁荣都具有不可估量的作用。中日作为东亚的大国和在世界经济经济领域的影响以及相互之间的地缘关系，决定二者应共同参与东亚区域经济合作和一体化的进程并起到推动和主导作用，虽然当前这种作用还没有真正表现出来，但是这是历史和时代的责任。

地缘政治和经济因素是历史所决定，各国必须接受这个事实，所以它是推动东亚区域经济一体化产生和发展的重要因素。综观现今世界上建立的区域经济集团，都是在地域临近、地缘经济关系密切的国家和地区之间产生的，这是因为，地缘经济因素使得建立区域经济集团具有坚实的政治、文化和经济基础。相邻国家和地区在政治、国防等方面有着比较密切的联系，使得它们具有建立区域经济集团的政治基础；相邻国家和地区在民族传统、思想价值观念、宗教信仰、风俗习惯等方面的相近，为建立区域经济集团奠定了社会文化基础；最重要的是各国地理位置邻近，不仅可大大减少流通费用，而且能减少流动中出现的风险，从而为建立区域经济集团打下了坚实的经济基础。

第三章

东亚区域经济合作的经济效应分析

任何区域经济合作都会给成员国带来政治、军事和经济等方面的利益；而区域内各个经济体如能尽快走向一体化更会给成员各方带来许多不可想象的好处和优势。比如成员国之间的非贸易壁垒都将取消，可以更大限度地实现商品、资本和人员的自由流动等。区域经济一体化一般而言会经历五个阶段，即自由贸易区、关税同盟、共同市场、经济联盟和完全的经济一体化。而每一种形式都会在区域内给成员方带来不同的影响，特别是经济方面的震动。最早提出关税同盟理论的是德比尔斯（De Beers），[①] 但是，真正开始系统地对

① 周八俊：《迈向新世纪的国际经济一体化：理论·实践·前景》，上海人民出版社1999年版。

关税同盟进行研究的是美国普林斯顿大学经济学教授范纳(Ja Cob Viner)，其在1950年出版的《关税同盟问题》一书中提出的关税同盟理论。这一理论提出关税同盟存在两种效应—静态效应（static effects of customs unions）和动态效应。关税同盟由于对内实行关税减免，趋向于自由贸易，因此可以给参与国带来经济利益。[①] 结论是区域内成员国一旦组成关税同盟，那么，它将会给成员各方带来静态和动态等方面的经济影响和效应。运用法国经济学家瓦尔拉斯的一般均衡模型（Computable General Equilibrium，CGE）和理论分析，如果东亚各国或者东盟分别同中日韩组成FTA，那么，各国都会在经济贸易等各方面得到好处，福利将大大提高。

第一节 东亚区域经济合作及一体化的静态效应分析

关税同盟是在区域经济一体化过程中的第二阶段，与自由贸易区不同的是，关税同盟的成员国在相互取消进口关税的同时，设立共同对外关税，这实际上意味着关税同盟的成员国将关税的制定权让渡给经济一体化组织。从经济一体化的角度看，随着成员国之间相互取消关税，各成员国为保护本国的某些产业，需要采取更加隐蔽的措施，如非关税壁垒等。关税同盟给成员国带来的不是绝对的福利净损失或净收益，而是分为贸易创造与贸易转移两种影响。依照国际经济

① Viner, J. 'The Customs Union Issue' [N]. reprinted in Bhagwati, J., P. Krishna, and A. Panagariya (ed.) *Trading Blocs*, Cambridge: The MIT press, 1999: 105.

学的传统理论，贸易创造会给成员国到来福利水平的绝对提高，贸易转移将给成员国带来福利水平的绝对降低。因而，各国要考察关税同盟给它带来的福利影响便是综合考虑贸易创造与贸易转移，如果贸易创造大于贸易转移则福利水平净增，反之则净减。一般情况下，贸易创造会带来福利绝对增加，而贸易转移在不同的情形下结果是不同的

一、贸易创造效应

所谓贸易创造效应是指缔结关税同盟后，同盟内部成员相互之间由于交易成本下降和关税取消，导致本国内高成本产品被区域内其他成员低成本商品所替代，以及过去受到对方数量和高关税限制的本国低成本商品出口扩大，从而给区域内进出口双方带来更多贸易机会和经济利益，它表现为成员国整体福利的上升。

在此，贸易创造表现为由于关税同盟内实行自由贸易后，产品从国内成本较高的企业生产转往成本较低的成员国生产，从而使进口增加，新的贸易得以“创造”。其效果是：（1）由于取消关税，每一成员国由原来生产并消费本国的高成本、高价格产品，转向购买其他成员国的低成本、低价格产品，从而使消费者节省开支，提高福利；（2）提高生产效率，降低生产成本。从每一成员国看，扩大的贸易取代了本国的低效率生产；从同盟整体看，生产从高成本的地方转向低成本的地方，同盟内部的资源得以重新优化配置，提高了要素的利用效率。

同时，在关税同盟缔结之前，各国对来自境外的商品征收较高的关税以限制其进口，这样就过度地保护了以较高成本生产的国内企业和产品，导致既不能提高生产要素的产出率，又损害了消费者利益。建立关税同盟后，由于在成员国

之间取消了关税，使部分原属本国企业以较高成本生产的产品转向同盟内以较低成本生产的其他成员国的产品，这样不仅进出口双方国家都可以重新优化配置资源，提高生产要素的产出率，而且进口国家的消费者可以购买到价廉物美的商品，同时降价还可以扩大消费量。为此出口国家可以扩大出口，增加国民收入。因此说，贸易创造从生产（重新优化配置资源，提高生产要素的产出率）与消费（购买价廉物美的商品和扩大消费量）两方面提高了福利水平。

关税同盟的贸易创造效应及其福利效应的大小主要取决于以下因素：（1）原有的关税水平越高，关税同盟使进口商品价格下降的幅度就越快，从而它扩大贸易量的作用便越大；（2）该国供给和需求弹性越大，同等量的削减关税对供给量和需求量的影响就越大，即它对扩大贸易量的作用便越大；（3）其他成员方的生产效率越高，即它的生产成本与该进口国的成本差距越大，取消关税对扩大贸易量作用便越大；（4）一国在参加贸易集团之前贸易自由化的程度越低，它参加关税同盟后贸易量的增加幅度就会越大；（5）成员方的经济结构越相似，关税同盟的贸易创造效应就越大。反之，如果该国与其他成员方有较大的结构差异，自己完全不生产某种进口商品，那么，取消关税只能从扩大需求量方面增加贸易量，关税同盟的贸易创造效应便会较小。

可见，贸易创造效果是由生产利得和消费利得构成，即在关税同盟成立后，在比较优势的基础上实行专业化分工，这样，关税同盟某成员国的一些国内成本较高的产品为伙伴国成本较低的进口产品所代替。从而一方面使资源的使用效率提高，扩大了生产所带来的利益，另一方面使本国该项产品的消费支出减少，从而把资本用于其他产品的消费，扩大了社会需求，使贸易量增加，最终提高了关税同盟国的社会福利水平。我们用图 3－1 来说明关税同盟的贸易创造效果。①

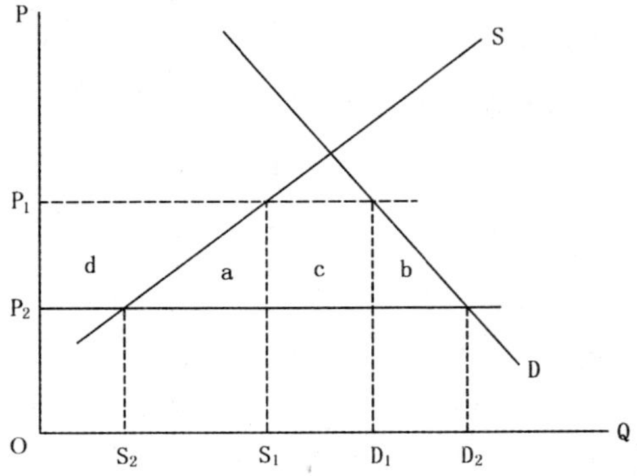

图 3－1　关税同盟的贸易创造效果图

我们假设有 A、B、C 三个国家。A 国为本国，它对商品 X 的供给和需求曲线为图中的 S 和 D 曲线。在自由贸易条件下，B 国生产的商品 X 价格为 $P_2=2$ 美元，C 国为 3 美元。结成关税同盟前，A 国对进口商品征收 100% 的关税，那么，A 国从 B 国进口商品 X 的价格为 4 美元，从 C 国进口则为 6 美元，因此 A 国从 B 国进口。这样，商品 X 在 A 国国内市场价格为 $P_1=4$ 美元。在 P_1 价格下，在 A 国 X 商品的供给量为 OS_1，需求量为 OD_1，则需要从 B 国进口 S_1D_1 的商品 X。现在假设 A、B 两国结成关税同盟后互相取消关税，对内商品自由流通，对外仍征收 100% 的关税。那么，A 国从 B 国进口商品的价格为 $P_2=2$ 美元。对 C 国而言，A 国仍对 C 国征收进口关税，这样，如果 A 国从 C 国进口商品 X，价格仍为 6 美元。这样，A 国便以 $P_2=2$ 美元的价格从 B 国进口商品 X，A 国商品 X 供给量便减为 OS_2，而需求

① 陈同仇、薛荣久：《国际贸易》，对外经济贸易大学出版社 1997 年版。

量增为 OD_2，这样，A 国需要从 B 国进口 S_2D_2 量的 X 商品。

就对 A 国产生的贸易效果而言，由图 3－1 可以看到：在关税同盟后，首先，A 国从 B 国进口商品 X 的数量由 S_1D_1 增加到 S_2D_2，即增加了 $S_2S_1+D_1D_2$ 数量的进口量；再从 A 国经济福利水平的变化上看，在 A、B 两国结成关税同盟前，A 国商品 X 的国内市场价格为 P_1，A、B 两国结成关税同盟后，A 国商品 X 价格由 P_1 降为 P_2，在此过程中，A 国经济福利增加了。我们从生产者剩余的减少，消费者剩余增加，以及政府的关税损失三个方面的比较中可以得出结论，在关税同盟形成后，生产者剩余减少了 d，消费者剩余增加了 a＋b＋c＋d，另外，形成关税同盟以前，政府可获得 c 部分的关税收入，关税同盟形成以后，由于取消了关税，政府损失了 c 部分收入。将以上几个方面作以比较，A 国经济福利大小等于消费者剩余增加量减去生产者剩余减少量，再减去政府收入损失量，即 $(a+b+c+d)-d-c=a+b$。这样，得出的结论是，由于关税同盟的形成，使得 A 国进口商品 X 的价格水平由 P_1 下降到 P_2，从而使其进口量由 S_1D_1 增加到 S_2D_2，由此 A 国的经济福利也增加了 a＋b，其中经济福利的增加部分 a 是贸易创造的生产效果，它是用低成本的商品代替国内高成本的商品所带来的福利的增加，而 b 是贸易创造的消费效果，它是由于价格水平的下降而引起消费量的上升所增加的消费者剩余。这就是关税同盟的贸易创造效果。

二、贸易转移效应

贸易转移是指建立关税同盟之后，当一国的进口从一个非关税同盟的低成本国家被另一关税同盟国的高成本国家所替代时，就发生了贸易转移。由于对内降低贸易壁垒，成员国之间的相互贸易代替了成员国与非成员国之间的贸易，从而造成贸易方向的转移。这种对外实行保护贸易的措施即某成员国从世界成本最低的国家进口转向同盟内成本最低的国家进口，发生的“贸易转移”，会直接导致和造成的整个社会财富浪费和经济福利水平下降。具体表现：（1）由于关税同盟阻止从外部低成本进口，而以高成本的供给来源代替低成本的供给来源，使消费者由原来购买外部的较低价格商品转向购买成员国的较高价商品，导致增加了开支，造成福利损失；（2）从全世界的角度看，这种生产资源的重新配置导致了生产效率的降低和生产成本的提高。

由于这种转移有利于低效率生产者，使资源不能有效地优化配置，结果使整个世界的福利水平都降低了。因为在关税同盟缔结之前，每一国对来自任何国家的同种产品征收同等税率的关税，因而成本最低的国家就可获得贸易机会。而建立关税同盟后，则因受关税同盟制约，需首先转由向同盟内成员进口，倘若该成员出口商品成本不是世界上最低的，则不仅同盟中的进口利益受损，而且从世界范围看，也不利于生产要素和资源的优化配置，从而产生了消极的消费效应和消极的生产效应，导致福利水平下降。

贸易转移效应及其所造成的福利损失的大小主要取决于以下因素：（1）原有关税水平越低，关税同盟对非成员国的贸易歧视程度越低，由此而产生的贸易转移的可能性越小；（2）成员国在关税同盟建立之前的贸易往来越密切，贸易转移的余地便越小；（3）关税同盟的成员国越多，贸易转移的可能性越小；（4）成员国与非成员国之间的成本差异越大，贸易转移所可能带来的福利损失便越大。

我们用图 3－2 来说明关税同盟贸易转移效果的过程。

图 3－2 中，仍假设有 A、B、C 三个国家。A 国为本国，它对商品 X 的需求曲线为图中 D 曲线。D 曲线在自由

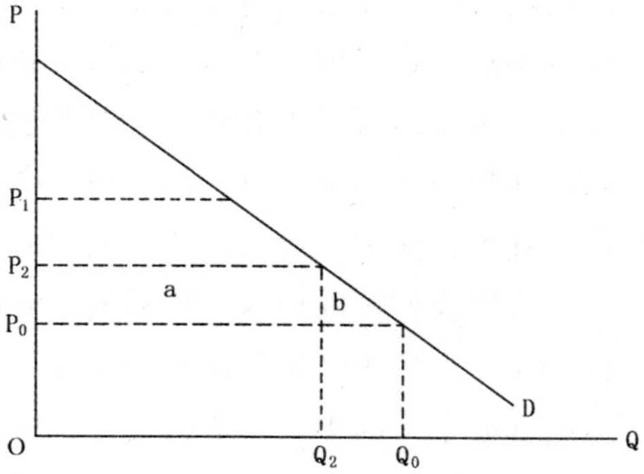

图 3－2　关税同盟贸易转移效果图

贸易条件下商品 X 的价格，在 A 国为 P_1，在 B 国为 P_0，在 C 国为 P_2。结成关税同盟前，设 A 国自由地从 B、C 两国进口，自然就会从成本和价格低的 B 国进口，因为 B 国价格为 P_0，小于 C 国的 P_2，从 B 国进口成本更低。假设 A 国与 C 国结成关税同盟，这样 A、C 两国彼此间取消关税，但对非成员国 B 实施共同的对外关税。假设 A、C 两国的共同对外关税为每单位征收（P_1-P_0）的关税。这样，A 国若从 C 国进口商品 X，则价格为 P_2；A 国若从 B 国进口，加上关税后，价格为 P_1。由于 P_1 高于 P_2，因此，A 国则按 P_2 价格从 C 国进口。这样由于 A 国与 C 国结成关税同盟，便使得贸易从低成本的 B 国转向高成本的 C 国，也即发生了贸易转移效果。比较一下关税同盟形成前后，A 国的经济福利发生的变化，由价格 P_0 上升到 P_2，A 国在与 C 国结成关税同盟后，消费者剩余损失了（a＋b），其中 a 转移到 C 国去了，b 则为纯粹福利损失。这就产生了贸易转移效果。

三、福利效应

1. 贸易创造。传统理论认为，贸易创造效应不应简单地用成员国相互之间贸易数额的净增长来衡量其效果，而是应该重点考查其贸易的增长是否使各成员国的产业结构优化升级，是否形成了更有效率的专业化分工。因此，成员国相互之间的经济结构比较相似，而在产业链的分布上具有一定的互补性，同盟内形成的贸易创造的效果将会更大。

所以我们可以认为，贸易创造效应是关税同盟的主要经济效应，它的积极作用明显超过贸易转移效应的消极影响。但就其所带来的福利效应而言，不同国家的生产者和消费者并不是相同的。对于不同的出口国来说，组成关税同盟后，高成本出口国出口增加，产量上升，贸易创造效应明显大于贸易转移效应，福利效应增加；而低成本出口国则会减少出口和产出，其福利也必然因贸易规模缩小而下降。

对进口国来说，则会出现消费者福利改善，而生产者福利增加的现象，但其净福利是否增加，还取决于如下几个因素的影响：（1）进口国供需弹性的大小。进口国的供给价格弹性和需求价格弹性越大，其贸易创造减去贸易转移所带来的净福利效应就越大。（2）进口国原有的关税水平的高低。组成关税同盟前，进口国的关税税率越高，则组成关税同盟后，其贸易创造减去贸易转移所带来的净福利效应就越大。（3）高、低成本出口国出口价格的差别。两类出口国的价格越接近，则其贸易创造减去贸易转移所带来的净福利效应就越小。

2. 贸易转移。传统观点认为，贸易转移的结果是降低了资源配置效率，造成成员国福利水平的下降。因此，各国要考虑建成关税同盟后对它的净福利影响，就要综合考虑贸易创造与转移所带来实际效果，如果贸易创造产生的效果大于贸易转移带来的影响，成员国之间相互贸易将由此进一步扩大，并使社会福利水平提高，反之则可能使成员国之间资源配置效率降低，整体福利下降。

在贸易转移效应的分析中可见，某国在结成同盟前所选择的进口国是进口成本最低的国家而非生产成本最低的国家，而进口成本的一部分由本国消费者承担，所以对消费者来说结盟前的选择也许并不是最优的，结盟之后可能反而会引起该国消费者福利水平的提高，进而引起世界整体福利水平一定程度的增加。因此贸易转移形成的贸易量的改变并不一定会引起某国福利水平的下降，更无须盲目排斥贸易转移。因为，即使是导致贸易转移的关税同盟，其对社会福利的影响也可能是正面的。①

对于贸易转移是否一定减少国际福利，经济学家格雷尔（Gehrels，1956）认为，贸易转移是否一定减少国际福利还要取决于商品间有无替代性。如果商品间有替代性，则贸易转移也可能增加福利。他认为，维纳的分析只注意到国家间的替代关系，而未注意到商品间的替代关系。②

对贸易创造与贸易转移的理论分析，使用的是对关税的经济效应进行分析的方法。其基本假设是：（1）分析一个需求变动不会影响世界市场价格的小国，当该国对某一进口产品征收关税时，会产生消费效应，保护效应和收入再分配效应。（2）所有关税同盟国均为充分就业。（3）所有国内消费的产品的需求完全缺乏弹性，没有消费替代的可能，产品的消费比例固定，规模收益不变，生产成本固定，供给处于完全弹性。

贸易创造使成员国福利增加，而贸易转移却使其福利减少，那么关税同盟到底效果如何？我们用图 3 - 3 来具体分析一下。

---

① Lipsey, R. G.., The Theory of Customs Unions: The Diversion and Welfare [J]. *Economic*, Vol. 93, 1957: 41.

② Gehrels, F.., Customs Union from a Single - Country Viewpoint [J]. *Review of Economic Studies*, Vol. 24, 1956: 63.

在图 3 - 3 中，我们仍假设 A、B、C 三个国家。A 国为本国，是一个进口量不足以改变世界市场价格的贸易小国。B 国生产商品 X 价格为 $P_0=2$ 美元，C 国为 $P_2=3$ 美元。A 国对商品 X 的供给和需求曲线为 S 曲线和 D 曲线。在自由贸易条件下，A 国从 B 国进口商品 X 的成本为 2 美元，成本更低，因此 A 国从 B 国进口商品 X。如果，此时 A 国对进口品征收 100% 的进口税，那么，A 国国内市场商品 X 的价格为 $P_1=4$ 美元。在 P_1 价格下，A 国供给量为 OS1，需求量为 OD_1，A 国需从 B 国进口商品 X 的数量为 S1D1。这样，由于 A 国对商品 X 进口征收了 100% 的进口税，使 A 国政府获得了（P_1-P_0）$\times S_1D_1$ 部分的关税收入，即图 3 - 3中的（c + e）面积。

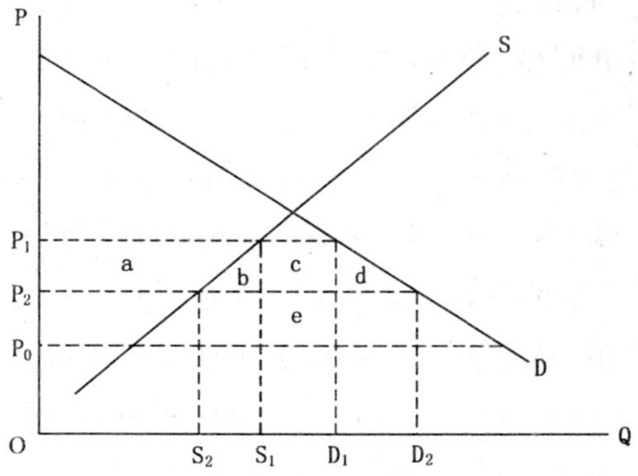

图 3 - 3　关税同盟贸易创造效果与贸易转移效果图

如果 A 国与 C 国结成关税同盟，彼此间取消关税，商品自由流通，对外征收 100% 的进口税。那么，如果 A 国从 C 国进口商品 X，则价格为 $P_2=3$ 美元。而由于 A 国未与 B 国结成关税同盟，则 A 国从 B 国进口商品 X 的价格为 4 美元，高于 P_2。这样，A 国便由关税同盟前的从 B 国进口商品 X 转向从 C 国进口商品 X，这便发生了贸易转移。此时，

A 国商品 X 供给量为 OS_2，需求量为 OD_2，A 国进口商品 X 的数量由 S_1D_1 增为 S_2D_2。同时，由于实行了关税同盟，A 国政府不能得到关税收入。

下面我们试比较一下 A 国在与 C 国结成关税同盟前后经济福利的变化。从在图 3－3 中可以看出，在形成关税同盟前，A 国对进口品征收 100% 的进口税的情况下，A 国从 B 国进口商品 X，价格为 P_1，进口量为 S_1D_1；在 A 国与 C 国形成关税同盟后，A 国从 C 国进口商品 X 的价格为 P_2，进口量为 S_2D_2。由于价格从 P_1 降到 P_2，消费者剩余增加了 (a＋b＋e＋d)，生产者剩余减少 a。另外，政府税收损失了 (c＋e)。因此，A 国在与 C 国结成关税同盟后，经济福利净损失＝政府关税收入减少量＋生产者剩余减少量－消费者剩余增加量＝（c＋e）＋a－（a＋b＋e＋d）＝c－b－d。其中（b＋d）是纯粹的贸易创造获得的福利，而 c 就是贸易转移损失的福利。这是由于结成关税同盟以后，A 国的商品进口从低成本的 B 国转向高成本的 C 国，这样便造成了 A 国的福利损失。但是，关税同盟到底是使其净福利增加还是减少，还要比较 c 和（b＋d）的大小，如果（b＋d）大于 c，则 A 国福利增加，如果（b＋d）小于 c，则 A 国净福利减少。

关税同盟建立后，其静态效果的大小如何，除比较贸易转移和贸易创造的大小外，还受以下因素的影响：首先，如果进口国不是与高成本的生产国建立关税同盟，而是与低成本的生产国建立关税同盟，那么它仍然可以从低成本生产国进口商品，这样贸易转移效果就会消失；其次，即使进口国与高成本国结成关税同盟，但是如果它们的对外共同关税定得比较低，使得低成本生产国商品在征收关税后，价格仍然低于其他成员国的价格，那么贸易转移效果还是能避免的；最后，出口国生产成本与其他成员国、非成员国生产成本的差异度也影响到贸易创造和贸易转移的效果。非成员国提供的商品的自由贸易价格越低，那么贸易转移的效果就越大。另外从成员国进口商品的价格越低，那么贸易创造的效果就越大。①

根据西方经济学的生产者剩余和消费者剩余分析福利变化，可以得出以下结论：关税同盟组成后，A 国消费者福利改善，而生产者福利则降低。从图 3 - 3 中，可以很直观的得出以下结论：（1）A 国的供需弹性越大，贸易创造效应就越明显；（2）结盟前，A 国的关税水平越高，则结盟后贸易创造效应就越大，贸易转移效应就越小；（3）B、C 两国的成本越接近，贸易转移效应就越小，就越有利于提高 A 国的福利水平。

到目前为止，东亚各个结成同盟经济体进行区域经济合作的情况基本上还是属于“贸易创造”型的。但任何一个新的经济体如果要想加入经济同盟，都面临着对本国经济是带来“贸易创造”还是“贸易转移”的问题及福利的增减问题。传统的关税同盟理论不能说明为什么从经济的角度考虑，一个国家会加入关税同盟。对此，库伯和马塞尔（Cooper and Masell，1965）提出，一个国家，尤其是发展中国家，成为关税同盟成员国的主要目的是为了促进工业的发展，② 而发展中国家组成关税同盟可以减少工业化的成本，③ 因为他们认为发展中国家为了本国长期、稳定的发展和一些非经济因素要保护国内市场，而这是要付出代价的，建立以关税同盟或自由贸易区的方式比以非歧视性关税保护的方式

① 王秋石：《国际经济学》，经济管理出版社 2001 年版。

② Cooper, C. A. and B. F. Massell. Toward A General Theory of Customs Unions for development Countries [J]. *Journal of political Economy*, Vol. 73, 1965: 462.

③ Johnson, H. G., An Economic Theory of Protectionism, Tariff Bargaining, and the Formation of Customs Unions, [J]. *Journal of Political Economy*, Vol. 73, 1965: 470.

所付出的代价低。

第二节 东亚区域经济合作及一体化的动态效应分析

我们对关税同盟的静态效应分析时，只讨论了一个进口国在加入关税同盟前后所产生的福利和影响的变化。但是，关税同盟不仅会给成员国会带来静态效应，还会给它们带来某些动态效应（dynamic analysis）。在大多数情况之下，这种动态效应远比静态效应更为重要，对成员国的经济增长的影响更为深远。动态效应主要是关税同盟结成后，成员国之间会产生规模经济效应、竞争效应、增加出口效应、投资效应和资源配置效应。

一、规模经济效应

规模经济效应是一个经济学上研究的课题，即生产要达到或超过盈亏平衡点，即规模效益。经济学中的规模效应是根据边际成本递减推导出来的，规模经济效可以同区域经济相结合，是大量的生产某种产品以此来降低它的成本。

根据欧盟和其他区域经济一体化组织的实践表明，建立关税同盟后，对那些国内市场狭小或严重依赖对外贸易的国家而言，最大的动态效应是它能带来规模经济效应—扩大出口效应。一国参加关税同盟不仅能够带来一定的商品进口量的增加，还会带来出口的增加。

关税同盟建立以后，在排斥第三国产品的同时，为成员国之间产品的相互出口创造了良好的条件，所有成员国的国内市场组成一个统一的区域性市场。这种市场范围的扩大促进了企业生产的发展，使生产者可以不断扩大生产规模，降低成本，享受到规模经济的利益，并且可进一步增强同盟内的企业对外，特别是对非成员国同类企业的竞争能力。例如，像比利时和卢森堡这样的国家，在加入欧盟之前的已有许多主要工业部门的企业规模经可以和美国企业的规模相比。在加入欧盟之后，各成员国生产的产品种类大为减少（因为同盟内专业化分工程度加强），同时产品单位成本降低，各国企业得到了进一步的发展和壮大。因此关税同盟所创造的大市场效应引发了企业规模经济的实现，从而为成员国带来了更多的福利。

二、竞争效应和资源配置效应

经济学家西托夫斯基（T. Scitovsky）认为，竞争的加强是影响欧共体发展的最重要因素。他认为在关税同盟形成前，各成员国多已形成了垄断的市场结构，长期以来几家企业瓜分国内市场，攫取超额利润，阻碍技术进步。关税同盟的建立促进了成员国之间企业的竞争。在各成员国组成关税同盟以前，许多部门已经形成了国内的垄断，几家企业长期占居国内市场，获取超额垄断利润。因而不利于各国的资源配置和技术进步。组成关税同盟以后，由于各国市场的相互开放，促进了商品流通，打破了垄断，各国企业面临着来自于其他成员国同类企业的竞争。结果各企业为在竞争中抢占有利的竞争地位，不得不增加研究与开发投入，不断促进技术进步。同时还要改善经营环境，降低生产和经营成本，提高经济效益，努力在竞争中获取市场优势。

从资源配置方面来看，在各成员国组成关税同盟以前，许多部门已经形成了国内的垄断，几家企业长期占据国内市场，获取超额垄断利润，因而不利于各国的资源配置和技术进步。组成关税同盟以后，由于各国市场的相互开放，摧毁了原来各国倍受保护的市场，提高了市场的透明度，市场趋于统一，资本、劳动力、技术等生产要素可以在成员国自由流动，提高了要素的流动性，从而导致资源配置效率改善，增强了比较价格作为相对稀缺性指标的可靠性。在要素价格均等化定律的作用下，劳动力技术、和资本从边际生产力低的地区流向边际生产力高的地区，从而人尽其才，物尽其用。并增加就业机会，提高劳动者素质。资源的优化配置还能促使企业家精神在关税同盟成员方之间传播和发扬，导致管理创新和制度创新。这些都将使生产要素配置更加合理，提高要素利用率，降低要素闲置的可能性，从而实现资源的最佳配置。

三、投资效应

关税同盟的建立有助于吸引外部投资。由于成员国市场变成统一的大市场，意味着对来自非成员产品的排斥，同盟外的国家为了抵消这种不利影响，绕开强加在非成员国产品之上的统一的关税和歧视性贸易壁垒，可能会将生产点转移到关税同盟内的一些国家，在当地直接生产并销售。这样客观上便产生了一种伴随生产转移而产生的资本流入，吸引了大量的外国直接投资。近年来美国公司在欧洲的巨额投资，就是不愿被欧洲统一大市场这种迅速增长的市场排除在外的一种表现。

另外，由于市场的扩大，关税同盟内同行业竞争的加剧。为了提高竞争能力，各国厂商一方面必须扩大生产规模，增加产量，降低成本；另一方面必须增加投资，更新设备，提高装备水平，改进产品质量，并研制新产品，以改善自己的竞争地位。再者，由于研究与发展的固定成本将在更广的市场范围内加以分散，统一的大市场还会提高创新的利润率，增加投资机会并促进规模经济的实现。

所以，关税同盟的建立不但会给成员方带来静态和动态利益，还会给社会带来很多福利，但是也会产生某些负面影响。例如会促成新的垄断形成，如果关税同盟的对外排他性很大，那么这种保护所形成的新垄断又会成为技术进步的严重障碍。除非关税同盟不断有新的成员国加入，从而不断有新的刺激，否则由此产生的技术进步缓慢现象就不容忽视，他更会拉大成员国之间、地区之间的经济发展差距。这是因为资源的优化配置，投资的增加往往发生在经济发达地区，如果没有促进地区平衡发展的政策，其结果必然造成发达地区经济发展更快，而落后地区经济发展更慢的地区经济发展不平衡的局面。另外，也有一些学者认为，关税同盟建立后，由于受贸易创造效应影响的产业会减少投资，而且外部资金投入会使成员国的投资机会减少，降低投资收益率等，因此关税同盟内部的投资不一定会绝对增加。

除了上述的效应外，区域经济一体化还可使技术革新步伐加快，而且，“如果区域安排能够超出减少关税壁垒的范围，转向提高其他领域的一体化程度，包括取消对商品和劳务自由流动的其他障碍，保持要素自由流动机制和宏观经济和其他有关政策的协调一致，则区域安排对成员国的潜在动态利益就会更大”。①

① 奥古斯托：德拉托利、玛格丽特·R. 凯利：《区域性贸易协定》，中国金融出版社 1993 年版。

第三节

东亚各国组成 FTA 的福利效应实证分析

范纳的关税同盟理论使用的是局部均衡分析方法。按照范纳的理论，完全形态的关税同盟应具备三个条件：（1）完全取消各成员国之间的关税；（2）对来自成员国以外地区的进口设置统一的关税；（3）通过协商方式在成员国之间分配关税收入。因此，关税同盟有着互相矛盾的两种职能：对成员国内部是贸易自由化措施，对成员国以外则是差别待遇措施。当所实施的关税同盟具备对内取消关税，对外设置统一税率，成员方共同分享关税收入的条件时，关税同盟将会产生静态的经济效应与动态的经济效应。下面我们运用瓦尔拉斯的可计算一般均衡模型（Computable General Equilibrium，CGE）来分析、探讨东亚各国组成关税同盟或 FTA 给成员国所带来的福利效应。

一、中国—东盟自贸区的福利效应分析

东盟与中国建立自由贸易区，将为双方提供更多贸易创造的机会。因为中国在许多领域如光电、化工、机器制造等领先于世界。同时生产能力，市场规模巨大。与东盟有先天的互补性。如果东盟与中国建成自贸区，不但东盟各国的福利和 GDP 的增长都高于东盟单独建立自由贸易区，而且中国也可在彼此经济合作中获得巨大收益。

针对静态效应很难量化分析的缺点，一些学者利用瓦尔

拉斯的一般均衡模型，将其应用于区域经济一体化的福利效应分析中，发展出一种可量化的一般均衡模型，即多国多部门可计算一般均衡模型（CGE）。该模型是根据瓦尔拉斯的一般均衡理论建立起来的反映所有市场活动的经济模型，它用一组方程来描述经济系统中的供给、需求以及市场关系，其着眼于经济系统内的所有市场、所有价格，以及各种商品和要素的供求关系，要求所有市场都达到供求平衡。瓦尔拉斯认为：要使整个经济体系处于一般均衡状态，就必须使所有的 n 个商品市场都同时达到均衡。

（一）静态效应分析

1. 贸易创造效应。

（1）中国—东盟原有关税水平分析。理论上认为，结盟前各国原有关税水平越高，结盟后进口商品价格下降的幅度就越大，贸易创造效果就越明显。中国与东盟都是发展中国家，产业结构相似，产品竞争激烈，东盟一直将中国的产品视为潜在的威胁，因此在自贸区成立以前，双方产业内贸易壁垒较高。建成自贸区后，由于关税和非关税壁垒的逐步撤销，双方之间的贸易扩张的可能性较大。

（2）中国—东盟供需弹性分析。理论上认为，供需弹性越大，因关税减让而导致的商品价格下降就越能刺激需求，扩大供给，贸易创造效应就越大，而供需弹性与各国的消费规模和消费能力密切相关。中国—东盟自贸区是一个拥有 17 亿人口的世界上人口最多的一体化组织，消费规模巨大。从消费能力来看，中国和东盟各国近几年经济发展迅速，居民收入持续增加，消费层次不断提升，需求弹性较大，所以，成员国建成自贸区后更容易产生贸易创造效应。

（3）中国—东盟经济结构和比较优势分析。理论上认为，成员国经济结构相似，而在产业链的分布上具有一定的互补性，自贸区的贸易创造效应更明显。中国与东盟在经济发展水平、需求偏好、产业结构和工业竞争力水平等方面相近，双边贸易的商品结构也有水平型分工特征，这种水平型的分工和贸易格局，更有利于获得贸易创造效应。而在水平型分工的背后，双方的贸易商品还存在很大的互补性，如中国在电子、机械、服装等工业制成品方面具有比较优势，而东盟国家在石油、矿产品和木材等商品上具有比较优势。自贸区建成后，随着关税壁垒的减少，这种优势互补会带来更多的贸易机会。

2. 贸易转移效应。中国和东盟在产业结构和工业竞争力水平上属于同一个层次，双方在贸易国别分布和进出口商品结构上具有很大的相似性。在贸易国别分布上，中国的主要贸易伙伴是日本、美国、欧盟、韩国以及我国的香港、台湾等，同这些国家和地区的贸易额占中国对外贸易总额的近70%。东盟的主要贸易伙伴国也主要是日本、韩国、北美和欧盟，同这些国家的贸易占东盟贸易总额的75%。在出口商品结构上，中国与东盟均以向欧美日等发达国家出口初级产品和低附加值的劳动密集型制成品为主，特别集中在如服装、鞋类、组装类电子产品以及日用品等品种上，在进口商品结构上均以从欧美日等发达国家进口资本技术密集型的制成品为主。贸易的国别结构和商品结构决定了中国和东盟间双方的贸易都很难替代各自与区外发达国家间的贸易往来，因此，建立自贸区后区外国家的贸易转移效果不会很大。

3. 静态效应综合分析。根据《中国与东盟全面经济合作框架协议》的规定，到2015年中国与东盟绝大多数产品将取消关税和非关税措施，实现自由贸易。由此可以预测中国—东盟自贸区成立后，各国的贸易规模的变化以及福利的影响（见表3－1）。为了使预测的结果更可行，将预测的目标期设定为2020年。从表3－1中可以看出，自贸区建成后，中国和东盟的贸易额都有较大幅度的增长，福利水平也相应提高。从贸易转移来看，自贸区的建立对于未参加自贸区的东亚国家造成的影响要明显大于东亚区外的国家或地区。例如日本对欧盟和美国的出口分别下降了10%和7%。而受影响最大的“亚洲四小龙”，不但对日本、美国和欧盟的出口分别下降了13%、15%和12%，甚至内部贸易额也下降了10%。尽管中国—东盟自贸区成立后的大市场促进了日本和“四小”的贸易总额的增长，但毫无疑问贸易转移效应会降低这些国家的福利水平。对于东亚区以外的国家而言，美国对日本、欧盟及世界其他地区的出口分别下降1%、1%、2%，欧盟对美国和世界其他地区出口均下降2%而且其内部贸易也减少2%。由此可见，中国—东盟自贸区的建立对东亚区外国家形成的贸易转移效应尽管程度不深，但确实普遍存在。

表3-1　1997—2020年（中国—东盟自贸区）的双边贸易增长率（%）

进 出	中国	日本	“四小”	东盟	美国	欧盟	世界其他地区	总计
中国	0	34	42	66	29	32	30	35
日本	36	0	-5	12	-10	-7	-7	4
“四小”	30	-13	-10	12	-15	-12	-13	4
东盟	39	14	12	22	8	11	5	16
美国	24	-1	2	1	0	-1	-2	1
欧盟	22	0	2	4	-2	-2	-2	-1
世界其他地区	13	0	3	1	-2	-1	-1	0
总计	27	7	7	15	2	0	1	5

资料来源：Roland-holst（2002）。

（二）动态效应分析

1. 规模经济效应。中国和东盟各国的企业可以通过自由贸易区这个稳定的大市场销售自己的产品，以此取得规模经济产量。同时，区域内关税税率的下降以及非关税壁垒的逐渐减少会使区域内各成员国的生产要素和产品的自由流动性加强，有利于促进该地区经济一体化和专门化，实现成员国之间新的国际分工和生产经营的专业化。此外，中国与东盟国家经济发展水平相差不大，但产业结构上还是存在明显的互补性，它们的互补关系主要体现在资本技术密集型行业上，对于中国与东盟而言，这些互补性商品市场的扩大，可以带动各自国内企业的资金投入，从而取得规模经济效益。

2. 竞争效应。自贸区建立后，来自大市场的激烈的竞争压力也会促使企业加速科技创新，在更高层次上开发新技术，改善经营管理，降低成本，提高劳动生产效率，从而有利于促进区内各国产业结构的升级。激烈的竞争使价格下降，迫使企业扩大生产规模以降低成本，而生产扩大会使消费者实际收入水平提高，购买力增强，由此形成“大市场→竞争激烈→大量生产→大量消费”的良性循环，从而提高中国与东盟各国的经济福利水平。国际市场竞争也将有利于保持经济运行效率，增强比较价格作为相对稀缺性指标的可靠性，从而导致市场效率和透明度的提高以及资源配置效率的改善。

3. 投资增长效应。这种效应可以分为刺激区域内投资效应和吸引区域外投资效应两种。区域内投资效应表现为自贸区的建立将消除投资障碍，相互提供的优惠政策将促进双方投资量的增加和投资结构的改善，使双方获得投资增长效益。同时，由于本国有关企业的产品成本比某成员国高，企业为寻求较低的生产成本就把工厂转移到某成员国，从而产生区域内投资增长效益。根据东盟秘书处的估计，自贸区建立将使东盟对中国投资增加 48%。而且，中国对东盟的投资会呈现明显加快势头，发展速度将高于东盟对中国的投资。区域外投资效应表现为自贸区建成后，中国与东盟将形成一个巨大的市场，从而增强本地区对外资的吸引力。《中国与东盟全面经济合作框架协议》对于各参加方有法律上的约束力，为区内外的投资者提供了一个稳定的政策保证，从而吸引外部资金的流入。同时自贸区建成后必然使用原产地规则，区外的企业无法享受到原产地规则就无法获得优惠的关税待遇，因此，区外企业只能以直接投资的方式进入该区来规避关税，自贸区也因此吸引了更多的外资进入。

用 CGE 模型分析：以上的静态分析是用贸易量的变化来衡量福利水平的变化，为了更深入研究，我们利用 CGE 模型得出可量化的福利变化数据。

中国与东盟建立自由贸易区，将为成员国提供更多贸易创造的余地。由于中国具备比较完整的工业体系、较大的经济规模和生产能力，与东盟各国有较强的产业互补性，尤其是中国为东盟成员国提供的广阔市场，使各成员的获益将会更大。如表 3－2 所示，在中国—东盟的合作方式中，东盟各国与中国的 GDP、贸易平衡、福利都有一定程度的增长。其中，马来西亚和泰国的福利增加最多，分别达到 194.94 亿和 123.32 亿美元，贸易平衡的顺差也最大，分别为 76.27 亿美元和 52.56 亿美元，GDP 的增长也分别达到 4.99% 和 2.18%。印度尼西亚的 GDP 增幅较小，但是福利得到了大幅提高。从中国的 GDP 增长率及贸易绩效来看，宏观经济指标都得到了很大改善，中国的福利变动增加了 74 亿美元，GDP 增长达到了 2.40%，贸易平衡出现了 42 亿美元的顺差。但对于日本和韩国而言，中国—东盟自贸区的建成使两国的 GDP、贸易平衡及福利水平都有一定程度的下降，其中日本和韩国的福利分别下降 150.89 亿美元和 38.71 亿美元，两国分别出现 63 亿美元和 14 亿美元的贸易逆差。弥补以上损失的一个有效的方法就是日本和韩国也积极参与东亚的经济合作，避免贸易转移的负面影响。

表 3－2　　中国—东盟自由贸易区的宏观经济影响（%）

国家和地区	GDP 变动	出口变动	进口变动	贸易平衡（亿美元）	贸易条件变动	EV（亿美元）
印度尼西亚	0.35	31.42	29.52	10.60	5.18	62.70
马来西亚	4.99	83.00	83.04	76.27	10.18	194.94
菲律宾	2.85	62.49	47.86	3.02	-3.45	5.77
新加坡	0.34	97.29	94.28	2.48	2.89	58.58
泰国	2.18	40.21	34.19	52.56	7.27	123.22
中国	2.40	48.08	51.99	42.10	-2.87	74.00
日本	-0.05	-2.19	-1.15	-63.00	-1.15	-150.89
韩国	-0.15	-4.26	-3.48	-14.05	-1.20	-38.71

说明：EV 为福利（希克斯等价变差），包括了生产者剩余和消费者剩余。

资料来源：《世界经济》，2004 年第 6 期。

二、东盟＋中日韩“10＋3”福利效应分析

东盟与中日韩“10＋3”建立 FTA 可以使各方获得的福利提高幅度均大于其他合作方式。因为，东盟与中日韩在科学技术、经济发展水平、产业结构、资源、劳动力等方面都存在更大的互补性，这种互补性是建立 FTA 的必备条件和基础。在此基础上就会产生经济贸易合作的巨大效果。

所以，中国应该一方面加快中国—东盟 FTA 的建设；另一方面还要积极参与和推进东盟—中日韩“10＋3”FTA 的进程，这无疑对东亚地区的经济发展是最有利的选择。

结果会导致东亚大多数国家经济的提速和进出口贸易的大幅增加，进而使其转化为各国福利的改变和上升。从表 3－3可以看出，中国对“10＋3”国家的贸易额增幅最为明显，而新加坡对“10＋3”国家的进口额和出口额都受到一

定程度的负面影响，分别下降了 1.77% 和 1.98%。东盟国家的福利普遍受益，美国和欧盟由于贸易转移效应，对“10+3”国家的贸易额均有所下降。“10+3”自贸区的建立确实对东亚各国的经贸发展起到了积极的促进作用。对于东亚区以外的国家，美国、欧盟及世界其他地区的对自贸区的双边贸易都呈现负增长，再一次显示东亚自贸区的建立确实会形成贸易转移，但贸易转移效应是否必然引起这些国家的福利水平的降低还应参考 CGE 模型的研究结果。

可见，在“10+3”FTA 方案中，参与 FTA 的各国获得的福利提高幅度均大于其他合作方式，而世界其他国家因贸易转移受到的影响也最大。这种“10+3”FTA，在经济发展水平上的互补性更强，区域内的产业发展的层次也更为明显，从而使得这种自由贸易区在形式上更为完备。所以对于域内的成员国来讲，正面效应大于负面效应。

表 3-3　“10+3”自贸区与主要国家或地区 1997—2020 年的双边贸易增长率（%）

	中国	日本	韩国	印度尼西亚	马来西亚	泰国	新加坡	美国	欧盟	成员国	世界其他地区
进口额	51.75	17,58	22.85	9.18	9.02	10.73	-1.77	-0.78	-0.56	10.27	-0.68
出口额	47.28	14.28	22.96	8.00	7.94	11.84	-1.98	-0.80	-0.53	20.34	-0.65

资料来源：Robert Scollay and John P. Gilbert（2001）。

表 3-3 是利用 CGE 模型计算的“10+3”FTA 对东亚各国的经济影响。由表 3-4 的数据表明，组成“10+3”FTA 各成员 GDP 都有较大的增长。中韩两国的 GDP 分别增长 4.27% 和 3.41%；新加坡的福利和贸易平衡因中日韩在化工、设备、电子等制造业的出口替代效应而受到负面影响，菲律宾则因贸易条件的恶化在 GDP 高增长（5.77%）的同时福利下降。从表 3-4 看出，日本、中国和韩国的

GDP 增长虽低于其他部分成员，但福利提高分别达到 1127 亿美元、452 亿美元和 327 亿美元。日本加入自贸区获益的主要来源是制造业的产出大幅增长，以及贸易扩大带来的生产和消费福利的增加。由于衡量经济福利的指标 EV 包括了消费者剩余和生产者剩余，较高收入水平和较大需求规模的经济体在区域化过程中受到的影响比较大。

表 3－4　“10＋3”自由贸易区的宏观经济影响（%）

国家和地区	GDP 变动	出口变动	进口变动	贸易平衡（亿美元）	贸易条件变动	EV（亿美元）
印度尼西亚	1.64	75.24	64.46	61.02	15.53	201.55
马来西亚	8.11	115.08	116.33	95.32	9.03	217.17
菲律宾	5.77	140.44	105.66	16.92	－12.87	－19.99
新加坡	0.25	134.75	132.09	－16.93	－4.05	－48.08
泰国	4.79	72.06	59.56	106.03	3.98	133.98
中国	4.27	102.76	106.64	186.35	1.62	452.02
日本	0.76	58.26	69.37	47.97	6.91	1127.25
韩国	3.41	81.01	76.67	101.18	6.24	326.75
美国	－0.04	－11.66	－8.42	－156.51	－2.72	－482.67
欧盟	0.00	－4.74	－4.12	－175.47	－1.07	－338.06
其他国家	－0.13	－5.60	－4.32	－193.46	－1.52	－474.61

资料来源：《世界经济》2004 年第 6 期。

根据上述模拟结果可以得到以下结论：东盟—中日韩组成 FTA 对于各方来讲都会带来不同程度的福利提高和正面效应。同时，各方加入“10＋3”FTA 将会使各国的 GDP 增长率得到提高。需要指出的是，这些估计仅仅是静态分析的结果，并未把投资增长的动态影响效果包括在内。一个可以预见的结果是建立 FTA 明显有利于我国吸收跨境直接投资的进一步增长，由此产生的投资需求增长、技术溢出和结构升级效应也将对我国的经济增长做出贡献。[①]

理论和图表分别给我们提供一个比较科学的论证和有根据的数据，这是人们认识事物的开始。但是从现实的选择来看，由于东亚区域经济合作形式的多样性、其谈判的复杂性和模型分析本身的局限性，模拟效果并不是判断 FTA 可行性和经济效果的唯一依据。但至少可以为中国参与东亚区域经济合作特别是“10 + 3”的合作提供参考和借鉴，现实的选择应从这里开始研究和探讨。

根据以上分析，东亚地区进行“10 + 3”的贸易自由化使东亚地区产生了明显的贸易创造效应。中日韩及东盟国家不仅贸易流量有了明显提高，而且这些国家的福利水平也得到了不同程度的提高。欧盟、美国和亚洲其他国家是贸易转移的主要国家。这是因为东亚国家将一部分原来与这些国家之间的贸易转移到“10 + 3”内部，这些国家的进出口贸易明显下降。在贸易流量下降的同时，欧盟、美国和亚洲其他国家的福利也遭受了一定的损失。从目前的发展来看囊括东亚主要国家的“10 + 3”模式更有利于东亚地区的经济增长以及各国福利水平的提高。

因此，中国应该积极参与和推进同东盟和日本及韩国的经济合作及 AFTA 的自由贸易区建设，其不但能够有效缓解我国按照入世的承诺进行关税减让所带来的冲击，而且还将在东亚地区“10 + 1”和“10 + 3”的经济贸易合作方面获得较多利益。

三、中韩日 FTA 福利效应分析

中韩及中日 FTA 福利效应分析。韩国对外经济政策研

---

① 赵晋平：《利用外资与中国经济增长》，人民出版社 2001 年版。

究院、韩国开发研究院（KDI）、产业研究院、韩国农村经济研究院（KREI）及韩国海洋水产开发院（KMI）等研究机构的多项研究结果显示，中韩建立FTA能促进双边贸易的发展，带来经济增长的利益。韩国政府也表示，中国是韩国最大的出口市场，两国签订FTA尽管会对国内农产品、水产品领域造成一定的冲击，但总体上会带来经济上的收益。

日本经济研究中心的研究结果表明，日本无论是单独与韩国还是与中国建立FTA，都能从中获得经济利益。日本亚洲经济研究所的研究显示，中日如建立FTA，至2010年日本对中国的出口将比2004年多增加16.7亿美元（1990年价格，下同），中国对日本的出口将多增加2.3亿美元；同期，日本的实际经济增长率将多增长0.05个百分点，中国的实际经济增长率将多增长0.03个百分点。日本内阁府也曾表示，就日本与各国已签订的FTA的效果来看，一旦与中国建立FTA，其对日本经济的推动作用最为可观，将推动日本GDP增长0.5%。

对中国来说，如果能分别与韩国及日本签订FTA，农产品、纺织品及低附加值工业产品的出口有望增加，但中高端产品进口的增加将对国内市场形成较大的冲击。

中韩日FTA福利效应分析。中国国务院发展研究中心、韩国对外经济政策研究院及日本综合研究开发机构的合作研究报告显示，三国缔结FTA将促进各国经济福利的提高和GDP的增长，形成三赢（Win - Win - Win）的局面。报告同时显示，三国中任何两国缔结FTA，都会使不参与FTA的另一国的经济福利下降，宏观经济利益受到影响；此外，三国FTA能通过三国间的直接投资加速各国的资本积累，其动态经济效应远远大于贸易自由化带来的静态经济效应。①

韩国对外经济政策研究院在 2006 年 3 月 7 日发表的研究报告认为，韩中日缔结 FTA 将能给三国带来经济利益，其中韩国的 GDP 将增加 5.14%，日本和中国的 GDP 将分别增加 1.54% 和 1.21%，韩国从三国 FTA 中的获利最大；从各行业来看，在电子、汽车、一般机械、纺织、钢铁及石油化学六个制造业部门中，对中国贸易的敏感产品大部分是中低水平的技术产品，对日本贸易的敏感产品主要是高度技术密集的零部件等中间产品；对农业的影响中大米最敏感，其次是辣椒、牛肉、高丽人参、大蒜、奶制品、橘子、苹果、葡萄及生梨等。报告强调，韩中日之间的贸易近 10 年增长迅速，相互依存度进一步提高，但东北亚是世界主要地区中唯一没有 FTA 的地区，所以三国缔结 FTA 的重要性在增强。②

---

① 张祖国："建立中国东盟自由贸易区的意义和前景"，《世界经济与政治论坛》2002 年第 1 期。

② 张远鹏："论东亚地区自由贸易协定的兴起"，《世界经济与政治论坛》2002 年第 5 期。

第 四 章

东亚区域金融货币合作的战略途径

亚洲金融危机过后，东亚各国充分认识到加强本区域金融合作是避免再次发生危机和走向区域经济一体化的必由之路。虽然东亚金融合作取得了令人瞩目的成绩，合作的步伐在加快，但是离东亚区域金融合作的理想还相差很远。

20 世纪末欧盟的东扩和欧元的启动，标志着世界经济格局和金融体系发生了巨大的变化。作为崛起中的东亚地区，要想与美元和欧元抗争成为国际货币体系的另一极，道路充满荆棘，还有许多问题需要解决。中国作为东亚的中心和大国，面对如此多的不利因素，一定要制定合理的战略措施，以更快地推动东亚金融合作向更高层次上发展。这不但有利于东亚区域经济一体化的尽快实现，而且更有利于中国进一步融入东亚乃至世界政治经济之中。

第一节 东亚区域金融货币合作的背景

东亚历来是制度性经济合作较薄弱的一个地区，但是由于受到全球经济和金融一体化的影响和1997年亚洲金融危机的直接刺激，东亚出现了货币和金融合作的意愿和具体行动。1997年金融危机的出现暴露了东亚各个经济体金融体制不健全，缺乏统一的危机预警机制和防范措施的弊病，而货币合作将建立统一的有效的汇率机制和货币基金，它能有力的防范和化解金融危机。正如蒙代尔所说："货币作为一种公共物品，具有内在的规模经济和范围经济（the economies of scale and scope）。流通区域越大，货币对付冲击的能力就越强。"作为区域金融和货币合作典范的欧元区给东亚留下了成功的典范，美元合作在北美自贸区内已经普遍展开，以上二者对区域经济一体化程度不断提高的东亚毫无疑问是个刺激。而始于泰国的亚洲金融危机也郑重地警示了东亚各国，尽快加强区域性的金融货币合作以共同抵御来自全球和其他区域的金融风险是十分必要的，区域性的货币危机需要区域性的货币合作来防范已成为共识。同时加强货币金融合作本身在区域经济合作日益膨胀情况下也是增强自身经济实力金融实力的必然要求。

一、国际区域金融货币合作的出现

建立区域性统一货币或者实施货币一体化，是当今经济全球化、金融国际化的必然产物。迄今为止，世界上出现的真正意义上区域性单一货币的只有三个：一是西非经济货币联盟8国统一使用的西非法郎；二是中非经济与货币共同体6国统一使用的中非法郎，这两个区域均属原非洲法郎区（15国）；三是欧盟27国中12个成员国统一使用的欧元。欧元自诞生以来，其国际影响力也正在不断地增强，已经成为主要的国际储备货币。除了上述三个单一货币外，美元作为世界上最大的国际结算货币和国际储备货币，对全球经贸和金融影响最大。在东亚进行区域经济一体化的过程中，亚洲统一货币—亚元的构想便是在这样一种区域货币一体化的态势中孕育的。

二、亚洲金融危机的影响

东亚地区的货币合作在1997年以前几乎是空白。1997年爆发的亚洲金融危机改写了这一历史。本来，当东亚国家货币遭受冲击，出现短期性国际支付危机时，是可以向国际金融领域的最终贷款人—国际货币基金组织（IMF）申请紧急资金援助的。但是在实际运作过程中，IMF对危机国提出了一系列紧缩货币和财政政策的苛刻要求，以此作为提供贷款的条件，这些要求对于正在经受危机冲击的国家来说是难以接受的。

所以，当时遭受危机的各经济体与IMF的谈判久拖不决，因而延误了解救时机，加重了危机的影响深度。东亚国家从而开始考虑，是否可以建立一个更加了解本地区实际情况的货币合作机构，依靠本地区自身的力量预防和解救危机，阻止危机蔓延。亚洲金融危机给东亚国家的货币金融与经济发展都带来了沉重的打击，此后，为了稳定东亚的货币环境，一些国家和地区开始提出了在东亚进行金融合作的建议。建立“亚元”货币区的构想正是在这样一种背景下产生的。在东盟及10+3机制框架内，为达成这一目标，各国一直在进行着不懈的努力。

三、日本的推动

日本是东亚货币合作的最主要的发起者。日本之所以积极推动地区货币合作，是从自己的利益考虑的。从短期利益看，日本是东亚各个经济体最大的直接投资国，这些经济体货币大幅贬值会引起日本企业资产的全面缩水，而这些经济体的经济萎缩也会极大影响日本企业的正常经营和发展。另外，由于日本与东亚受危机影响的经济体有密切的经济贸易联系和债权债务关系，这些国家的危机也对日本的出口和日本债权人的利益产生了负面的影响。所以，日本希望支持东亚各国货币与经济的稳定，而稳定的基础是加强东亚的货币合作。

从长远利益看，从20世纪90年代初开始的长达10年的经济长期萧条令日本深刻地认识到，其经济的失败不仅是宏观发展战略制定的失误，更体现在金融政策的失败。日本虽然是世界和东亚的最大债权国，但是日元却未能成为世界货币，所以其巨额贸易顺差只好转换成美元资产，成为美国国内经济发展和对外投资的重要手段（中国当前亦如此）；而且美国对美元/日元汇率的掌控成为美国胁迫日本服从美国经济政策和经济发展需要的武器。1985年西方五大国达成的“广场协议”确立了美元逐渐对其他货币贬值以缓和美国贸易收支失衡的协调干预政策，这使得日本（与德国）多年来积累的对美资产大幅度贬值，日本机构投资者损失惨重，日本的投资能力和发展能力严重受挫。

还有，为维持美元汇率而实行的低利率政策进而使日本产生了大量的经济泡沫，泡沫的最终破灭使日本陷入了前所未有的长期经济衰退。因此，日本痛感要想成为真正的经济大国，还必须成为金融大国，必须使日元变成真正的国际货币。日本由此开始了日元国际化的谋划和努力。东亚金融危机给日本提供了一个难得的机会，日本希望模仿战后美国的马歇尔计划，通过为亚洲危机国慷慨提供紧急援助，进而建立亚洲货币基金，逐渐增加日元在亚洲地区贸易结算和资本交易的使用，提升日元的地位，向日元国际化目标迈进。

许多东亚经济体由于选择了独立的货币政策和开放的资本市场，因而就难以保持固定汇率，而固定汇率或稳定的汇率对发展中国家又至关重要。为维持汇率的稳定，当本地区的个别国家或经济体受到短期偿债困扰或货币抛售冲击时，其他国家若能拿出一些外汇支援受冲击的国家，那么就能使对方免于经济崩溃，同时又能使自己免于被影响。实际上东亚国家已经具备了这种货币相互支持条件。从东亚各国的中央银行外汇储备账户上发现，在 20 世纪 90 年代末，这些国家的外汇储备合起来就已达 7000 多亿美元，目前已经高达 2 万多亿美元。如果拿出一部分作为稳定地区货币的共同基金是有可能的，这么一大笔资金再加上 IMF 的配合，可以比较有效地预防和应付货币冲击。

综上，我们可以看到，通过东亚区域货币和金融合作，可以建立起预防和化解金融动荡的机制以维持本地区的金融稳定，为东亚未来的长期经济成长构建稳固的区域货币制度安排创造良好的货币金融环境，真正消除金融不稳定的根源。同时还能为东亚区域经济一体化奠定良好的基础。但是，现在的日本对于东亚经济和金融合作极大地受到美国的制约，所以，东亚的货币合作要想走到一个新的高度困难重重。

东亚金融货币合作各国都应该遵循一下基本原则：东亚

货币和金融合作在短、中期内应设计并确立危机防范、救援机制、奠定各国（地区）政策、制度等方面互信与协调的基础，进而在长期内逐步加强各国（地区）在货币制度尤其是汇率制度方面的合作，最终创建统一货币。可见，东亚地区金融合作必将是一个长期、艰巨的过程。而东亚在深化地区货币金融合作时必须遵循以下基本原则：

1. 创建地区金融机制。东亚地区金融合作应以创建地区金融机制为首要目的即建立及时向陷入金融危机的成员实施救援等在内的一系列地区性制度安排，逐渐地推进地区货币体系的形成和发展，最终走向地区货币联盟和区域经济一体化。

2. “东亚模式”。不应简单仿效但要借鉴如欧盟的经验和其他地区的货币合作模式，而应从本地区具体实际出发，寻找地区金融合作现实的路径。

现阶段世界上的区域货币制度安排与货币联盟主要有两种类型：一种是欧洲模式；另一种是“美元化”模式（包括早期的“法郎区”模式）。前者是在经济一体化程度很高、经济发展水平相近的国家之间逐步创造一种新的共同货币，后者主要是美国则使用原来业已存在的霸主国货币；前者是将货币主权让渡于一个共同的高层机构，后者则是让渡予一个经济发达国家。东亚根据自身的情况只能是对前两者进行借鉴，不可完全照抄，东亚区域货币体系的构建必须走一条“东亚化”的道路，这在很大程度上可能是介于欧盟和北美之间的“中间道路”即“东亚道路”。

3. 从低级向高级的过度。目前东亚已有条件开展较低层次的区域货币和金融合作，虽然尚不具备条件进行高层次的区域货币一体化的尝试，但是可以在某些领域进行探讨和努力。因为，在整个东亚地区各国经济状况差异虽然较大，但在次区域层次上，各国、各地区却能找到许多共同之处，合作条件更加成熟，如中日韩和大中国圈。所以东亚货币金融合作可先在局部地区进行货币深层次方面的尝试，然后在此基础上循序渐进整合其他地区，最终实现区域货币联盟和地区经济一体化。

4. 以建立稳健的汇率制度为近期目标。亚洲金融危机爆发后，许多东亚国家认识到，加强地区货币金融合作，强化区域金融合作机制，是东亚国家在近远期保持金融市场稳定、防止金融危机再度发生的有效途径，同时也是发展本地区经济的必要手段。而要维持东亚稳定的金融环境，构建区域性汇率安排和货币体系是其前提。这种前提要求确定一种各国之间稳定的汇率制度，而且要与其他领域的货币合作相互协调、功能互补，有系统地形成和完善区域货币体系的各种综合功能，形成一个能够保证经济持续增长的稳定的综合性货币合作体系。

第二节 东亚区域金融货币合作的现状

东亚各经济体在 1997 年金融危机以后，痛定思痛，认识到如果发生危机前东亚能建立起本区域的货币和金融合作机制，并在危急的初期能借助区域内各经济体合作的力量，而不是仅仅依靠国际货币基金组织的帮助，或许那场危机就不会给各经济体带来如此严重的后果。如今，东亚十分重视地区金融合作，目前已经取得了令人可喜的成绩。

一、东亚区域金融货币合作监督机制的出现

在亚洲金融危机爆发后，东亚就开始出现了货币和金融合作的意愿。东亚地区各经济体意识到必须加强对本地区各国宏观经济的评估与对话，以及各经济体在货币和金融等方面的政策分析研究，并针对其出现的薄弱环节提出相应的解决对策，那么才能在经济或金融危机发生之前未雨绸缪。日本政府在1997年亚洲金融危机突然爆发中，就曾提议由亚洲国家建立一个亚洲货币基金组织（AMF）来补充国际货币基金组织的职能，以更好地抵御金融危机。这个提议立刻遭到美国政府的反对。美国与IMF担心，如果AMF成立会与IMF支持机制彼此重复，而日本在亚洲的影响力就会变大，这会直接影响美国在亚洲的利益，所以坚决反对。1997年11月，14个亚太地区的财政部与央行副手们在马尼拉亚太地区高级财政金融会议上，提出了一个加强地区金融合作新机制的设想即“马尼拉框架协议”。该协议在“承认IMF在国际金融系统的主导作用”前提下，确立了包括四个方面内容的合作机制：

1. 建立防止金融危机的地区预警机制，补充IMF在全球发挥的预警作用。

2. 请国际金融机构协助改善区内财政结构，发展成熟的债券市场，并加强各监督机构的沟通与合作。

3. 请IMF提供短期财务安排作为特殊储备，并支持基金组织检查区内国家在特殊情况下的资金申请程序。

4. 通过一项合作融资安排，弥补基金组织对有关国家援助资金的不足，发放援助贷款的条件与金额依情况而定。1998年10月，日本继在1997年IMF和世界银行年会上提出的筹资1000亿美元的建议设想后，以大藏大臣宫泽喜一

的名义又提出主要由日本出资，建立300亿美元援助基金的“新宫泽构想”（New Miyazawa Initiative）。

此构想倡议建立总额为300亿美元的亚洲基金，用于满足受危机国家对资金的需求。其中一半用于对危机国家的中长期贷款，另一半用于短期贷款。其实际成果体现在2000年2月2日，日本为韩国、马来西亚和菲律宾提供了210亿美元资金贷款和部分贷款担保。1999年“10+3”峰会通过了《东亚合作的共同声明》，声称进一步加强金融、货币和财政政策的对话、协调与合作。2000年5月亚行年会之后，东盟10+3监督进程（ASEAN Surveillance Process，ASP）的第一次会议召开。与会国一致同意加强彼此政策对话和区域合作，加强资本流动的监管，自助和支持机制以及国际金融改革。同年5月在夏威夷举行的东盟“10+3”财长会议公告中提到了建立东盟“10+3”的早期预警系统，以及东亚及太平洋地区中央银行行长会议组织（EMEAP）等。当前，亚洲开发银行正在实行一种技术上的援助，防范未来的金融危机。这种援助将支持：

（1）以目前IMF、学术团体和各国现有的方法为基础的早期预警系统模型的发展。

（2）确定与建立早期预警系统相关的宏观谨慎指标的“核心”。

（3）确立、发布和实施东盟“10+3”标准模型的研讨会。这些合作意向和对话监督机制都是为了及时发现金融动荡的隐患，为东亚进一步的金融合作做准备。

二、《清迈协议》的签订

2000年5月“ASEAN+3”的财政部长在泰国清迈达成《清迈协议》，同年5月在泰国清迈举行的亚行年会，13国财长同意建立货币互换安排，这是一项东亚地区国家自我救助、防御以流动性不足为诱因的金融危机的机制。它也是1999年11月马尼拉“ASEAN+3”峰会通过的《东亚合作的共同声明》的主要内容之一。其所涉及的金融合作内容主要有：

1. 充分利用“10+3”的组织框架，加强有关资本流动的数据及信息的交换。

2. 扩大东盟的货币互换协议，同时在东盟与其他三国（中国、日本和韩国）之间构筑双边货币互换交易网和债券交易网。

3. 研究如何将东盟“10+3”各国的外汇储备用于相互之间的金融合作，以稳定亚洲区域内的货币市场。

2000年8月，东盟10+3的中央银行将多边货币互换计划的规模由2亿美元扩展到10亿美元。2001年又扩展了东盟互换协议（ASA—ASEAN Swap Arrangement）和双边互换网络和回购协议（BSA—Network of Bilateral Swaps and Repurchase Agreements）。2001年日本与韩国、马来西亚、泰国、菲律宾，中国与泰国签订了双边货币互换协议；2002年，中日签订货币互换协议。目前在东盟和中日韩3国之间以双边协议的形式建立起了货币互换网络，并先后签署了16项双边货币互换协议，总规模达365亿美元的货币互换机制。2005年5月27日，中、日、韩三国央行行长在汉城签署了新的掉期协议，韩国央行与中国央行和日本央行达成协议扩大换汇数额分别达40亿美元和30亿美元，该协议成为“清迈协议”的延续。截至2006年5月，清迈货币互换规模已达750亿美元，一年间扩大了90%。“清迈倡议”下的货币互换安排，是对IMF提供的国际融资的补充，互换安排提供的资金必须同IMF提供的贷款一起支付，所以，也受到IMF贷款条件的限制，即额度不超过互换资金10%

的外汇可以不通过 IMF 直接拨付，它类似于在 IMF 的储备头寸，而其余 90% 的提款额必须有 IMF 的宏观经济和结构调整监督规划下才能启动。在金融危机时，作为东亚地区最后贷款人和紧急援助机制的《清迈协议》，其目的是向面临短期国际收支危机的国家提供资金援助，同时它也显示了东亚各国开展货币金融合作的信心。因此其为东亚货币基金的建立以及为未来东亚各个经济体在金融领域的进一步合作奠定了基础。

但是，《清迈协议》只是一种双边货币互换协议而不是多边协议，它所能提供的紧急救援额太少，并且只有 10% 是无条件的，不足以建立市场信心；同时，由于支付额将根据提供互换国家之间的磋商以一致的方式实行，无法保证支援的及时性和有效性，所以其只具有象征意义。还有，《清迈协议》没有建立地区跟踪和监督体系，以及协议执行情况的监督机制和能促进地区货币整合的政策目标。但目前可以说它是东亚各国在遭受金融危机之后的一个现实选择，也是迈向该地区货币合作的实质性步伐的重要突破。

三、亚洲债券基金的设立

2002 年 10 月，在世界经济论坛东亚经济峰会上泰国最初提出了成立亚洲债券基金（Asian Bond Fund）的构想，基金初期总值 10 亿美元至 15 亿美元，其目的在于发展区域内债券市场，希望以此改变东亚许多经济体“基于银行”（bank - based）金融体系的脆弱性。借此减少正在克服经济危机的亚洲国家对全球最大国家的依赖。2003 年 6 月 2 日，东亚及太平洋地区中央银行行长会议组织（EMEAP）11 个中央银行和货币当局同时发布公告：正式启动亚洲债券基金，初始规模 10 亿美元，由各国央行动用储备以美元认购并投资于东亚国家发行的美元债券。该基金将以国际清算银行为基金管理人，同时 EMEAP 将建立管理委员会监督运作。

2003 年 6 月 22 日，在泰国清迈举行的亚洲合作对话（ACD）外长会议上，亚洲 18 国的外长发表了关于亚洲债券市场发展的《清迈宣言》，表明了各方致力于发展亚洲债券市场的共同意愿。同年 6 月“东亚及太平洋地区中央银行行长会议组织”（EMEAP）与国际清算银行（BIS）合作，成立了亚洲债券基金第一期（ABF1），规模为 10 亿美元，由国际清算银行管理。该基金是由 EMEAP 各经济体从其官方储备中出资建立的，用于投资 EMEAP 成员（除日本、澳大利亚和新西兰以外）而发行的一揽子主权和准主权美元债券，由此推动其他区域投资者进入亚洲债券市场。2004 年底 EMEAP 宣布亚洲债券基金第二期（ABF2）即将启动。然而与 ABF1 不同的是，ABF2 将以成员本币债券市场为投资对象，而非单一美元债券。同时，基金规模扩大到 20 亿美元。虽然当前推出的两个亚洲债券基金总规模也只有 30 亿美元，由东亚各国政府出资建立，不是建立在市场参与人和市场原则基础上的，其只具象征意义。但是，亚洲债券基金的设立表明了东亚地区金融合作已从货币互换机制、建立危机防范对话和监督机制，发展到旨在建立长远地区货币和金融合作的道路上来。

当前，东亚区域内的货币和金融合作所取得的现实成绩就是以上三个领域：信息交换和政策对话、储备的共享与联合、区域债券市场的发展。在其中的每一领域当中，很多基础工作已经完成。“10 + 3”非正式政策对话机制已然建立起来，在《清迈宣言》中，各经济体已对共享外汇储备达成共识。而亚洲债券市场的发展也迈出了实质性的一步。这些都是历史性的和前所未有的。扩大了的信息交换和政策对话将成为该地区货币和金融一体化的核心环节。每一个经济体都为此做了很大努力。在过去几年中，上述3个领域内的工作都取得了令人瞩目的成绩，是该地区迈向货币和金融一体化的第一步。这些成绩都将帮助各个经济体建立起足够的信心和信任，为今后实现单一货币而铺平道路。除此之外还有：

"亚洲货币单位（Asia Currency Unit）"的推出。2005年10月25日，亚洲开发银行向日本媒体透露，亚洲开发银行将从2006年开始编制和公布显示亚洲货币加权平均值的"亚洲货币单位（Asia Currency Unit）"，并拟发行以亚洲货币单位计价的债券。亚洲货币单位是参照欧元的前身欧洲货币单位，由日本小川英治等采用"一篮子货币方式"设计的。"亚洲货币单位"将综合该地区内各种货币的国内生产总值、贸易、汇率、资本交易量等要素，求出加权平均值。亚洲货币单位对内包括了东盟"10+3"（中日韩）的13种货币，根据各个经济体贸易额和购买力平价下的GDP的相对份额确定其货币的份额；对外则表示为这13合1货币对美元和欧元2合1货币的相对价值，其中美元和欧元根据东亚对美国和欧洲的贸易比重分别确定为65%和35%。人民币、日元、韩元、新加坡元等货币在亚洲货币单位中占据了较大比重，分别是34.79%、27.8%、9.76%、6.36%。考虑到中国相对其他经济体非常快速的外贸和GDP增长速度，人民币在亚洲货币单位中的比重还有巨大的上升空间。

亚洲货币单位（ACU Asian Currency unit）是通过对亚洲各货币进行GDP及贸易方面的加权平均计算而得出的合成值。它作为计算单位也有用处，同时还有可能在对东亚各国的经济政策进行监督时使用该货币单位。但是，ACU当然不是带有强制流通性的独立的货币。亚洲货币单位当前基本上只是停留在计算单位上。

编制ACU有三大目的：一是衡量亚洲在全球经济中的竞争力；二是衡量亚洲各国货币的相对关系（主要是建立一个测试成员国货币稳定程度的指标）；三是为发行以ACU计价的债券做准备。但计划中的ACU只是为各国提供一个可以参照的共同标准，离真正意义上的“亚元”还相距甚远（截至目前2006/11还没有推出）。

对于推出亚洲货币单位的作用，亚洲开发银行区域经济一体化办公室主任（日本）河合正弘说，“通过观察这一指数，我们希望能够分析东盟加3的13国货币作为一个整体相对美元或者欧元的汇率变化趋势，以及这13种货币中的每一种相对于13种货币的均势是如何变化的。社科院亚太研究所所长张蕴岭曾经告诉《财经》杂志，亚行正在编制的亚洲货币单位，是一个参考的学术概念，作为学术研究的量化指标，目前没有执行的意义。该货币单位能够有助于促进亚洲的区域金融合作，类似于欧洲货币单位在欧洲发挥的作用。在欧洲汇率机制（ERM）中，欧洲货币单位发挥着成员货币汇率偏差指示器的作用，为20世纪80年代和90年代欧洲的货币稳定做出贡献。在1991年达成里程碑性质的《马斯特里赫特条约》后，欧洲实现货币联盟的进程开始加速，并在1999年1月正式推出单一货币——欧元。

ACU是继清迈协议和亚洲债券基金等金融合作项目之后，为进一步推进东亚区域金融合作的一次重大步骤。它的很快推出将有助于帮助区域内各经济体明确区域内货币相对价值的变化和亚洲货币整体价值的变化，同时也为东亚货币和金融合作向更高层次的发展创造了条件。据亚行介绍，亚洲货币单位不是可以在交易现场使用的实物纸币，而是一种根据东亚13个国家货币的价值、各国国内生产总值及贸易规模等因素制定的虚拟货币。中国、日本、韩国的货币将在亚洲货币单位中占据最重要的比重。在目前已经发布的编制方法下，人民币比重最大，其次是日元和韩元。①

但是，亚洲货币单位如果推出其弊端也不容忽视。特别是在限制性较强的区域汇率政策合作机制中，势必要牺牲一定的国内经济政策换取合作机制的维持。从欧洲货币政策合作的经验来看，在维护自身利益方面，区域合作中的大国具有优势，但也要对整体区域经济承担更多的责任。河合正弘先生说：虽然亚洲各国在经济上的相互依赖不断加深，亚洲各国货币之间的汇率走势，以及亚洲货币作为一个整体相对其他货币，比如美元、欧元和英镑的走势，依然难以观测。我们希望通过计算一篮子东亚货币的加权指数，即所谓的亚洲货币单位（ACU），来创建一个区域性的基准指标，用于监测这种走势。不仅日本对此很感兴趣，中国、韩国、中国香港和许多其他经济体也对此表示了兴趣。因为这些经济体很清楚地知道 ACU 的价值和作用。他还说：亚洲国家将能够监测其货币相对于 ACU 所代表的区域基准指标的走势。（让亚洲国家明了它们的货币偏离亚洲货币单位的程度。）对这种区域内的汇率走势进行监测将有助于减少区域内货币汇率的波动，如果这是某些国家货币政策的目标之一的话。包括中、日、韩和东盟国家在内的所有亚洲国家和许多其他非亚洲国家都可以从 ACU 中获益。显然，亚行希望亚洲货币单位将来在东亚会发挥更大的作用。

然而，对于中国来说，无论是东亚货币互换协议、东亚债券基金的构建还是亚洲货币单位的推出，我们的真正目的是首先要尽快实现东亚区域的金融和货币合作，提高人民币在东亚的地位，增强人民币在亚洲乃至世界货币中的话语权。这种地位和话语权不仅可以在未来东亚金融货币向更深层次合作的发展中占据首要地位，更能够稳定人民币与其他

---

① 张斌：“东亚金融合作新尝试”，《人民日报》2006 年 2 月 6 日。

货币之间的关系，有利于中国同东亚各国的经济和贸易联系，同时对于稳定东亚乃至世界经济发展也会起到不可估量的作用。

第三节 东亚区域金融货币合作存在的问题及障碍

从《清迈协议》到“亚洲货币单位（Asia Currency Unit）”的推出，东亚金融和货币合作已取得了积极和实质性的进展，这些都对东亚经济安全与货币合作的发展有很大的积极和推动意义。但是，货币互换协议和ACU仅仅是区域货币合作的较低形式，更高层次的区域金融货币合作形式是汇率合作和统一的货币。然而根据“最优货币区理论”的要求和东亚各国政治社会等方面的现实情况，东亚区域金融货币合作向更高方向发展还存在许多问题，亟待解决。

一、政治因素的障碍

蒙代尔曾说：“国际货币关系横跨经济和政治两个领域，我们不能在政治真空里讨论亚洲货币区。没有相当的政治整合，单一货币联盟无法实现。单一货币联盟必须是个安全区域，也就是，联盟内各国是朋友而不是敌人，彼此不可能开战”。

比较欧盟而言，东亚政治多元化将是东亚金融货币合作走向更高层次的一个主要障碍因素。东亚区域金融和货币合作完全取决于中日韩以及东盟之间政治方面矛盾的解决，取决于中日韩和东盟的精诚合作。虽然中日韩是东亚地区的大国，GDP 占东亚的 90% 以上，三国在经济和贸易方面的合作比较紧密。但是，由于日本一直不能对其在“二战”中所犯的罪行进行真诚反省，并在参拜靖国神社、教科书、领土以及东海石油等问题上与中韩等东亚国家存在着深刻的矛盾，因而始终不能获得东亚各国的谅解和充分的政治信任。另外，朝核问题、台湾问题以及美日同盟问题等都使东亚各国缺乏政治上的合作与相互信任。

可见，政治因素在东亚进行货币合作中会起到决定性作用。因为国家之间的货币关系最终反映出主权国家权力的让渡和重新安排，是拥有还是放弃的问题。所以，东亚要想建立货币联盟必须首先排除各国特别是中日韩之间存在的政治障碍，取得相互间真正的信任。正如 2001 年 10 月 13 日蒙代尔在“新型创业资本市场”论坛上曾指出，亚洲货币统一面临着比欧洲大得多的障碍。因为欧洲已经有了比较统一的资本市场，而亚洲却完全没有；欧洲选择了一种单一货币，意味着一种高度的政治整合，而这种整合程度在政治多元化的亚洲是很难被接受的。

二、社会制度的差异

欧盟之所以在区域金融合作取得成功，其中最重要条件之一就是内部各成员在政治制度和经济体制上的高度同质性。但在这一层面上，东亚各成员之间却存有巨大差异，其中最难弥合的如社会主义制度与资本主义制度的根本性差异。[①] 比如，在东亚存在社会主义市场经济体制与资本主义

① 江瑞平：“构建中的东亚共同体：经济基础与政治障碍”，《世界经济与政治》2005 年第 9 期。

市场经济体制之间的差异、君主立宪政体、议会民主政体与人民民主政体之间的差异、发展中的市场经济体制与发达市场经济体制之间的差异等。还有东亚在历史上本就缺乏进行区域合作的传统，主权意识和所谓的“亚洲传统”（一是强调非正式性；二是强调达成共识）根深蒂固。另外，东亚大部分国家的政权都是在第二次世界大战后建立的，国家的独立和民族的解放是其追求的主要目标。开展区域货币与金融合作意味着东亚各成员国必须在一定程度上让渡制定货币政策和其他国内经济政策的自主权。可见现阶段东亚各国很明显不会放弃独立制定本国经济金融政策的权利，这必然会妨碍合作中的政策制定与协调。

三、经济发展的不平衡

东亚各经济体经济发展水平相差悬殊，区域内既有经济发达的日本，又有经济飞速发展中的中国；既有像“亚洲四小龙”这样的新兴工业化经济体，又有比较落后的缅甸、柬埔寨和越南等国。这些国家之间的 GDP 水平相差甚远，人均 GDP 亦然。2002 年，东亚地区人均 GDP 最大差异是日本与越南相差 76 倍，2009 年人均 GDP，新加坡为 38972 美元缅甸为 462 美元，2012 年日本人均 GDP 为 45920 美元，缅甸为 832 美元，而欧盟最富国和最穷国的差异仅有 4 倍。

另外，根据最优货币区理论的衡量标准和 1992 年 2 月 7 日正式签署的《马斯特里赫特条约》的规定，参加欧洲货币联盟的国家必须达到的四项经济趋同标准为：通货膨胀指标、利率指标、汇率指标以及赤字与债务指标等。而现阶段，东亚各国国际收支账户差别较大，经济贸易结构又严重缺乏互补性；同时东亚内部汇率波动较大，在汇率制度选择上也有差异。

虽然东亚在区域内的贸易量和资本流动等方面比较接近最优货币区的标准，但是东亚地区货币政策目标、通货膨胀率等方面都不一致。下面仅从通货膨胀率相近性来看，东亚各经济体在1995—2003年期间其通货膨胀率差异很大（见表4-1），现在依然如此。东亚各国通货膨胀的差异不仅会通过影响汇率而导致国际收支基本账户的失衡，还会通过影响利率来影响短期资本的流动，从而还会导致国际收支的失衡。所以，根据哈伯勒（Habeler）和弗莱明（Pleming）提出的"通货膨胀率相似性"衡量标准，或根据最优货币区理论的趋同标准，现阶段东亚各国之间都存在以上特别是通货膨胀率悬殊等几个方面的障碍和问题。

表4-1　　1995—2003年东亚四国与其他地区经济组织年通货膨胀率比较

单位：(%)

国家或地区	中国	日本	韩国	菲律宾	欧元区	亚洲新兴市场经济体	全球
1995年	17.1	-0.1	4.5	8	2.7	4.6	14.7
1996年	8.3	0	4.9	9.1	2.2	4.3	8.6
1997年	2.8	1.7	4.4	5.9	1.6	3.3	5.9
1998年	-0.8	0.6	7.5	9.7	1.1	4.4	5.5
1999年	-1.4	-0.3	0.8	6.7	1.1	0	5.1
2000年	0.4	-0.9	2.3	4.4	2	1.1	4.3
2001年	0.7	-0.8	4.1	6.1	2.4	1.9	4.1
2002年	-0.8	-0.9	2.8	3.1	2.3	0.9	3.4
2003年	1.2	-0.2	3.5	3.1	2.1	1.4	3.7

资料来源：见国务院发展研究中心网站财经数据栏。

另外，美国一直对于东亚地区事务特别"关心"也影响到东亚的货币整合。从地缘政治角度讲，美国不属于东亚国家，但由于该地区在美国全球战略中的突出地位，所以战后美国始终重视在东亚的军事存在和对经济活动的参与。

美国不但在国际政治、军事和经济方面对全球有着巨大影响，而且在东亚经济格局中亦发挥着举足轻重的作用。长期以来美国一向对东亚经济合作的发展动向保持着高度的关注和警惕，坚决反对和阻挠建立任何将其排斥在外的东亚区域合作集团，并通过种种途径加深东亚各国对它在经济、政治、安全等方面的依赖。所以东亚区域货币和金融合作势必会受到美国因素的影响。美国现在已经不会低估亚洲走向一体化的前景，但却想继续使用“分而治之”的战略延缓东亚合作进程，或者使用“跨地区主义”保持美国的地区主导权。①

比如，马来西亚总理马哈蒂尔曾于1990年提出“东亚经济核心论坛”的设想，其成员范围与“10 + 3”结构基本相同。但由于其意图是想把美国排除在外，美国便严厉抨击这是“在太平洋画一条线，将美日分开的设想”，从而使“东亚经济核心论坛”的设想化为泡影。日本政府在1991年发起的亚洲货币基金的设想，也都是因遭美国政府的反对与强大压力而无果而终。可见，美国为维持其在东亚的利益和美元在国际货币体系中的核心地位，为防止在东亚出现另一个欧元区或东亚货币基金组织（AMF），相对独立于国际货币基金组织（IMF），极有可能会对东亚货币金融合作的发展进程施加干预和影响。而日本为迎合美国和自身的利益也会看美国的脸色行事。

从始于泰国的亚洲金融危机最终波及到整个东亚地区的事件，我们看到其给东亚各国的货币金融和经济发展带来了沉重的打击。面对危机，东亚地区缺乏相应的应对机制难以应付危机的传染效应，只能向国际货币基金组织求助，但是

① 庞中英：“中国外交新战略”，《经济观察报》2005年第36期。

得到的回应是负面的。

第四节

东亚区域金融货币合作的战略途径

虽然东亚地区历史、文化、政治经济制度以及国际政治经济关系方面存在差异、分歧和利益冲突，地区金融合作的深化尚面临众多困难和制约，目前还没有一个成型的有关货币合作机制，离建立“东亚货币区”的最终目标还很遥远，但是从最近几年的发展来看东亚金融货币合作已经取得了较大和实质性的进展。未来东亚货币合作以及单一货币区的建构应采取哪些具体方法和途径等问题从理论对其进行一种超前探索和战略性的前瞻是非常必要的。

当前理论界和各国政策制定者对此问题提出了许多构想。本人在对以往理论总结的同时，认为未来东亚区域货币和金融货币合作的途径从初级到高级可分为五个阶段来进行。

一、构建东亚记账单位

在“10+3”机制下或者在未来“10+6”的基础上，在13国或16国自由贸易区率先创立东亚共同市场，简称亚共体，这是建立未来统一货币的最初级阶段。这一阶段的主要任务是实现成员国之间的零关税、无壁垒贸易架构，构成亚洲共同市（Asian Common Market）。即亚共体将成为一个商品、资本、劳动力自由流动的经济统一体。这一过程欧共体花了 17 年的时间实现。东盟现已计划用 13 年的时间完成这一任务。

东亚（亚洲）计账单位（EAUA）是亚共体内部记账与结算的通用核算工具，它是由所有成员国货币合成的“一篮子货币”，它也是未来统一货币亚元的雏形。它将让成员国熟悉并接受“统一”货币的概念。从建立共同市场到统一计账单位的产生，这一过程欧共体总计花了 7 年时间。

二、构建东亚债券市场

亚洲金融危机后，东亚各经济在金融货币领域所面临的共同问题是如何将本地区大量的外汇用于本地区的投资，从而避免资金供给与需求中出现的双重错配。然而，东亚各经济体资本市场还欠发达，绝大多数国家企业投资资金的主要来源是银行借款，因此，处理好债券市场发展和银行体系发展的关系是统筹协调发展直接金融和间接金融的一个重要方面，对于银行体系主导模式下的亚洲各国都具有普遍价值。在东亚区域金融合作框架内培育债券市场进而发展直接融资手段，就成为东亚各经济体的共同选择。东亚债券基金发行的主要目的在于调整该地区的融资结构问题，从而摆脱对于银行体系的过度依赖，同时解决资金期限结构与币种的错配问题，降低风险，提高资金配置效率。由于东亚债券基金的规模过小，并由东亚各国政府出资建立，不是建立在市场参与人和市场原则基础上的，从长期来看其在推动投资者队伍扩大方面的作用有限，所以它的面世只具有象征意义。可见，发展亚洲债券市场只是深化和推进东亚货币金融合作向更高层次转化的另一战略途径。

从历史上看，东亚各经济体的融资体系本质上仍然是所谓“基于银行”（bank - based）的体系，即银行提供给企业和社会所需要的绝大部分资金。各国银行同时担负着两项职能：一是传统的商业银行的职能。一方面将家庭部门半数以上的金融资产吸收为存款；另一方面，半数以上的企业融资又是由银行贷款所提供。二是银行部门通过购买3—5年期中期公司债券或以担保企业债券发行的方式向企业提供中期融资。同时，银行又以吸收的短期银行储蓄存款作为资金来源，或银行以自身信用、名誉和规模为基础，自己发行中期银行债券（bank debenture），事实上，东亚经济体的银行为培育债券市场发挥了很多作用。但是它与依赖于证券融资的"基于市场"（market - based）的金融体系相比，会出现期限错配（以短期存款支持长期融资），这不仅会导致银行部门风险的积累而成为危机爆发的源头，而且由于银行资产绝大多数是相对缺乏流动性的贷款，从而会导致银行部门在危机来临时无更多方法去应对。相比之下，"基于市场"的金融体系能够较好地解决期限错配问题，这不仅可以减少了金融机构的风险积累，而且在危机来临时也更有利于金融机构相对迅速地调整其资产负债结构，减少金融风险。

另外，"基于银行"的东亚金融体系面临的另一个潜在风险是货币错配（以外币负债支持本币融资）。自20世纪80年代以来，东亚一直是发展中国家和地区中外资流入最多的区域。这一情况表明东亚经济增长越快，其提供给外资比其他区域的投资机会越多，但同时也造成了货币错配的潜在风险问题。因为该区域内许多金融机构、企业集团借入巨额外债（主要是美元债务），而其资产基本上是国内的本币资产。这种资产结构的风险在于，一旦东亚地区因国际收支问题而引起大规模投机性货币攻击，导致本币相对于美元大幅度贬值，本币资产价值大幅度缩水，资产负债结构急剧恶化，这些金融机构往往陷入流动性危机甚至彻底丧失清偿能力而破产。要解决货币错配问题，就需要深化本国、本区域金融体系改革，更多地通过本国、本区域金融体系为经济增长提供融资。而提供融资的最好途径就是发展本地区的债券市场。

东亚地区的货币金融市场与欧美国家相比还欠发达。各国（地区）在融资方面的方法和途径较比相似，普遍以银行间接融资为主。这种融资结构可能比较适合、支持发展中国家的经济快速发展和崛起的要求，但是从长远来看，其显然难以支撑各国进行经济结构调整的战略任务，而且会使国家金融体系缺乏流动性，较少透明度，缺乏应对重大变化的弹性。因此，发展债券市场，将改变东亚各国的融资方法和金融结构，有利于东亚金融市场的稳定和发展。

亚洲开发银行区域经济一体化办公室负责人 Masahiro Kawai（2006/3）29 日表示，东亚地区以当地货币计价的债券市场近来一直在不断发展，但仍面临缺乏通用的信贷评级体系、清算系统较为落后以及发债机构和投资者构成过于单一等多重障碍。东亚地区债券市场已有了相当的发展，但仍远远不够。亚洲各国政府、央行及私营部门必须更为关注债券市场的发展，切实加强市场基础设施的建设。亚洲开发银行近期公布的数据显示，在 2002—2004 年间，按其占国内生产总值的比例衡量，多数东亚债券市场的水平已接近或超过了国际平均水平。这表明，与 1995—1997 年的情况相比，比之 2003 年、2012 年的东亚债券市场已有了突飞猛进的发展，东亚的融资结构有了较为明显的改善。

Kawai 指出，1995—1997 年，一些东亚经济体债券市场的发展水平大大低于国际平均水平，由于基础设施缺乏，在某种程度上阻碍了东亚债券市场的发展，导致其近来落后于该地区股票市场及银行业的发展。所以东亚还应培育投资者群体，使其更为多元化，这样才能够增加债券市场的透明度，促进其健康发展。亚洲开发银行的数据还显示，2005

年，日本债券市场是东亚地区最大的，规模达9.090万亿美元；其次是韩国市场，规模为6378.6亿美元；中国名列第三，规模达6330.3亿美元。菲律宾债券市场2005年的规模为410.8亿美元，而其在1997年的规模为169.2亿美元。亚洲开发银行：东亚债券市场近来一直在不断发展但仍面临多重障碍。

然而，截至到2012年，据亚洲开发银行发布的《亚洲债券检测》报告显示，中国截至9月底已发行债券3.7万亿美元。这一数字占到了新兴东亚地区总规模一半以上。中国已发行人民币债券规模占2011年GDP的比重约50%。其中，政府债券为17万亿元人民币（约2.7万亿美元），企业债为近6万亿元人民币（约1万亿美元）。2012年9月10日，亚洲开发银行（亚行）发布的一份报告称，新兴东亚地区本币债券市场已发展到近6万亿美元的规模，但该地区的决策者们应当做好准备，以抵御全球金融市场带来的进一步冲击和震荡。

从表4-2可见，东亚地区在工业化过程中出现的高储蓄率和高资本形成率，决定了企业融资主要依赖于外源融资的特点。在企业的外源融资中，受金融体制的制度约束，市场化的直接融资渠道相对狭窄，以银行信贷为主的间接融资占主导地位。

表4-2　东亚主要国家的融资结构（1997—2003年）

年份	1997	1998	1999	2000	2001	2002	2003
中国							
银行融资	75	74	71	63	66	71	72
债券融资	9	11	12	12	13	13	13
股票融资	16	15	17	25	21	16	15
印度尼西亚							
银行融资	71	76	47	54	56	55	50

续表

年份	1997	1998	1999	2000	2001	2002	2003
债券融资	—	—	22	30	29	29	27
股权融资	29	24	31	16	15	16	23
韩国							
银行融资	69	63	53	58	55	56	51
债券融资	23	25	22	27	27	28	29
股票融资	8	12	25	15	18	16	20
马来西亚							
银行融资	48	46	39	43	42	43	40
债券融资	20	21	20	23	24	23	23
股权融资	32	33	41	34	34	34	37
菲律宾							
银行融资	51	48	44	50	51	53	49
债券融资	18	20	20	22	25	26	27
股票融资	31	32	36	28	24	21	24
新加坡							
银行融资	36	40	26	29	34	33	28
债券融资	12	14	11	15	20	24	21
股权融资	52	46	63	56	46	43	51
泰国							
银行融资	85	80	68	72	67	64	51
债券融资	4	8	12	15	17	19	16
股权融资	11	12	20	13	16	17	33

资料来源：AsianBondsOnline：Asia Bond Monitor 2004。

另外，东亚的融资机制的不合理也正日益成为金融动荡的根源。尽管东亚地区的储蓄率在全球最高，但是，由于缺乏一个有效率的债券市场，这些银行储蓄最终多半流向了如房地产等流动性低的长期项目。由于债券市场的缺位，东亚地区大量官方储备都用作经合组织市场（比如中国相当一部分美元的外汇储备，用于购买美国国债，实际上是支持美国进行建设，回报率较低）的投资，这些资金又以短期投资组合和贷款的形式再循环到亚洲国家及公司。具体特点如下：

1. 外汇储备的资产形式主要是美国国债，而美国国债的年收益率不过 4%，而东亚国家国内 FDI 的收益率超过 10%，这意味着东亚国家为持有外汇储备在 2004 年发生了至少 1200 亿美元的效率损失。

2. 由于东亚国家大多实施事实上的盯住汇率制，外汇占款增加将扩大该国基础货币，从而导致通货膨胀压力。如果对此进行冲销的话，一是很难持续进行冲销操作；二是冲销操作的成本本来就很高。

3. 一旦美元贬值，那么以本币计值的外汇储备价值就会大幅缩水。如果美元贬值 10% 的话，那么东亚国家以本币计值的外汇储备价值将会损失 2000 亿美元，今天会更多。据估计，当前亚洲债券价值的 57%（2230 亿美元）由欧洲和美国机构持有。由于这些资金随时可以撤走，因而极易引发金融动荡和危机。因此，启动和拓展东亚债券市场以消除外部干扰并维持区域内货币和金融稳定势在必行。

三、构建东亚汇率联盟

如果构建东亚货币基金速度加快的话，那么东亚各国之间的贸易联系就会大大加强，走向货币联盟的时间就会加快。日本内阁特别顾问亚行行长黑田一直在倡导亚洲“货币联盟”。他认为，“在亚洲金融危机后，人民币等一些货币仍然钉住美元，而其他货币则成为自由浮动货币，已经让亚洲区域内的汇率关系变得十分复杂，形成了地区冲突的潜在风险，因此非常需要地区政府更好地保持区域内的汇率稳定。”

从长期来看，东亚地区如若想推进区域经济一体化，则必须而且应该实施区域汇率机制，以更好地维护区域内汇率的稳定，使各国银行业完善、规范、标准和协调一致。建立东亚汇率联盟，确定稳固的汇率制度，对外实行统一的汇率，一方面可以防止一国的汇率变动波及他国；另一方面能有效地防止金融危机的发生。而若要实现汇率联盟或联动机制这种模式，必须加以完善和保证实施固定汇率，不允许汇率作边际调整；要有独立的货币政策。如果控制区域内资本自由流动，那么这就与要素自由流动这样一个建立单一货币区的初衷相矛盾。如果不控制区域内资本自由流动，由于没有统一的货币政策，那么这些国家的利率差别再加上不可调整的固定汇率会使得区域内跨国套利活动持续不断的进行。而各国政府会为了保持固定汇率而不断地耗费外汇储备，直至外汇储备耗尽，使固定汇率制崩溃。

国际货币基金组织官员 Adams 和 Senlblat 认为，为减轻亚洲地区内部汇率的波动幅度，可考虑以下三个方案：一是采取自由浮动的汇率制度，同时采取稳定货币的货币政策；二是采取不同形式的钉住汇率制度；三是采取单一货币制度。

钉住汇率制度也有三种形式：一是钉住一篮子国际货币，包括美元、欧元和日元，除日本以外的亚洲国家货币允许围绕钉住值波动 5%—15%。二是将一篮子亚洲国家的货币作为锚货币，类似欧洲国家最初把欧元作为锚货币。这一篮子亚洲货币就是亚元，是亚洲各国货币以经济总量加权的平均意义上的货币。三是钉住亚洲经济实力最强国家的货币，例如，人民币或日元。无论采取何种形式的钉住货币制度，都需要各个国家遵守游戏规则，而国家之间的相互监督是很困难的。

根据麦金农等经济学家的观点，汇率制度的选择对于具有“浮动恐惧”的外向型亚洲发展中国家来说是个两难问题，需要更有创意和魄力的回答。东亚要想尽快建立汇率联盟，其中最重要的一点是确定东亚“货币名义锚的问题。虽然在1997年金融危机之后，东亚各国纷纷放弃钉住美元汇率制度，实行（管理）浮动汇率制度。但是，由于东亚各国和各地区的出口导向型经济、区域产业循环与分工体系又要求稳定商品的贸易价格，各国（地区）政府也需要一个“名义锚”来稳定国内和区域内的价格水平，而浮动汇率制度又无法满足这些要求。所以在各种情况下，如果东亚缺乏制度化的汇率协调机制，浮动汇率制度会导致区域内双边汇率频繁波动，阻碍经济交易的增长和扩展。

同时如果某一经济体出现金融危机，本币大幅贬值，协调机制缺失又会引发其他国家的竞争性贬值，因而会形成“传染效应”，加速金融危机的蔓延，破坏区域内各国经济的均衡发展。这也是东亚各国各地区近年来严格管理汇率波动甚至重新钉住美元的内在原因所在。因此，如果东亚各国不在汇率制度安排方面进行协调与改革，建立起区域性的汇率制度安排，仅靠前面所进行的如东亚货币基金等方法是不可能彻底解决金融危机的隐患，也更不可能尽快实现东亚区域经济一体化。

根据 Adams 和 Senlblat 钉住汇率制度的观点，本人认为其具有实用性和可行性，但是须根据东亚地区的具体情况加以考量。当前应该主要应考虑的是使用何种形式货币或货币篮作为汇率稳定的“名义锚”的问题。当前这方面比较有代表性的主张有以下几种：一是用的 BBC 制度；二是用区内货币构建共同货币篮的亚洲汇率制度；三是东亚美元本位制；四是东亚日元本位制。下面我们可以分开加以论证。

1. BBC（Basket Band Crawling）。一篮子目标区爬行钉住制度是使用世界主要货币构建货币篮。其内容是由美元、日元、欧元等世界主要货币组建共同货币篮，以整个东亚地区对外贸易权重为基础确定货币篮的统一结构，各国宣布本国货币对该共同货币篮的中心平价（Central Parity），并各自确定波幅限制；根据各国波幅大小的不同，允许其正式汇率制度安排存在差异（从波幅很小的货币局制度到波幅较大的管理浮动制度均可），允许成员国在经济基本面因素发生较大波动时调整中心平价与波幅。

合作阶段每个国家或地区依然可以保持原有的汇率制度。BBC 采用了麦金农的“复位法则”[①]，当受到大规模货币投机性冲击时，各个国家可以暂时中断钉住汇率，但此后必须令人信服地把汇率重新调整到旧的或者是新的均衡水平；建立类似于欧洲短期金融便利（Very Short Term Financing Facility，简称 VSTFF）的机制，当成员国的货币遭受到投机攻击时，对其予以融资便利和帮助。这一方案的优势在于：首先，这种集体行动能够稳定东亚区域内双边汇率，消除大国间汇率波动对各国相对竞争力的不对称影响，并稳定区内贸易的价格环境。其次，由于汇率水平的更加透明，避免了以邻为壑汇率政策的出现。再次，这种合作不需太多的政策协调和监管，减少了汇率制度合作时来自各方的阻力。然而，钉住共同货币篮一方面存在着操作难度大、透明度较低的缺陷；另一方面仍然无法摆脱投机冲击的威胁，因而只能作为短期内或过渡性的汇率政策，不应成为东亚各国汇率制度的长期选择。

然而，与钉住单一货币相比，独立钉住货币篮子又能更

① Ronald McKinnon. “Monetary and Exchange Rate Policies for International Financial Stability: A Proposal” [J]. *Journal of Economic Perspectives* Vol. 2, No. 1, Winter 1988: 83 - 103.

为有效地降低实际有效汇率的变动，这对贸易结构多元化的东亚国家来说是非常重要。因此在现阶段，钉住一个包括主要国际货币的货币篮子，在一定程度上提高日元在“货币篮”中的比重，使篮中货币的内部构成（比重）软性化，并防止篮中各种货币与篮外货币汇率大幅波动。仍不失为一种“次优”选择。

2. 东亚货币单位。Oh 和 Harvie 提出了建立亚洲汇率机制（AREM）的构想，即钉住东亚货币篮子构想。① 亚洲汇率制度的运作机制类似欧洲的欧洲货币体系，主要内容是由区内货币组建亚洲货币单位，各经济体共同确定亚洲货币单位中各币种的权重以及各经济体货币对亚洲货币单位的中心平价与波幅限制，通过建立区域合作机构对汇率合作进行统一管理。与欧洲货币联盟中的权重不同，亚洲货币汇率机制给每个国家分配的权重是该国在整个地区贸易中的份额；成员国汇率在中心平价 15% 的波动范围中上下浮动，一揽子货币中心平价不能够单边决定；建立一个类似于欧洲短期融资安排（VSTFF）的最后贷款人机制帮助成员国家抵御货币投机。

东亚也应按此进行。这一制度比 BBC 制度更加严格、更加正规化，其约束力和可持续性更强，对于区内双边汇率的稳定作用也更为明显。但是，它不能反映东亚经济体对外经贸关系的多元化特征和区外主要货币汇率波动的影响。钉住一个根据贸易比重为权重的区域内各种货币组成的货币篮子比钉住美、日、欧共同组成的货币篮子面临更大的阻力，这不能不说是一个重要的缺陷。所以，短期内建立由东亚区内货币构成的货币篮子，并实施钉住这个货币篮，建立类似

① Junggun Oh and Charles Harvie. “Exchange Rate Coordination in East Asia” [J]. *The Journal of the Korean Economy*, Vol. 2, No. 2, Fall 2001.

于欧洲汇率体系那样的东亚汇率机制的条件还应进一步完善。

3. 东亚美元本位制。麦金农针对东亚各个经济体的具体情况，提出了“东亚美元本位”（The East Asian Dollar Standard）的构想，即以美元作为“外部驻锚”（External Anchor Currency）建立东亚汇率稳定机制，即东亚各国（地区）将本币与美元建立一种长期的固定的平价关系，通过这种汇价的固定联系给国内的价格水平提供一个整体的外部名义锚，达到稳定国内物价和吸引外部资金的目标。①

这是由麦金农提出的观点。他通过超风险溢价模型的分析得出了存在名义锚的钉住汇率制优于浮动汇率制的结论，并指出危机之后东亚各国货币高频钉住美元的现象反映出钉住美元的合理性。因为长期以来美元作为东亚经济的对外交易媒介和“货币锚”，已经形成了一种规模经济效应，同时美元能够提供相对完善的避险机制，可使经济主体更加有效地规避外汇风险。因此，为确保东亚地区内部双边汇率与对外汇率的长期稳定并防范投机资金的冲击，各经济体应当确立与美元的固定汇率，建立正式的区域性美元本位制度。②

在实际操作上，东亚美元本位制的最大优势在于简单易行、转换成本低。目前相当多的东亚货币相对于美元的浮动被控制在很窄的幅度之内，实行统一的美元本位制不用对既有汇率制度进行根本变革。③ 在亚洲金融危机时，东亚各国普遍采取的钉住美元的汇率制度因为东亚各经济体与美国经济周期的不同步而暴露出明显的错位，这又加剧了东亚各国

---

① See Ronald McKinnon, “The East Asian Dollar Standard: Life After Death?” [J]. *Economic Notes*, 2000 (1): 29.

② See Ronald McKinnon, “The East Asian Dollar Standard: Life After Death?” [J]. *Economic Notes*, 2000 (1): 29.

③ 钟伟：“亚洲单一货币：路途遥远但值得期待”，《中国外汇管理》2001 年第 2 期。

宏观经济形势的不稳定。在东亚货币合作的现有方案中，由于东亚地区传统的钉住美元汇率制度的缺陷已经给东亚经济体带来了严重的打击，所以东亚美元本位制方案是否符合实际情况有待探究。

然而，必须指出的是，东亚美元本位制的最大缺陷在于忽视了日元的作用。当东亚其他经济体钉住美元而日本保持浮动汇率时，日元兑美元汇率波动必然通过日本与东亚其他经济体的贸易、金融交易而影响东亚其他经济体的经济稳定，1997 年的金融危机已经证明了这一点。麦金农对此提出的解决办法是让日元也加入美元本位体系，与美元保持固定汇率。这显然又忽略了包括日本在内的东亚各经济体在经济周期、经济结构与宏观政策目标上与美国的差异，低估了以美元为本位的货币体系所蕴涵的潜在不对称性。这种包括日本在内的整个东亚地区的美元本位制就像恢复布雷顿森林体系的建议一样，其推广的可能性较小。

亚洲金融危机之后东亚各国、各地区货币对美元汇率仍基本保持稳定，这反映出钉住美元的合理性，以美元作为名义锚可以比自由浮动的汇率制度更好地维持贸易伙伴之间汇率的稳定性。但是 1997 年的危机已经表明，钉住美元的制度存在难以解决的内在矛盾，其中最主要的矛盾是削弱了政府调控宏观经济的能力。钉住汇率制固有的“米德冲突”(Meade Conflict)，即维持国际收支平衡和汇率稳定与实现国内充分就业和物价稳定的目标之间的矛盾，往往迫使发展中国家在一定程度上牺牲内部均衡以换取相对的外部均衡。另外，东亚单一钉住美元，把美元作为名义锚可以更好地稳定国内价格水平。但是，根据克鲁格曼的“不可能三角”论，在资本自由流动的情况下，采用钉住美元汇率制意味着放弃货币政策的独立性，即必须选择与美国保持一致的货币政策。为了维持本币与美元之间的汇率的稳定，一国政府就必须保持国内利率与美国利率的一致，而在经济发生危机时，政府针对经济情况运用货币政策使经济复苏的空间将会减少。因此其不适宜作为东亚国家（地区）汇率制度的长期选择。

4. 东亚日元本位制。Kwan 提出了东亚构建“日元区”（Yen Bloc）的提议。① 关志雄等部分经济学家亦持这种观点。其核心内容是把日元作为东亚地区的基轴货币，使日元在东亚承担马克在欧洲货币体系中的地位，以日元作为驻锚货币建立起区域性汇率联动机制。日元区的提议有其优势：首先是可以使东亚多数经济体对来自日本的进口和外债保持稳定，其次是日本的经济周期与其他东亚经济体也更为一致。但是三大缺陷使日元难以成为区域主导货币：一是日本经济长期陷于萧条之中，其狭小的国内市场也不足以吸收亚洲地区的贸易和投资；二是日本国内金融市场相对封闭，日元国际交易市场不发达，流动性成本较高；三是日本在区域经济合作中没有摆脱自我中心主义的短视行为，这反过来又强化了本地区其他经济体对日本的不信任感。所以由日本学者和政界所极力推崇的建立东亚日元区方案，则由于日本国内的经济状况以及多种政治因素的影响，目前无实施的可能性。

日元目前的国际化程度不足以使其承担主导货币的角色。从理论上说，东亚国家选择钉住货币篮子要优于钉住单一货币。在次区域范围内钉住共同货币篮子就是一种可行的选择。这种安排一方面能够稳定次区域范围内双边汇率，从而消除大国间汇率波动对各国相对竞争力的不对称影响，稳定区内贸易的价格环境，并通过次区域合作防止投机冲击；

① C. H. Kwan. “The Theory of Optimum Currency Areas and the Possibility of Forming a Yen-Bloc in Asia” [J]. *Journal of Asian Economics*, 1998 (4): 9.

另一方面又能大体维持区域内货币对外有效汇率的稳定，有助于各国发展外向型经济。欧洲货币联盟的实践表明，成员国选择了德国马克作为锚货币，并让德国决定着整个欧共体的利率是经历了比较漫长的时间才做出的决策。然而，与欧盟相比，东亚现阶段很难确定锚货币。区域内的两种主要货币——日元和人民币在现阶段都难以成为锚货币。日元虽然是一种国际货币，但是日元在东亚进出口结算中的比例仅占30%，而美元却占到了70%。由此就决定了日元在现阶段尚难以成为东亚地区的锚货币。

随着中国经济的发展壮大，人民币在东南亚甚至已经成为了一种强势货币，但是现阶段由于人民币尚不能自由兑换等因素决定了人民币难以在短期内成为锚货币。但是，当前人民币的国际化步伐正在加快，人民币一定会在全球金融市场上充当主要货币并对世界经济产生巨大影响。

所以，无论是美元或日元的钉住汇率制度都是一个成本很大的汇率制度，也就是各个国家会有很大的风险，特别是对于资本账户开放，吸收大量短期投资的国家。这就需要强有力的制度安排和相互协调的经济政策来降低采取钉住汇率制度的风险。这些制度安排和协调政策包括以下几点：一是各个国家应该对各国的汇率波动幅度有一个大家都认可的协议；二是在其中某个国家受到攻击，汇率达到盯住汇率的边界值时，别的国家有义务进行支持和帮助；三是当客观环境发生变化时，存在一个协调机构进行必要的调整。另一种道路就是首先采取自由浮动的汇率制度，在发展的过程中减少经济主体之间的差距。虽然采取自由浮动的汇率制度也会引起东亚国家间的汇率波动，但是，这种波动未必会高于盯住汇率制度，从长远来讲（短时间内不可以）随着经济的平稳发展，采取自由浮动汇率制度的汇率波动幅度会逐渐减小，最终达到符合单一货币区的标准。

虽然钉住货币篮子制度属于所谓的“中间”汇率制度，具有容易诱发投机冲击等缺陷，难以成为汇率制度的最优选择。但是，与浮动汇率相比，它能降低名义汇率的过度波动以及相应的负面影响。所以，东亚在短期内若无法实现最优，只能暂时选择“次优”，既 BBC 制度。由于东亚对外经济关系呈现出明显的多元化特征，所以 BBC 制度、东亚货币单位也好，二者都存在着较为明显的弊端，更难以反映东亚多元化的对外经济关系，都不可能避免来自外部的金融冲击。但是当前只有 BBC 制度也许是目前大多数东亚国家可以接受的。当然，为了确保东亚区域合作集体行动的顺利展开，形成可信的制度承诺和纪律约束，有必要以更加制度化的货币一体化安排作为长期目标。除以上三点外，我们还应该着重推动以下两个重点问题的建设：

当前，构建东亚货币基金（EAMF—East Asian Monetary Fund）是东亚另外一个重要思想。

1999 年 10 月 18 日，马来西亚总理马哈蒂尔在“东亚经济峰会”上提出建立“东亚货币基金”的倡议。“东亚货币基金”规模比 IMF 小，是一个完全属于东亚地区的基金。[①] 理论界普遍认为在《清迈协议》框架内的东亚货币互换机制能够为区内各经济体提供及时的短期流动性支持，更加有效地利用本地区丰富的外汇储备资源，不失为防范外部冲击的一种临时性手段，也是区域货币合作的开端。不过，有学者指出，双边互换机制存在一些缺陷，包括缺乏有效的制度性约束、使用区外货币作为融资货币、由于缺乏必要的监督机制而容易引发“逆效合作”。所以有必要进一步建立制度化的区域性货币基金即东亚货币基金，由其充当区域性

① 张铁强：“积极推进东亚区域金融合作与一体化的进程”，转载于陈乔之：《东亚区域经济合作研究》，中国社会科学出版社 2002 年版。

的“准最后贷款人”的角色。亚洲债券基金的出现为东亚货币基金的构建创造了非常好的条件。当前的任务是如何将此基金发展成为亚洲货币基金或东亚货币基金。2010 年 3 月清迈倡仪多边化协议于 2010 年 3 月生效，总额达 1200 亿美元。未来会达到 2400 亿美元。东亚已经拥有超过 3 万亿美元的外汇储备，如能建立一个东亚货币基金，则东亚各国既能在危机发生的第一时间自救，而不必像过去亚洲金融危机那样完全依靠 IMF，又能有一个探讨深化东亚区域经济合作的平台，其更可以为亚元的推出做好准备。

亚洲金融危机爆发之初即 1997 年 8 月，日本政府首先倡议创设能够动用高达 1000 亿美元巨额资金的“亚洲货币基金”（AMF），作为区内金融合作的框架。按照这一构想，AMF 的成员由东盟“10 +3”国家构成，其资金主要来源于从成员国借款以及以成员国外汇储备担保从国际资本市场借款，其实质就是来源于各国未动用的外汇储备。计划中的总筹资 1000 亿美元，由拥有较多外汇储备的亚洲成员国家出资，其中日本出资 500 亿美元、新加坡出资 50 亿美元，其余由中国及中国香港特别行政区承担。

而东亚货币基金（EAMF）的职责主要是支持成员国在外汇市场上的干预活动，以促进汇率的稳定，管理成员国中央银行间的信贷，逐步集中成员国的外汇储备，并逐步发展为各成员国间的划拨结算中心。EAMF 的主要功能是充当区域性最后贷款人，提供和管理区域性紧急援助资金，有效协调与管理危机救援行动，并在金融危机爆发时，及时阻止危机的扩大和蔓延。同时，为了有效行使上述功能，EAMF 还要承担起协调各国宏观经济政策，建立严格的信息披露制度，加强政策协调的纪律约束，监督各国各地区的宏观经济动向和国际收支状况的责任。也就是说 AMF 将全面协调各国在危机预防、救援等方面的合作行动，建立防范和化解国际收支失衡及货币危机的正式制度框架，使整个东亚区域的危机防范、救援机制将由 AMF 统一协调和运作。这样既能提高这一机制的工作效率，又可以减少各层次合作行动脱节带来的摩擦成本，还能进一步推动东亚区域内的政治协调。

从建立这项基金的目的来看，是给受困于支付危机或受到国际投机势力冲击的成员国提供紧急资金救助，以支持受援国调整宏观经济政策。这种以提供短期、紧急融资为目的、地区的国际金融合作形式，与国际货币基金（IMF）相类似。但是 EAMF 也并不意味着与 IMF 对抗，地区合作组织完全可以成为全球性国际金融机构的有益补充。事实上，其他地区早已存在着与 AMF 类似的区域性国际金融合作组织，包括 1976 年成立的阿拉伯货币基金（the Arab Monetary Fund，AMF）和 1991 年成立的拉丁美洲储备基金（the Latin American Reserve Fund，LARF）等。

如果说，IMF 是在相当程度上受美国支配，那么，日本也想在 EAMF 中居于近似的支配地位。所以该创议提出后，即遭到国际组织（如 IMF）和一些大国（如美国、中国）的反对，国际货币基金不愿看到有另一个国际组织取代它在亚洲地区发挥作用。美国对日本创议的“AMF”把美国撇在一边也极为不满，不愿看到日本在东亚地区做大，更不愿看到日本攫取对东亚经济、金融的支配地位。因此，当时美国对日本的“亚洲货币基金”创议十分警觉，一经提出就加以反对。

然而，不少东亚国家对日本的“亚洲货币基金”创议表示支持，这主要因为它们对国际货币基金（IMF）在这次亚洲金融危机中的表现深为失望。IMF 既未能提供“预警”和防范手段，又未能及时组织支援，甚至还乘机强迫受援国接受苛刻条件，如要求受援国把进行经济结构调整等中长期措施作为短期内必须执行的贷款条件，使受援国吃尽苦头，甚至感到屈辱。受金融风暴冲击的东亚国家非常希望国际金融领域有一个“多元化”局面，故对日本创议建立“亚洲货币基金”感兴趣。但支持的程度也有不同，如马来西亚、印尼、泰国比较积极；新加坡虽表示支持，但也认为应与IMF进行协调和衔接；韩国虽对日本有戒心，但也只有接受IMF对韩国提出的苛刻条件，因此对日本创议也表示积极支持。虽然我国对“亚洲货币基金”的反应比较谨慎。

2008年金融危机获得的教训之一就是来自西方（全球）货币投机的规模已远远超过各国外汇储备水平，而国际货币基金组织的援助对受到危机的国家已经是杯水车薪。东亚各国的命运被过分地操纵在诸如国际货币基金组织和美国政府等位于华盛顿的机构，以及与它们利益一致的为数众多的市场参与者。而在应对危机方面，近似于市场原理主义的华盛顿共识只发挥了指导性的作用。为了应对这一客观环境的变化，东亚货币基金建议各国政府抽出部分外汇储备共同运用，以备不时之需。而且，各国货币当局若能实现相互之间的政策协调，采取联合干预等措施，那么，亚洲金融危机时出现的汇率贬值的传染效应也有望被控制在最小范围内。因此，从这一观点出发，东亚货币基金可以被看成是东亚各国摆脱美国金融统治、IMF和世界银行等国际金融机构控制影响，谋求自立的一种尝试和探索。

从未来发展看，建立“亚洲货币基金”还不如尽快建立东亚货币基金。一是能为东亚地区货币进一步合作创造更加良好的条件；二是对东亚向货币一体化方向迈进奠定坚实的基础。从目前来看，建立东亚货币基金对东亚国家有以下一些益处：

（1）可用于干预市场，向各国提供紧急货币援助。如能创立东亚中央银行，使其起到负责货币的监控和预警机制，对各国的经济与金融状况做全面的统计与分析，以便制定最优的货币政策与财政政策。

（2）东亚货币基金的建立，本身是对现行的以美欧为主的国际货币体系的一种改革，将有助于东亚国家在今后的国际货币体系改革中进一步发挥作用。

（3）通过加强区域金融合作，改革目前不利于发展中国家的国际货币体系，扩大东亚地区在国际金融事务中的影响力。虽然东亚货币基金的建立，可能会提升日元在东亚或国际上的地位（我相信中国的影响也会随之提高），但也加强了东亚国家的经济和金融安全系数。所以，只要东亚地区的货币合作继续发展下去，成立 EAMF 并非遥不可及之事。

像欧盟一样，东亚区域金融与货币合作的另一个远景和目标是构建东亚单一货币。

由于钉住货币篮子制度具有不稳定的特点，因此从长期来看，应当用比较严格的固定汇率制度替代钉住共同货币篮子制度，也就是建立货币一体化区域，这是东亚走向区域经济一体化的前提，是东亚各国努力的方向和美好远景。亚行行长黑田东彦 2005 年 11 月在马尼拉的一场演讲中表示，亚洲的长期目标应当是建立一个流通单一货币的货币同盟。由于区内贸易规模巨大，即使是汇率的小幅波动都可能对贸易和投资投向造成较大影响，致使区内各国之间产生贸易摩擦。因此他说："我们需要维持未来区内汇率的稳定，并且最终实现单一货币。"

单一货币区可以给区域内成员带来以下好处：

第一，有利于促进区域经济一体化，极大地提高区内总的经济福利。区域货币一体化的前提之一，就是实现人力、资本及商品等要素在区内的自由流动与统一共享。区内要素的自由流动，不仅有利于促进区内贸易自由化，从而极大地提高区内贸易效率，而且它还有利于充分利用区内人力、物力及财力，实现资源整合与优化配置，进而在宏观经济政策制定上易于达成一致，并直接推进本区经济一体化进程的发展。区域经济一体化是一股强大的国际力量，它不仅有利于经济上的联盟，而且还有利于区内成员国之间结成政治上和军事上的强大联盟。

第二，有利于降低货币汇兑成本，规避区内货币之间的汇率风险。区域货币一体化的初级形式是区内成员间货币实现可自由兑换，而且比价固定。这一规则无疑将会锁定区内成员间的汇率风险，并大大便利区内成员国之间的贸易结算。当区域货币一体化走向其最高形式——单一货币时，则区内各成员国货币退出，取而代之的是统一的单一货币，这样，区内成员国之间的国际贸易就变成了“内贸”，也就没有了所谓的成员国之间的货币“兑换成本”，从而有助于增加资本的流动性，有利于东亚国家间的资源优化重组。

第三，有利于整合区内金融资源，降低投融资成本与风险。国际投融资不但成本高，而且风险大。区域货币一体化则有利于区内金融资源共享，而且在固定汇率下锁定汇率风险，在共同货币政策下，还可以锁定利率风险。在此条件下，各成员国也无需保留太多的国际储备，从而减少总的资源闲置成本。应该说，在人力、商品及资本等要素的整合上，金融资源的整合处于核心地位，因此说，区域内实现单一货币是区域经济一体化的最高形式。

第四，有利于避免盯住汇率制度的一些内生风险。单一货币制度避免了汇率波动带来的贸易与直接投资方面的障碍；单一货币减少了投机性攻击的损失程度；单一货币有助于各国产品的价格更加透明，有利于市场经济的公平竞争，从而会促进各国的经济增长。

但是，单一货币区也会各区域内成员国来带来以下负面影响：

第一，成员国将会失去货币政策的独立性或自主性。区域内统一的货币使一国不可能同时实现固定汇率制、资本自由流动及独立的货币政策三大目标。区域货币的一体化固然要以固定汇率制和资本自由流动为前提，但独立的货币政策就会不复存在。也就是说，在一体化的货币区内，任何一个成员国都将不再拥有制定货币政策的自主权。

第二，固定汇率将使各经济体汇率政策工具失去意义。区域货币一体化要求各成员国货币之间锁定汇率，而不能随意调整或变动，实际上，这就意味着该国汇率政策工具将再无法使用。由于不能动用汇率政策工具调节国际收支，则表明国际收支的调节只能利用要素转移来达成外部均衡与内部均衡的统一。

第三，区域内流通单一货币将使各成员国不再拥有铸币税。铸币税是一种无形的税收，它是政府通过垄断货币发行权而获得的货币面值大于币材成本的差价部分。区内实现单一货币，各国必须放弃各自的货币，也就失去了铸币税收益。总体来讲，最佳货币区所获收益应该是远大于其成本付出的。

对于目前的东亚地区来说成立像欧元那样的单一货币区域还为时尚早，因为这种模式的实现应有三个必要的条件：一是固定汇率或单一货币；二是资本完全自由流动，货币完全自由兑换；三是各国放弃独立货币政策。但是，单一货币区的创建除要求各国经济联系密切，生产要素流动性高外，还要求成员国物价水平与财政金融政策高度一致，由于东亚各国经济发展和国情差异较大，发展任务各不相同，短期内，不利于也不可能推出单一货币。因此，近期内东亚各国的任务是要加强信息交流，协调各经济体的金融货币政策，从本国和次区域开始进行双边和多边的合作。

东亚各经济体在现阶段的货币合作还不足以达到推出单一货币来控制货币波动的程度，这是因为单一货币要求成员国的经济取得相当程度的整合。因此东亚各经济体仍需要相当长的时间和更大的政治决心来渗透和落实区域货币和金融合作的意识和具体行动。

另外，从长远看来，建立一个成功的货币区还需要一些经济环境的改观：一是减少贸易和投资的壁垒，增加亚洲国家商业周期的相关性；二是亚洲国家内部应该采取援助政策和从发达国家到发展中国家再分配政策，减少亚洲国家经济水平的差距；三是更富有流动性的东亚劳动市场有助平滑各个国家受到的不同的冲击；四是亚洲金融体系的发展和整合能够使得各个国家的需求冲击更加相关，也增加各个国家货币政策的相关程度；五是货币整合，特别是单一货币，会对各个国家的财政政策有所限制：六是单一货币进程也需要各个国家的财政相互保险制度。目前，东亚国家的当务之急是要构筑自身稳健的国内金融体系，这是东亚地区每一个国家抵抗金融风暴的最佳武器，也是未来更深层次货币合作的前提条件。按照“欧元之父”芒德尔的“最优货币区”理论，只有当一个区域内所有经济体的经济模式和水平相似到一定程度后，该区实施单一货币和统一货币政策才会对该区内的所有经济体有利。

第五节

东亚区域货币一体化的现实路径分析

亚行行长黑田东彦认为，亚洲的长期目标应当是建立一个流通单一货币的货币同盟。与欧洲不同，在区域经济一体化的道路上，亚洲需做更多的事情。黑田先生表示。“亚洲因此需要借鉴欧洲的宝贵经验教训，但是应当最终开创自己的经济一体化模式。”所以东亚现阶段应找出一条适合走向更高区域金融货币合作的捷径，而中国也需制订出自己应对当前区域金融合作的战略，以更好地融入东亚和世界。

一、东亚货币一体化的现实路径

从当今经济全球化和区域经济一体化这一大的环境来说，东亚区域金融合作及货币一体化是大势所趋。虽然在此道路上布满荆棘，但是东亚各国相信未来是充满希望的。同时我们也应认识到东亚金融合作进程具有渐进性和长期性特征，即在中短期内，设计并确立金融危机防范、救援机制、奠定东亚各经济体在政策、制度等方面互信与协调的基础，进而在长期内逐步加强和推动区域内在货币制度尤其是汇率制度方面的合作，最终实现东亚货币一体化。

从目前情况来看，东亚尚不具备构建货币联盟或货币一体化的条件，但是，在一些次区域已经具备了实施货币联盟或货币一体化的条件。根据最佳货币区理论，货币区的范围或规模越小，其经济发展的一致性就越强，货币一体化的成本也就越低，最有可能发展成为最优货币区。同时由于东亚十几个经济体的经济状况存在着巨大的差异，所以东亚汇率联盟不可能在所有意愿国内同步实现。因此，在建立东亚区域货币体系的过程中，可以先在东亚次区域几个一些具备条件的国家或地区之间率先尝试，然后推广到区域内的其他国家。

从目前的情况看，东亚区域可以首先在东盟、“中华经济圈”（中国大陆、台湾地区和香港地区、澳门地区）、日韩两国这三个“经济平台”上进行深一层次的货币金融合作，这三个局部区域可以根据各自的具体情况在其内部建立严格或较为严格的固定汇率制度。比如，在东亚地区，中日韩三国的经济地位是名副其实的前三名，他们的综合经济实力最强，能够担当起作为货币联盟初创国的责任，而且这三个国家的贸易联系也是十分紧密的，符合了经济趋同的要求。

随着美国经济和金融危机的走向和全球贸易的变化，境外入超也就是双边贸易导致的长期贸易逆差将不断降低，从中长期走势来看，美元进一步贬值是可以预见的。随着中国经济的不断发展壮大和人民币的升值，也为中国同其他国家之间的双边贸易以本币结算提供了条件，可以考虑用人民币作为对东亚各国贸易结算货币。自 2001 年中国加入 WTO 以来，中日韩三国贸易依赖越来越紧密。中国从 2007 年开始成为韩国最大贸易伙伴，目前也是日本最大贸易伙伴。如果中日韩能够排除政治上的阻碍，以经济发展为目标，3 个国家有能力开展货币合作并进行试点。

第一步，中日韩三国达成协议，双边贸易通过人民币、日元或者韩元进行结算。

第二步，维持中日韩三国的汇率在一定的水平上。这一点非常重要，只有三国相对实际汇率保持稳定，即三国汇率对外保持一致，那么才有可能维持长期稳定的贸易水平。

第三步，如何维持汇率稳定有一个当务之急，就是三国应当协商一致应对外来短期资本对本国冲击从而造成汇率大幅波动的问题。中日韩三国必须携手控制“热钱”，通过一系列措施，将短期资本流入转化为长期资本等。

欧洲货币也是这样演变过来的。我们现在讨论东亚的货币一体化还太早，但是区域货币合作的确可以借鉴欧洲的发展方式。几个本国货币相对比较坚挺的国家，首先开展多边的本币结算试点，然后才能逐渐推广到其他国家货币，经过多年的经验试点，最终营造区域货币的基础。

而在中国大陆和港澳台地区实施此方案也是大陆首先选择的可行性方案。在建立次区域之间固定汇率制和次区域范围内的货币一体化尝试的基础上，可利用货币一体化的“自我推动效应”使各次区域的“蛇洞”逐步收敛，实行整个东亚区域钉住共同货币篮制，进而建立东亚地区统一的汇率机制。① 要想尽快实现此目标，在东亚范围内应加强区域汇率政策协调和货币合作，并且在此基础上，利用次区域货币区货币一体化的自我增强机制，类似于欧盟建立欧洲汇率机制一样，推动东亚统一汇率机制和货币联盟的建立。

当统一的汇率机制经过一段时间的运行，随着东亚（次区域）地区经济一体化水平的提高，如果条件成熟，可以进行更广范围的货币和金融合作，进而采用单一货币，并成立统一的货币管理机构—区域内统一的中央银行，实行统一的货币政策，最终完成从“一个国家、一种货币”到“多个国家一个市场、一种货币”的过渡。那时，东亚可能的共同货币区才真正变为现实。所以，如果当今和未来东亚和日本经济能够相对平衡地发展，人民币的国际化能顺利推进，则东亚有可能在单一货币制度的建设方面取得突破性进展。尽管东亚建立共同货币区任重而道远，但仍将是继欧盟之后未来最有可能出现的一个共同货币区。

虽然最终实现东亚单一货币和区域经济一体化的道路困难重重，一方面需要各国强有力的政治承诺；另一方面还需要建立如欧盟货币委员会那样的超国家主权的货币职能机构等，但是，50 年前谁又能想到欧洲能实现货币的统一？要知道欧洲国家相互屠杀的历史，要远远超过亚洲国家，法德之间的历史矛盾不次于中日韩之间的恩怨。所以，东亚地区

---

① Jeffrey A. Frankel and Andrew Rose. “The Endogenrity of the Optimum Currency Area Criteria” [J]. *Economic Journal*, Vol. 108, 1998: 1009 - 1025.

建立统一货币和实施区域经济一体化应该是历史的必然。

二、东亚金融货币合作之中国战略

作为世界和东亚地区的政治大国和经济大国，无论是从全球战略还是从东亚地区战略的角度，中国都需要制定以自身为核心的区域经济一体化战略，特别是在东亚金融合作方面的有效战略。面对东亚金融合作的现状和未来，中国如何认识和采取何种战略加以应对，是关乎中国崛起和经济发展的大事。自20世纪80—90年代以来，区域货币合作和货币一体化成为国际货币制度的发展趋向。中国是世界第二大经济体，同时也是东亚地区经济增长速度最快的国家之一，其整体经济规模和巨大的国内市场在亚洲以至世界经济中都具有相当的影响力。东亚货币合作离不开中国的参与，中国也需要东亚货币合作。在东亚货币一体化趋势不断增强的进程中，中国不仅应该积极参与东亚货币合作这一进程，而且应该成为推动者和领导者。

日本政府从1997年以来一直期望借助于东亚或亚洲力量，在亚洲首先建立一种货币合作机制，进而提高日元的国际地位。过去日本的动机是推行强势日元政策，以便让日元成为亚洲主导货币，而现在则是希望抢在中国之前增强它在亚洲的地位。从《清迈协议》的签订到亚洲货币单位（ACU）的推出，都反映了日本的这一迫切愿望。

目前，中国的外汇储备已经位居世界第一，但是从中国的经验和教训来看，中国正在为世界最富裕国家——美国提供低息融资、经济补贴和分担经济风险，因为美国存在着巨额财政和贸易方面的双赤字。所以，如果一旦日元成为东亚的国际货币，（中国的货币篮子装日元的比率提高），那么无论从政治层面或经济层面日本政府都可能和更容易通过操纵货币来向中国及东亚各个经济体转嫁其因财政政策或货币政策失误导致的经济或金融风险，而中国也会像对美元一样替日本承担经济补贴和风险。因此，人民币应该成为东亚甚至世界货币。

因为，在东亚金融合作方面，中国必须确保国家核心利益，尤其是国家主权和国家战略利益。其中，主权需求是中国的根本利益。确保主权需求得到充分满足，是政治家和战略家必须处心积虑处理的大难题。① 所以，我们应该从以下的方面来应对：

1. 积极参与和推进东亚货币合作的进程。积极参与和主导东亚货币合作既能安定中国外部的政治和经济环境，又能减少中国崛起对其他国家所引发的摩擦、敌视和担心。作为地区性大国，中国应积极参与推进东亚货币合作。在东亚区域金融货币合作的问题上，中国应采取积极主动的态度参与和领导东亚金融秩序的建设与重构。自改革开放三十几年以来，中国从弱小到日益强大，从封闭走向更大层面的开放，从经济的落后走向追赶世界经济强国的道路，并得到世界的认可和尊重，这是全中国人民的努力结果。中国不但要成为世界经济强国而且要成为世界政治和军事强国，这是全中国人民的愿望。中国的内部环境有利于中国走向世界，而影响中国崛起于世界的外部环境的第一个，就是东亚地区，它关乎中国政治、军事和经济稳定与发展的重要外部保证之一。

因此中国不仅要关注东亚区域经济一体化的进程，而且要积极参与和推进东亚货币的合作进程，为东亚货币合作向更高层次的发展创造条件，为人民币的可自由兑换以及人民

① 王逸舟："面向21世纪的中国外交：三种需求的寻求及其平衡"，《战略与管理》1999年第6期。

币国际化的健康发展创造条件，为东亚能够尽早成为世界经济的另一极而奠定基础。这将对完善中国经济发展的国际环境，促进中国经济的快速发展，以及提高中国在世界经济发展中的地位有着非常积极的作用。

我们要充分认识到东亚货币合作不是一蹴而就的问题，它需要各国长期不懈的努力。中国一方面要与有关国家从理论和实际两方面去提出新的设想、方法，共同探讨尽快实现东亚货币合作的有效途径，另一方面还要积极推动本地区的贸易合作，加快中国与东盟自由贸易区的建设，促进东亚各国业已达成的关于双边货币互换、信息交流等方面协议的落实，循序渐进地为东亚货币合作向更深层次的发展创造条件。

2. 加强与东亚各国之间特别是加强“两岸四地”的金融货币政策协调。作为地区大国，中国应该主动和积极推进政府间对话机制的建立和政策的协调。通过谈判和磋商来促进解决中国与东亚各国之间有关金融监管的相关信息的披露、政策的透明度、金融政策的一致性等方面的问题。同时，在“10+3”的合作框架下与周边国家和地区签订双边或多边汇率调整协议，进一步就汇率波动的幅度以及官方干预的程度、时机和方式等问题建立协商机制，进而实现在稳定区域内汇率的同时保持对外汇率调节的灵活性的目标，使自己成为东亚经济发展的动力源、金融货币稳定的创造者。

另外，中国大陆与港澳台地区经济贸易的发展会极大地促进中国大陆和港澳台地区的金融和货币融合，为未来东亚经济合作和人民币国际化争取更多的主动权。要想尽早实现中国大陆和港澳台地区的货币统一，首先应该构建“中元区”，中国大陆和港澳台地区在经济贸易结算过程中应该主动采用人民币进行结算，不断创造和完善人民币统一的经济和非经济条件，并针对主要的问题采取积极措施加以解决。

虽然，目前香港地区和澳门地区与祖国大陆实行“一国两制”政策，各自保持原有社会、政治、经济制度不变，但是，作为一个国家其结成统一的货币区的可能性很大。现今关键的是与中国台湾方面。如果可能，应该先行建立“海峡两岸金融合作实验区”，在实验区内给予台商、国商一定的优惠便利，同时引进台资银行及其他金融机构，为两岸的经贸活动提供直接的金融服务，并可允许台湾商人和企业与大陆银行直接清算，推出人民币与新台币的汇率，在互利互惠、优势互补和统一的政策基础上实现人民币的区域化和国际化。

3. 加强中日韩之间的对话与合作。从过去小泉前政府的短视，可以说是短期利益代替长期利益，具体问题挡住全局观念到现在的安倍晋三政府外交政策等方面的与邻为敌。这些都阻挡了东亚区域经济合作的进程，迟滞了东亚货币和金融合作的进展。尽管如此，中国在东亚区域经济合作方面还要以大国的姿态、以领导者的风范来面对日本的不有好，还应该主动加强与日本的对话与合作。因为，中日两国在维护亚洲和平稳定方面，在推动东亚区域经济和金融合作方面有着共同的责任。没有中国和日本的合作，东亚金融合作不会有更大的进展。因此中日两国应站在全球发展战略的高度、从两国长期利益出发，正确认识当前两国相互力量对比发生的重大变化，以及两国经济相互依存、相互竞争的客观事实，明智地承认相互间的大国地位及其重要影响，从东亚区域经济一体化的战略角度出发，在金融领域进行真诚的合作与协调。

中国和日本之间在东亚金融与货币领域应有竞争但不能缺少合作，否则东亚金融合作就难有进展。虽然中日之间存在政治和社会以及意识形态等方面的问题，但是这些都可以通过彼此间的沟通和交流逐渐得到改善。在欧洲历史上，法国和德国曾经是敌人，但是随着时间的推移，两国都以民族的大利为重，作为朋友联合起来是欧洲货币体系产生和发展的关键所在。欧洲人在过去几十年中的经验和教训为东亚各国提供了一个样版。中国和日本以及东亚各国应该以欧洲人为榜样，借鉴法德联合的经验，联合起来，共同促进东亚货币和金融体系尽快地形成。在东亚日本想要与中国为敌是没有出路的。

4. 建立完善开放的金融市场、推进人民币的国际化进程。当前。中国金融市场的发育程度已经可以满足人民币成为区域性主导货币的要求，但是我国金融体系依然脆弱，要想推进人民币的国际化进程就要尽快改革国内金融体制，建立开放的融资市场，扩大区域内的相互投资；培育直接融资市场，尤其是债券市场；要完善我国的货币政策，强化中国的金融监管体系，加强金融监管的国际协作，只有提高金融监管能力，并加强金融监管的国际协调，才能在货币合作中获得预想的收益；在国际收支方面，目前人民币已经在资本项目下实现了部分可兑换；今后，中国应当择机适度加快开放资本项目的步伐，推进人民币的国际化进程。最近，印度央行日前发布公告称，将调整汇率指数，首次将中国的人民币和港币纳入印度卢比汇率参照的一篮子货币范畴，这是世界各国一篮子货币中首次出现人民币。

所以，中国实施稳健而有力的货币政策将为其成为区域货币政策的“驻锚”创造条件。我们要通过积极建设东亚区域内各国经济体货币合作的制度框架，使人民币能够参与到区域性汇率制度安排当中，成为汇率合作的主导货币，并在区域货币体系的构建中发挥主导作用。这种制度框架一旦建立，就会通过“路径依赖”和“自我强化”效应，以渐进的“人民币亚洲化”来实现人民币的国际化。经国务院批准，自2005年7月21日起，我国开始实行以市场供求为基础、参考一篮子货币进行调节、有管理的浮动汇率制度。这一宣布意味着人民币汇率体制改革正式开始启动，将形成一个即期和远期基准并存，市场决定和央行调控有效的汇率形成机制。汇率体制改革必将增强人民币即期和远期汇率的弹性，为人民币的国际化进程铺平道路。

5. 要起到推动者和领导者的作用。中国不仅应该重视拥有国家力量，更要重视在国际上如何使用国家力量。虽然东亚地区经济一体化和货币金融合作的开展首先需要一个强有力的领导核心，其作用相当于欧洲货币联盟中的德法两国。但是，当前无论日本还是中国尚不具备担当此责任的能力。

从中日两国的角度来分析，随着日本和东亚地区经济的全面恢复和繁荣，日本更加意识到东亚地区对日本经济的重要意义，开始从“太平洋时代”的战略高度来考虑其亚太经济战略，因此才有了参与东亚区域经济一体化的行动，以争取在“雁行模式”后重新占有在东亚乃至在世界经济格局中的主导地位。

中国作为亚洲和世界最大的发展中国家，自改革开放以来，经济取得了巨大的进步并高速向工业化和现代化迈进。中国当今外汇储备全球第一，是世界第二大经济体，是进出口大国。近 20 多年来，东亚各国对中国的出口依存度大大提高，同时日益降低对美、日和欧盟市场的出口依赖，而转向对中国的直接出口。而且中国外商直接投资中有 70% 来自东亚，说明中国已对东亚各国有着不可或缺的重要作用和影响。当今世界中国经济的增长比其他任何国家和东亚经济体都更加稳定，这种经济增长的长期稳定性，已成为抑制世界和东亚地区经济波动的重要因素。中国的崛起比起美国崛起和日本崛起对人类的发展更具正能量和外溢性，也更具规模效应和示范效应。所以中国有能力在东亚货币合作中起关键的推动和领导作用。

目前，中国具备了主导推动东亚地区一体化的基本实力，但东亚的战略格局却决定了中国必须采取开放的地区主义方式来协调，而不是立即主导推动。① 尽管如此，为了制衡美国在世界上的金融霸权和日元在东亚的扩张，我们还要加强自己在东亚金融合作中的主导权，提升人民币的国际威望和地位，从而为中国的经济发展创造良好的国际环境，它完全符合中国在东亚和世界上的战略利益。目前，在整个东南亚地区，流通在这一地区的人民币也达到了200亿至300亿元，人民币在东亚日益发挥着重要作用。据此，JP摩根也研究建议以中国为中心对亚洲货币做出新的安排；而"欧元之父"蒙代尔则呼吁亚洲应该尽快建立统一的货币组织，创立"亚元"，且中国可扮演主导角色。

在当今全球区域经济一体化的大趋势下，东亚货币金融合作虽然存在这样或者那样的问题和障碍，但是东亚各国都清醒地认识到，东亚金融和货币合作关乎东亚经济的稳定与发展，它是东亚实现区域经济一体化的必然选择和可靠保障。而东亚作为中国崛起所必须依托的战略地带，其金融合作和一体化程度的高低直接影响着中国的经济发展。所以中国必须采取正确的战略措施，积极参与和推动东亚金融合作，以更好地保护自身的利益和东亚各国的利益，推动东亚货币和金融合作向更深层次发展。

① 门洪华："参与、创设与主导——以国际制度建设为中心推进东亚一体化"，《国际问题论坛》2004年第37期。

第五章

中国—东盟 FTA 的未来发展战略

2000 年，中国与东盟双方就正式启动 FTA 程序达成共识，双方领导人宣布在 2010 年内建成中国—东盟自由贸易区（CAFTA）。2002 年 11 月，中国与东盟正式签署了《中国与东盟全面经济合作框架协议》，并宣告中国—东盟自由贸易区进程正式启动。如果双边谈判能够如期完成，CAFTA 将以多达 18 亿人口，2 万多亿美元 GDP 和 1.4 万亿美元贸易额的规模成为世界上经济增长速度最快的地区和最大的由发展中国家组成的自由贸易区。

建立中国—东盟自由贸易区是和我国的经济全球化战略相辅相成的，它不仅使中国能从容面对经济全球化带来的挑战，更为中国的全球化战略创造了良好的经济基础和政治条件。加强中国—东盟经贸合作，符合双方人民的根本利益。随着中国与东盟经贸关系的持续发展以及中国—东盟自由贸易区的建立，双方在互惠双赢基础上的全面经贸合作的前景不仅会更加广阔，还可以推动东亚“10+3”的合作和一体化进程。从未来发展上看，中国—东盟自贸区或者东亚自由贸易区的建立，将与其他两个世界性的贸易集团—欧盟和北美并驾齐驱，并成为推动经济全球化和区域经济一体化的主要力量。

第一节 东盟自由贸易区的产生与发展

东盟是东南亚国家联盟（Association of Southeast Asian Nations）的简称。东南亚国家联盟的前身是马来亚（现马来西亚）、菲律宾和泰国于 1961 年 7 月 31 日在曼谷成立的东南亚联盟。1967 年 8 月 7—8 日，印尼、泰国、新加坡、菲律宾四国外长和马来西亚副总理在曼谷举行会议，发表了《曼谷宣言》，正式宣告东南亚国家联盟成立。同月 28—29 日，马、泰、菲三国在吉隆坡举行部长级会议，决定由东南亚国家联盟取代东南亚联盟。完整意义上的东盟直到 1999 年柬埔寨加入（变成 10 国）始而形成。东盟成立之初首要目标是地区安全，其次才是经济增长，所以，东盟成立之初只是一个政治色彩较浓的区域集团。但是随着冷战结束，世界范围内经济竞争日益激烈，东盟逐渐把合作重点转移到经济领域包括贸易、投资、产业、服务和金融等诸多方面，并且取得了一定的进展。东盟建立自由贸易区的主要目标是：促进东盟成为一个具有竞争力的基地，以吸引外资；消除成员国之间关税与非关税障碍，促进本地区贸易自由化；扩大成员国之间互惠贸易的范围，促进区域内贸易；建立内部市场。

一、东盟的决策机构和宗旨

截至2000年年底，东盟有10个国家，即文莱、柬埔寨、印度尼西亚、老挝、马来西亚、缅甸、菲律宾、新加坡、泰国、越南。总面积约450万平方公里，人口约5.12亿。观察员国：巴布亚新几内亚。首脑会议是东盟最高决策机构，由东盟各国轮流担任主席国，负责召集。主席国外长并担任东盟常务委员会主席，任期1年，负责主持常务委员会工作。第32届与33届东盟常务委员会主席分别为越南外长阮怡年（Nguyen Di Nien）和文莱外长穆罕默德·博尔基亚亲王（Mohamed Bolkiah）。东盟秘书长由东盟各国轮流推荐资深人士担任，任期5年。从1998年1月起，秘书长为鲁道夫·塞贝里诺（Rodolfo Severino，原菲律宾副外长）。东盟秘书处设在印度尼西亚首都雅加达。

1. 东盟的决策机构：

（1）首脑会议。东盟自成立以来举行了7次首脑会议，4次非正式首脑会议，就东盟发展的重大问题和发展方向做出决策。2000年，第四次非正式首脑会议决定取消正式非正式之分，每年召开一次首脑会议。

（2）外长会议。它是制定东盟基本政策的机构，每年轮流在成员国举行。东盟外长还定期举行非正式会议（RETREAT）。

（3）常务委员会。它由当年主持外长会议的东道国外长任主席，其他成员国驻该国大使（或高级专员）任委员，不定期举行会议，负责处理东盟日常事务和筹备召开外长会议，执行外长会议的决议，并有权代表东盟发表声明。

（4）经济部长会议。它是东盟经济合作的决策机构，在区域经济合作方面发挥主导作用，每年不定期地召开会议。

（5）其他部长会议。它包括财政、农林、劳工、能源、旅游等部长会议，不定期地在东盟各国轮流举行，讨论相关领域的问题。

（6）秘书处。它是东盟的行政总部，并负责协调各成员国国家秘书处，向部长会议和常务委员会负责。

（7）专门委员会。它包括 9 个由高级官员组成的委员会，即：工业、矿业和能源委员会，贸易和旅游委员会，粮食、农业和林业委员会，内政和银行委员会，交通运输委员会，预算委员会，文化和宣传委员会，科学技术委员会，社会发展委员会。

（8）民间和半官方机构。它包括东盟议会联盟、工商联合会、石油理事会、新闻工作者联合会等。

2.《东南亚国家联盟成立宣言》确定的宗旨和目标：

（1）以平等与协作精神，共同努力促进本地区的经济增长、社会进步和文化发展。

（2）遵循正义、国家关系准则和《联合国宪章》，促进本地区的和平与稳定。

（3）促进经济、社会、文化、技术和科学等问题的合作与相互支援。

（4）在教育、职业和技术及行政训练和研究设施方面互相支援。

（5）在充分利用农业和工业、扩大贸易、改善交通运输、提高人民生活水平方面进行更有效的合作。

（6）促进对东南亚问题的研究。

（7）同具有相似宗旨和目标的国际和地区组织保持紧密和互利的合作，探寻与其更紧密的合作途径。

二、东盟历届首脑会议取得的成果

东盟自成立以来，共举行了7次正式首脑会议。第一次首脑会议于1976年2月在印尼巴厘岛举行，会议就加强马来西亚、菲律宾、泰国、新加坡和印尼5个成员国之间的团结和地区经济合作问题取得了一致意见，并发表了联合公报。东盟5国首脑签署了《东南亚友好合作条约》和《东南亚国家联盟协调一致宣言》。联合国大会于1992年12月通过决议，认可《东南亚友好合作条约》的宗旨和原则。第九次首脑会议于2003年10月7日在印度尼西亚巴厘岛举行，与会的东盟10国领导人签署了一份旨在2020年成立类似于欧盟的“东盟共同体”的宣言，标志着东盟政治、经济、安全、社会与文化全面合作进入历史新阶段，并朝地区一体化迈进了一大步。

“东盟经济共同体”强调到2020年把东盟地区建成为以商品、服务与投资自由流动和资本更为自由流通为特点的单一市场与生产基地，实现《东盟2020年设想》所确定的实现经济一体化的最终目标，并使东盟成为全球供应链最有活力和强劲的组成部分。第十次首脑会议于2004年11月29—30日在老挝首都万象举行，这次会议的主题是“促进团结、经济一体化和社会进步，增强东盟大家庭的安全和活力”。会议成果表明，东盟国家向着一体化的目标又迈出了可喜的一步。为了促进东盟经济共同体的建设，各国领导人在会议期间签署了《万象行动纲领》和《东盟关于一体化优先领域的框架协议》。这两份文件重申了在2020年建成自由贸易区的决心，强调缩小各国发展差距，从经济发展和社会安全两方面促进经济一体化进程，呼吁东盟与更多区域外国家和国际组织合作。

东盟自成立至 2004 年，已举行了多次非正式首脑会议。第一届东盟非正式首脑会议于 1996 年 11 月在印尼雅加达举行，会议的中心议题是大东盟的建设问题，宣布将于适当时间同时吸引柬埔寨、老挝和缅甸三国入盟，并发表了十六点声明。第二届东盟非正式首脑会议于 1997 年 12 月在马来西亚吉隆坡举行，东盟首脑同意实施一项推行服务领域贸易自由化的计划，并决定在 2010 年建成东盟投资区及在 2020 年实现东盟内部投资自由化。会议通过《东盟 2020 年远景目标》，随后东盟与中日韩三国首脑举行非正式会晤，实现了历史上首次东亚首脑会晤。第三届东盟非正式首脑会议于 1999 年 12 月在菲律宾举行。会议决定进一步加快实施东盟自由贸易区的进程。第四届东盟非正式首脑会议于 2000 年 11 月在新加坡举行。会议结束时发表了一项声明。东盟领导人在这次会议上同意将东盟国家视为一个经济体并在国际上采取整体行动，以提高东盟的竞争力和实现地区一体化。东盟领导人还达成了“推进东盟一体化计划”，旨在缩小东盟国家间发展差距和增强东盟竞争力的计划。

三、东盟自由贸易区的建立

东盟自由贸易区（ASEAN Free Trade Area，简称 AFTA）是泰国最早提出的，然而到 1975 年，通过签署《曼谷协定》，建立优惠贸易区，才开始加强其经济合作的功能，但之后的发展十分缓慢，直到 1992 年 1 月才取得了突破性进展。东盟自由贸易区建立的初衷之一是为了与中国展开竞争。20 世纪 90 年代初期，随着中国改革开放的不断深入，在出口市场和吸引外资方面成为东盟最强有力的竞争对手，并在许多领域占有优势。为了达到促进本地区经济合作、提升竞争力、促进经济增长等方面的目的，再加上本身的经济发展为其奠定了基础，具备了区域经济合作深化的条件，东盟遂提出建立自由贸易区的设想，以应对更加激烈的国际竞争。所以在 1992 年 1 月在第四次东盟首脑会议上，印尼、马来西亚、菲律宾、新加坡、泰国、文莱东盟 6 国签署了建立“东盟自由贸易区”的协议，此次首脑会议使东盟的区域经济合作进入一个新阶段。同年的首脑会议签署了《关于推动东盟经济合作的框架协定》，此协定通过落实 1993 年生效的东盟自贸区的主要机制——“共同有效优惠关税”（Common Effective Preferential Tariffs，CEPT）计划首先来进行。该协定对东盟自由贸易区的建成作了具体的时间规定：从 1993 年 1 月 1 日起至 2008 年 1 月 1 日止的 15 年内建成基于共同有效优惠关税协议（Common Effective Preferential Tariff，CEPT）为基础的东盟自由贸易区，目标是到 2008 年工业制成品关税降到 5% 以下。

1994 年 9 月，东盟决定将 15 年缩短至 10 年，即到 2003 年 1 月 1 日启动东盟自由贸易区。1998 年 10 月，东盟进一步加强合作，又签署了《东盟投资区框架协定》，决定于 2010 年前建成东盟投资区，实现服务贸易与投资的自由化。1998 年 12 月，第六次东盟首脑会议决定将原东盟六国自由贸易区启动的时间提前一年到 2002 年 1 月 1 日，将平均关税水平降到 0—5%；越南、老挝和柬埔寨、缅甸四个经济落后国可以分别于 2006 年、2008 年和 2010 年达到该目标。1999 年 11 月，第三次东盟领导人非正式会议同意原东盟六国提前实现零关税，即从 2015 年提前到 2010 年，新成员国从 2018 年提前到 2015 年。2002 年初，原东盟六国把启动时间推至 2003 年。2004 年 11 月，在老挝举行的第 10 次东盟领导人会议上，各国同意加快东盟经济共同体的行动计划，确定了原有 6 个成员国在 2007 年之前率先实施包括木材、橡胶、汽车、纺织等 11 个领域的一体化，比原定的2010年组成东盟自由贸易区（AFTA）提前了3年，新成员国将在2010年前实现这一目标，比原定的2015年提前3年，即在2012年实现零关税，新成员国（越南、老挝、缅甸和柬埔寨）的最后期限为2018年。至今，东盟自由贸易区已经初步形成，六个老成员国普遍有效优先关税（CEPT）清单中99.45%、四个新成员国66.57%的商品，关税均已降到0—5%。

第二节

中国—东盟自由贸易区的产生与发展

中国和东盟地缘相邻，历史相近，文化相通，经济交往从过去到现在从未间断过。这种源远流长的毗邻关系和文化关系，为贸易区的建设和扩大双边贸易提供了良好的条件。我国已同东盟所有成员建立外交关系，并于1996年成为东盟全面对话伙伴国。从地缘经济理论来讲，地区邻近国家间的经济合作会带来人员往来与资源流动等各个方面的便利。历史、习俗和语言文化的相近，还会带来双方沟通的便利。这样，相邻国家的交往会获得比非邻近国家间交往合作更多的利益，带来更大的互利双赢的效果。当然，中国和东盟的经济合作都是出于自己的战略利益考虑而展开的。

一、中国—东盟自由贸易区构建的背景

（一）中国加入WTO的影响

中国加入WTO后对东盟可能产生的竞争性威胁是东盟国家寻求化解方案并接受自贸区计划的直接原因。建立中国—东盟自由贸易区计划始于朱镕基总理2000年参加“10+3”第四次首脑非正式会议时的一个提议，这个提议当时得到了东盟的响应。面对中国经济的快速发展和即将加入世界贸易组织，东盟各国十分担心中国对东盟的出口和吸引外资等方面造成威胁，建议对中国加入WTO的影响进行联合研究。朱镕基总理同意了这个建议，并进而提出进行中国—东盟自由贸易区的可行性研究，得到东盟方面的积极响应。① 为了落实双方领导人的倡议，2001年3月28日，在马来西亚吉隆坡召开的中国—东盟贸易经济联合委员会第三次会议上，正式成立了中国—东盟经济合作专家组。联合研究小组也随后成立，开始对中国加入WTO在贸易、投资方面对东盟的影响，以及双方建立自由贸易区的可行性等问题进行了联合研究，并将研究报告提交给了下半年召开的经济部长会议。根据联合研究小组研究结果，中国加入WTO对东盟的影响远没有东盟方面预想的那么大，尤其是在东盟方面担心的外国投资方面，中国将不会对东盟产生很大的替代效应。②

因此，在2001年11月在文莱首都斯里巴加湾召开的东盟中国第五次领导人非正式会议上，各国领导人一致通过了

① “中国与东盟能够共同繁荣——访中国社会科学院亚太所所长张蕴岭”，《国际经济评论》2002年1—2期。

② 张蕴岭等：“中国加入WTO的影响”，JRT研究报告No.1，2001。

联合研究小组的报告，同意在 10 年的时间框架内建成中国—东盟自由贸易区。

（二）中国经济的高速发展

1997 年的亚洲金融危机使东盟各国认识到，摆脱危机的主要途径应该是依赖于本区域各国的经济合作和协同努力。长期以来，东盟贸易严重依赖美、日市场。“9·11”事件以后，随着美国、日本和欧盟经济相继陷入衰退困境，东盟国家经济发展亦深受影响，这给中国—东盟加强贸易提供了契机。

金融危机过后，东盟国家曾一度将贸易更多地转向美国，东盟的经济呈现出明显的转机。但是伴随着美国经济出现硬着陆，希望靠美国的帮助走出危机却未能奏效。进入 2000 年 3 月，经济衰退的阴影再次笼罩东亚各国，东亚地区的股市再次猛跌，整个 2000 年，东京日经指数下跌了 27%，汉城综合指数下跌了 51%，新加坡海峡时报指数下跌了 22%，中国香港恒生指数下跌了 13%；与此同时，泰国泰铢、菲律宾比索和印度尼西亚盾又开始了下跌的历程。除少数国家和地区外，外国直接投资的流入也在减少。尽管预计 2000 年的经济增长率仍能维持 6% 以上的速度，但 2001 年的经济减速已在所难免。人们又一次看到了危机的阴影，V 型增长曲线正在为 W 型增长曲线所取代。从这一地区经济目前所面临的问题，从外部条件来看，首当其冲的是美国因为“9·11”事件的影响经济减速。同时，这一地区长期以来形成的对美国市场的严重依赖格局没有任何明显的变化。在世界各地区中，东亚地区对美国市场的依存度是最高的。例如，对美贸易占名义 GDP 的比重，马来西亚为 27.7%，新加坡为 19.1%，菲律宾为 15.8%，泰国为 11.8%，印度尼西亚为 8%，韩国为 7.8%。然而，更重要的还是内部因素，即金融危机遗留下来的结构性问题没有发生根本性的变化，各国的经济和金融改革没有到位。

与此同时，中国经济仍然保持着高速增长，在亚洲和世界的影响力越来越大，并且于2001年11月加入世界贸易组织，这不但对于东盟各国，而且对世界来说都是件颇具影响的大事。当然与中国近邻的东盟也充分认识到，与中国加强经济贸易合作是改变当前经贸不利状况、拉动经济增长、提升自身在世界和东亚的经济地位和推动未来经济增长的一个重要选择。基于以上形势的考虑，“9·11”事件后，东盟国家开始采取措施改变过分依赖欧美市场的被动局面，当然他们不会忽视拥有13亿多人口、经济持续稳定增长的中国。因此，当中国提出建立自由贸易区的设想时，得到的是积极的响应。对中国来说，面对经济全球化和区域经济一体化的大趋势和日益激烈的世界市场竞争，加强与东盟的贸易、投资合作能够使出口有一个更加稳定的区内市场，同时又能通过加强与东盟的经贸合作推动双方在政治、安全、外交等诸多领域的密切合作，为中国的改革开放和经济发展创造一个更加稳定的周边环境。同时，中国也感到有必要借助于此地缘优势和多种区域经济合作的形式，拓展更加广阔的经济发展空间和机会，扩大中国在亚洲和世界区域经济中的影响力。因此，中国—东盟自由贸易区的倡议和启动符合双方的共同意愿和利益。

二、中国—东盟自由贸易区的产生与发展

近几年来，我国同东盟关系顺利发展，高层往来频繁，政治关系日益密切。1997年12月，国家主席江泽民出席东盟—中日韩首脑非正式会议，并与东盟国家领导人进行了单独会议。双方发表了《中国—东盟首脑会议联合声明》，确

定了中国—东盟面向 21 世纪睦邻互信伙伴关系的方向和指导原则。1998 年 12 月，胡锦涛副主席出席在河内举行的第二次中国—东盟领导人非正式会议。2011 年 11 月 18 日，中国国务院总理温家宝在印度尼西亚巴厘岛出席第 14 次中国—东盟（10 + 1）领导人会议暨中国—东盟建立对话关系 20 周年纪念峰会。对于不断加强的中国—东盟关系和 1991 年开启对话关系以来双方全面对话关系及各领域合作取得的重要进展和显著成果双方感到满意并发表联合声明，相信加强中国—东盟对话关系和全面合作以及增进双方互信与理解将极大造福双方人民，并为地区乃至世界的和平、稳定、繁荣和进步做出重要贡献。其宗旨是一进一步推进面向和平与繁荣的战略伙伴关系。

（一）《中国—东盟全面经济合作框架协议》

2001 年 11 月，在文莱举行的第 5 次东盟、中国 10 + 1 领导人会议上，中国领导人提出在 10 年内建立中国—东盟自由贸易区的建议得到了东盟方面的积极回应。2002 年 11 月 4 日，国务院总理朱镕基和东盟 10 国领导人共同签署了《中国—东盟全面经济合作框架协议》（FAACEC）（简称《框架协议》）。并发表了《中国—东盟关于非传统安全领域合作联合宣言》。

《框架协议》决定到 2010 年（2010 年先在中国与东盟 6 个老成员之间，2015 年东盟 4 个新成员：越南、老挝、缅甸、柬埔寨）建成中国—东盟自由贸易区，协议将从 2003 年 7 月 1 日开始生效，届时有关的减税谈判已在进行中。《框架协议》规定了自由贸易区的目标、范围、措施、起止时间，先期实现自由贸易的“早期收获”方案，经济技术合作安排，给予越南、老挝、柬埔寨三个非世界贸易组织成员以多边最惠国待遇的承诺以及在货物、服务和投资等领域的未来谈判安排等内容。《框架协议》指出的中国—东盟自由贸易区的目标是：加强和增进各缔约方之间的经济、贸易和投资合作；促进货物和服务贸易，逐步实现货物和服务贸易自由化，并创造透明、自由和便利的投资机制；为各缔约方之间更紧密的经济合作开辟新领域，制定适当的措施；以及为东盟新成员国更有效地参与经济一体化提供便利，缩小各缔约方发展水平的差距。从总体上看，《中国—东盟全面经济合作框架协议》展示了中国与东盟在21世纪全面合作的前景，它所确定的双方合作领域、目标及落实措施，就是要把中国和东盟建设成全方位的区域经济合作伙伴。同时，《框架协议》还是中国—东盟自由贸易区建设的法律基础，是下一步减税谈判及自贸区推进的重要指导文件。

此外，中国和东盟秘书处签署了《农业合作谅解备忘录》，与东盟各国外长及外长代表签署了《南海各方行为宣言》，宣言确认中国与东盟致力于加强睦邻互信伙伴关系，共同维护南海地区的和平与稳定。这标志着中国与东盟的经贸合作进入了崭新的历史阶段。对这一创举，菲律宾总统阿罗约直言不讳地表示："我们有能力组成最大的经济共同体与美国和欧盟抗衡。"这无不表达了东盟绝大多数成员的心声。

（二）"早期收获"计划的正式实施

2003年10月8日，中国加入《东南亚友好条约》，中国—东盟签订《和平与繁荣战略伙伴关系联合声明》。目前，中国与东盟间的高官磋商、商务理事会、联合合作委员会、经贸联委会以及科技联委会共同构建了中国—东盟五大平行对话合作机制。同年10月，中国和泰国根据《框架协议》中的"早期收获"（early harvest）计划率先对180种农产品实行了零关税自由贸易。中国—东盟自贸区"早期收获计划”于2004年1月开始实施，意味着中国和东盟双方在自由贸易区的构建进程中的进展迈出了实质性的一步。

“早期收获”计划主要指中国—东盟自由贸易区各项协定最终完成之前，中国对来自东盟的一系列农产品及制成品提早减税。作为回报，东盟提出税务协和制，即中国的农产品如肉类、鱼类、水果、牛乳等将得到东盟的国税优惠。这将作为通向自由贸易区废除关税的第一波计划。“早期收获”计划的降税包括600种农产品，占总数的1/10，其余的90%项目都包含在货物贸易协议中。其内容的重心也从农产品转到了工业上来，这将是废除关税计划的第二波。

随着“早期收获”计划的正式实施，东盟国家已经享受到创建中国—东盟自由贸易区所带来的实实在在的好处。以泰国为例，在“早期收获”计划框架下，中国与泰国之间从2003年10月1日起取消了188项水果和蔬菜税目产品的贸易关税，据泰国权威经济研究机构泰华农民银行研究中心统计，“早期收获”计划启动以来，东盟区域内贸易获得迅猛增长。在出口方面，菲律宾增长14%，马来西亚和印度尼西亚为7%，新加坡为5%，泰国则高达22%。

（三）《货物贸易协议》的签署

2004年11月，温家宝总理出席了第八次中国—东盟领导人在老挝万象召开的会议。在中国—东盟领导人会议上，双方正式签署中国—东盟自由贸易区货物贸易协议，并于2005年7月1日全面启动降税进程。① 这标志着世界上人口最多和发展中国家经济规模最大的自由贸易区建设将应运而

① ASEAN Secretariat (2004). Agreement on Trade in Goods of the Framework Agreement n Comprehensive Economic Co - operation between the Association of Southeast Asian Nations and the People's Republic of China [EB]. http://www.aseansec.org/16646.htm.

生。在此会议上双方发表了《落实中国—东盟面向和平与繁荣的战略伙伴关系联合声明的行动计划》。会后，双方签署了《中国—东盟全面合作框架协议货物贸易协议》（简称〈货物贸易协议〉）、《中国—东盟争端解决机制协议》。温家宝总理还提出了“平等互信、合作共赢”这一指导双方关系长远发展的基本方针，还提出了推动中国东盟合作的9点倡议。

根据《货物贸易协议》的规定，从2005年7月1日起，双方将按照商定的时间表全面启动降税进程，对7000种产品逐步削减和取消关税（2006年，600项农产品关税降为零），并在2010年逐步实现零关税。中国和东盟的每个国家可以各自保留不多于400种“敏感商品”，这些“敏感商品”将从2012年起逐步削减关税，当年减税20%，到2018年，这些项目的关税将减到0%到5%之间。中国和东盟每个国家至多可以保留100个项目作为“高敏感商品”。但到2015年，这些项目的关税最高不能超过目前的50%。

《货物贸易协议》的签署和即将实施表明，中国—东盟自由贸易区已经到了实质性启动的阶段。在过去10年中，中国与东盟的双边贸易保持在年均近20%的增长速度。近两年来，双方的贸易增速大大加快。据东盟秘书处的估算，中国—东盟自由贸易区的成立，到2020年，整个自由贸易取得GDP将超过50000亿美元，区内贸易将达到接近欧盟和北美自由贸易区的水平，其经济实力将超过日本，成为世界经济的第三极。

东盟10国国际贸易总量7500亿美元，去年与中国的双边贸易超过1000亿美元，对中国的依存程度已明显高于对美日的依存程度。然而，正如前驻日本大使王毅认为，不论从地缘关系判断，还是从经济、文化方面的联系来分析，就我国国际战略安全保障而言，中国—东盟双边贸易额至少应占东盟对外贸易总额的1/3，静态测算2500亿美元以上。

中国和东盟在建立自由贸易区的目标下，积极推进自贸区的进程，双方经贸合作内容不断扩展。中国和东盟达成了货物贸易协议，启动了服务贸易和投资协议的谈判；同时双方还在其他领域展开了有效的合作，具体涉及农业、金融、信息技术、人力资源开发、旅游等多个方面。比如，在《清迈倡议》框架下签署了总额为155亿美元的货币互换协议；中国在大湄公河次区域经济合作中，给予了资金、技术和市场等方面的全力支持；中国单方面向柬埔寨、老挝、缅甸共950种产品提供了特殊优惠关税待遇，免除了亚洲部分最不发达国家的到期政府债务，并在中国—东盟框架下每年向东盟国家提供近500人次的人才培训。中国积极致力于东亚合作之目的是为了“睦邻、安邻、富邻”，希望通过合作，促进本地区的和平与繁荣，同时为自身的发展创造良好的外部环境。当然，为了区域经济合作走的更远，中国和东盟双方还要尽快将合作以协定的形式机制化，将设想变为能够约束双方的体制框架，以便着手进行下一步的实际工作，以确保在10年内建成自由贸易区。

日本的经济学家徐本钦认为，中国寻求与东盟建立自由贸易区的动机“主要出于政治原因”。他说，一方面中国希望“把东盟对其日渐上升的势力的恐惧降到最低程度”；另一方面，通过理性竞争来取代日本成为地区领袖，在东亚建立一套不受美国支配的经济秩序。

徐本钦所言不虚。中国社会科学院亚太所所长张蕴岭表示，中国—东盟自由贸易区的建立不仅有利于中国及东南亚国家重新建立由于领土争端而受损害的政治互信，而且有助于中国回应美国在该地区的单边主义行径，挑战日本经济在亚洲的地位。

“我从来没有看过东南亚面临这么大的转型，同时又对各种观念如此开放。”美国—东协商会会长包尔 Ernest Z. Bower 说。他认为，中国正在东南亚建立中国版的门罗主义，只管地区事务，不理会世界强权斗争。因此，中国和东盟一定要抓住此历史机遇，不断扩大和加强双方合作领域，尽早实现中国—东盟自由贸易区的宏伟计划。

（四）历次东盟—中国领导人会议取得的成果

东盟与中国（10+1）领导人会议是指东盟10国（文莱、印度尼西亚、马来西亚、菲律宾、新加坡、泰国、越南、老挝、缅甸、柬埔寨）与中国领导人举行的会议。

1997年12月16日，首次东盟—中国领导人会议在马来西亚首都吉隆坡举行。双方发表《中国与东盟国家首脑会晤联合声明》。联合声明确定了指导双方关系的原则，并将建立面向21世纪的睦邻互信伙伴关系作为共同的政策目标。

1998年12月16日，第二次东盟—中国领导人会议在越南首都河内举行。双方领导人同意通过全面对话合作框架，保持在各个层次、各个领域、各个渠道的友好交往，通过协商妥善处理彼此间存在的分歧和争议，进一步推进睦邻互信伙伴关系的发展。

1999年11月28日，第三次东盟—中国领导人会议在菲律宾首都马尼拉举行。中国提出了在新世纪加强与东盟睦邻互信伙伴关系的主张和具体建议。东盟国家高度评价中国在亚洲金融危机中给予东盟国家的支持和援助。

2000年11月25日，第四次东盟—中国领导人会议在新加坡举行。中国就双方在政治领域、人力资源开发、加强湄公河流域基础设施建设、高新技术领域、农业、贸易与投资等方面的合作提出了具体建议。

2001年11月6日，第五次东盟—中国领导人会议在文莱首都斯里巴加湾市举行。双方领导人一致同意在 10 年内建立中国—东盟自由贸易区，并授权各自国家的经济部长和高官尽早启动自由贸易协定谈判。

2002 年 11 月 4 日，第六次东盟—中国领导人会议在柬埔寨首都金边举行。双方领导人签署了《中国与东盟全面经济合作框架协议》，决定到 2010 年建成中国—东盟自由贸易区。

2003 年 10 月 8 日，第七次东盟—中国领导人会议在印度尼西亚巴厘岛举行。双方领导人签署了“面向和平与繁荣的战略伙伴关系”联合宣言，宣布建立“面向和平与繁荣的战略伙伴关系”。

2004 年 11 月 29 日，第八次东盟—中国领导人会议在老挝首都万象举行。温家宝总理出席了会议。会议发表了《落实中国—东盟面向和平与繁荣的战略伙伴关系联合宣言的行动计划》。双方还签署了《中国与东盟全面经济合作框架协议货物贸易协议》和《中国—东盟争端解决机制协议》等文件。

2005 年 12 月 12 日，第九次中国—东盟领导人（10 +1）会议在吉隆坡会议中心举行。中国国务院总理温家宝和东盟 10 国领导人出席了会议。

2007 年 1 月 14 日，第十次中国—东盟领导人会议（10 +1）在菲律宾中部城市宿务举行。中国国务院总理温家宝出席会议并发表题为《共同谱写中国—东盟关系的新篇章》的重要讲话，中国和东盟签署自贸区《服务贸易协议》、《落实中国—东盟面向共同发展的信息通信领域伙伴关系北京宣言的行动计划》等合作文件。

2007 年 11 月 20 日，第十一次东盟—中国领导人会议在新加坡举行。温家宝总理与东盟 10 国领导人出席会议。温家宝在会上发表题为《扩大合作、互利共赢》的讲话。

2009年10月24日，第十二次中国—东盟领导人会议在泰国华欣举行。温家宝总理与东盟10国领导人出席。双方回顾总结了一年多来共同应对国际金融危机等挑战的历程，表达了同舟共济、共谋发展的意愿，就全面深化合作达成广泛共识。

2010年10月29日，第十三次中国—东盟领导人会议在越南首都河内举行。温家宝总理出席了会议并发表讲话。会议通过并发表了落实中国与东盟面向和平与繁荣的战略伙伴关系联合宣言的第二个五年行动计划以及《中国和东盟领导人关于可持续发展的联合声明》。

2011年11月18日，第十四次中国—东盟领导人会议在印度尼西亚巴厘岛举行。会议就纪念对话关系20周年发表联合声明。温家宝总理出席会议并发表讲话。

2012年11月19日，第十五次中国—东盟领导人会议在柬埔寨金边举行。中国国务院总理温家宝和东盟十国领导人出席。温家宝与柬埔寨首相洪森共同主持会议。会议发表了“纪念《南海各方行为宣言》签署十周年联合声明”。

三、中国—东盟经济贸易的发展

美国和日本多少年来一直是东盟最大和最重要的贸易伙伴，伴随着20世纪90年代美日与东盟贸易下降，中国与东盟国家之间经济贸易联系日趋加强，在贸易投资方面的交往逐步扩展。中国对东盟贸易超过了中国对外贸易的增长，因而使东盟在中国的对外贸易中的地位不断上升。

在经贸交往和发展中，中国与东盟之间表现出极大的互补性。东盟经济增长主要依赖于初级产品出口，比如，马来西亚主要向中国出口天然橡胶、原木和棕油等，直到1988年上述产品出口比例仍高达92%，菲律宾和泰国主要出口蔗糖。中国向东盟出口轻纺制品和农产品，初级产品占1/3。由于双方初级产品出口具有较大的互补性，所以贸易迅速上升，中国是东盟巨大的潜在市场和现实市场，同时也是东盟经济和贸易发展的推进器。中国拥有 13 亿人口的大市场，对各种产品的需求量很大。随着 GDP 的增长和人民收入的增加以及开放经济的成熟，其进口量将逐年增加，东盟国家在中国的商机无限。当前中国与东盟的合作是全方位的，不仅涉及贸易、投资和科技领域，而且在金融、文化、航空、旅游、邮电、交通、海运、环保等领域的合作与交流也已开始并取得了明显的进展，特别是澜沧江—大湄公河次区域经济合作正如火如荼地进行。

回顾中国与东盟贸易发展的历史可见，从 20 世纪 80 年代起，中国与东盟贸易额年均增长 20%。中国对东盟的出口从 1995 年的 104.74 亿美元增长到 2001 年的 183.85 亿美元，自东盟的进口从 1995 年的 98.95 亿美元增至 2001 年的 232.29 亿美元。双方贸易额在 2001 年达到 416.15 亿美元（中国贸易逆差 48 亿美元）。东盟在中国进出口中所占的地位不断上升。对东盟的出口占中国总出口的比例从 1995 年的 6.42% 增至 2001 年的 6.91%，自东盟的进口在中国总进口中所占比例从 1995 年的 7.37% 增至 2001 年的 9.5%。

另一方面，中国在东盟 6 国（文莱、印尼、马来西亚、菲律宾、新加坡和泰国）出口中所占的比重从 1993 年的 2.2% 增至 2000 年的 3.9%；同期进口的比例从 1.9% 增至 5.2%。2003 年中国对东盟出口额为 309 亿美元，进口为 473.3 亿美元。2004 年 1—5 月，中国从东盟的进口又增长了 41.7%。据中国商务部公布的统计数据显示 2004 年 1 月至 9 月，与东盟双方贸易额达到了 754.53 亿美元，同比增长 35.6%。东盟已经连续 13 年成为中国第五大贸易伙伴。2005 年，中国与东盟贸易额占中国对外贸易总额的 9.2%，东盟已成为中国第5大出口市场和第3大进口来源地，是继美、欧、日之后中国的第四大贸易伙伴，是中国在发展中国家中最大的贸易伙伴。而中国在2004年一跃成为继美国、欧盟之后东盟的第三大贸易伙伴。2006年6月13日，商务部亚洲司副司长吴政平在参加第三届中国—东盟博览会高官会时指出，15年来，中国与东盟双方经贸合作硕果累累，双边贸易额以年均约20%的速度递增，2005年中国—东盟的贸易额达到了1303亿美元，同比增长了23%，比1991年增长了15倍多。

2002年，中国—东盟贸易额为548亿美元，至2011年，中国与东盟贸易额创历史新高，达3629亿美元，较上年增长24%，十年间年均增长超过20%。东盟超过日本，成为中国第三大贸易伙伴，第四大出口市场和第二大进口来源地，我国连续三年成为东盟的第一大贸易伙伴。其中，2011年，中国和马来西亚进出口商品总值高达900.3亿美元，中国与新加坡双边贸易额达到805亿美元，中国和泰国双方贸易额有望达到600亿美元，中国与印尼双边贸易额超500亿美元，中国与菲律宾双边贸易额达到创纪录的322.54亿美元，中国与越南贸易额超过300亿美元。

2012年，中国与东盟贸易额达4000.93亿美元，中国对东盟出口2042.72亿美元，同比增长20.1%；自东盟进口1958.21亿美元，同比增长1.5%，中方顺差85亿美元。泰国开泰研究中心发布的报告显示，中国经济恢复良好增长将间接促使亚洲经济信心增强，并带动亚洲经济在2013年实现同步增长。东南亚各国的统计数据表现出区域内部经济互动的良好势头。越南统计总局的数据显示，2012年越南的商品进出口金额约2300亿美元。从中国的商品进口额逾290亿美元，同比增长17.3%。印尼中央统计局近日发布数据，2012年1月至11月，中国是印尼最大的出口市场和最

大的进口来源国，中国进口印尼商品的总额达到了 189 亿美元，

除贸易的迅速发展以外，中国与东盟双向投资不断扩大。截至 2012 年上半年，中国与东盟双向投资累计接近 930 亿美元。令人关注的是，中国企业对东盟各国投资势头方兴未艾。东盟国家已成为中国企业“走出去”开展直接投资的重要目的地。截至 2012 年 6 月底，中国对东盟直接投资额达 188 亿美元，其中 2008 年以来新增投资占 70% 以上。

中国与东盟互利合作不断深化。双方在基础设施、农业、制造业、加工业等领域正在商谈或建设一批大型合作项目，中方金融机构也为此提供了多种形式的融资便利。2009 年 4 月，中方宣布今后 3—5 年内将向东盟国家提供 150 亿美元的信贷，并决定设立总规模 100 亿美元的“中国—东盟投资合作基金”；2011 年 11 月又宣布追加 100 亿美元信贷支持，其中包括 40 亿美元优惠性质贷款。目前，上述信贷落实进展顺利，为东盟国家建设大型基础设施项目、发展工业、救灾救援和人员培训等方面提供了有力支持，取得了良好效果。

从以上数据可见，中国当前不但要继续保持与东盟老的贸易伙伴的关系，同时还要积极拓展与东盟新成员老挝、缅甸、越南、柬埔寨的贸易来往。这是保持未来与东盟贸易合作的一个重要方面。东盟新成员近年正在努力推进革新，有力地促进了本国经济的发展，并积极发展对外友好关系。这对我们来说也是一个难得的机会。

2012 年是《中国—东盟全面经济合作框架协议》签订 10 周年和中国—东盟自贸区正式建成 2 周年，10 年来，中国与东盟通过全方位、宽领域、多层面的合作，成为世界区域合作的典范。自 2010 年 1 月 1 日，中国—东盟自贸区启

动后，中国对东盟的平均关税从之前的9.8%降至0.1%，而东盟6个老成员国文莱、印度尼西亚、马来西亚、菲律宾、新加坡、泰国，对中国的平均关税从12.8%降低到0.6%，4个新成员国越南、老挝、柬埔寨和缅甸，将于2015年实现90%商品“零关税”的目标。伴随着“零关税”政策的普遍推行、各国市场和投资的开放，中国和东盟之间的贸易往来日趋频繁，中国与东盟合作不仅范围越来越广，合作的程度也越来越深。截至2012年上半年，我国与东盟双向投资累计已接近930亿美元。令人关注的是，中国企业对东盟各国投资势头方兴未艾。东盟国家已成为中国企业“走出去”开展直接投资的重要目的地。截至2012年6月底，中国对东盟直接投资额达188亿美元，其中2008年以来新增投资占70%以上。

由中国进出口银行主要发起的这一规模达100亿美元的投资基金，主要用于支持中国与东盟地区的基础设施、能源资源、信息通信等领域的重大投资合作项目。“自2010年4月正式运营以来，我们在泰国、菲律宾、柬埔寨以及老挝完成投资金额约4亿美元，目前项目进展非常顺利，”中国—东盟投资合作基金总裁李耀说，“我们储备了一批有潜力的项目，计划未来三到四个季度进一步扩大在东盟地区的投资。”中国—东盟投资合作基金一年多以来的蓬勃发展，从一个侧面印证了过去中国与东盟十国之间“贸易重、投资轻”的现象已得到初步改观，东盟国家不仅是中国吸引外资的重要来源地，也成为中国企业“走出去”的首选地之一。

而中国企业对东盟国家投资从无到有，自2008年以来呈现“加速跑”的态势，目前累计实现各类投资223亿美元。2010年，在中国前15大对外投资目的地中，东盟国家就占有五席。投资领域从传统的建筑业、承包工程逐步向农业、环保、能源、制造业和商业服务等领域拓展，投资形式也从直接投资发展到技术投资、BTO 等多种形式。中国—东盟商务理事会中方常务副秘书长许宁宁说，随着自贸区《投资协议》深入实施，中国和东盟国家的资金、技术、资源和人才等重要的生产要素的流动变得更加快捷和方便，也为扩大贸易和投资合作提供前所未有的良好环境。当前，在欧债危机加深，经济前景黯淡，美国经济阴霾重重，世界经济复苏艰难而曲折的背景下，中国与东盟之间的经济贸易往来的增加不但对世界经济产生影响，而且更对整个亚洲和东亚经济不可避免地产生巨大影响，当然这也为区域内国家进一步加强合作带来了机遇和希望。

马来西亚总理纳吉布曾说，世界经济处于非常不确定的状况中，对于东盟而言，“经济问题来自西方，解决的办法在东方”。目前，东盟的对外贸易额 1/3 来自中国、日本和韩国，东盟国家通过扩大与这 3 个国家的贸易，可以减少对美国和欧洲的经济依赖。据马方数据显示，尽管中方企业对马投资刚刚起步，但中国企业的投资热情不断高涨，今年前三季度的投资增长达到 62%，两国总理共同关心的中马钦州产业园区的合作正在稳步推进，这个双方在中国西部地区合作建设的第一个工业园将为中马经贸合作注入新的活力。

另外，在金融领域，中国与东盟合作也在不断加深。2009 年，中方宣布将向东盟国家提供 150 亿美元的信贷，并决定设立总规模 100 亿美元的“中国—东盟投资合作基金”；2011 年 11 月，又宣布追加 100 亿美元信贷支持。目前，上述信贷落实进展顺利，为东盟国家建设大型基础设施项目、发展工业等方面提供了有力支持。目前，东盟 10 国已在中国设立 30 多家银行机构，中资金融机构在东盟国家也设立了 10 多家分支机构。跨境人民币结算业务也在不断推进，仅在广西累计办理跨境人民币结算业务突破 500 亿元。中国商务部国际贸易谈判代表兼副部长高虎城说，中方愿意与东盟国家一道，积极创造条件，争取在五年内同每个东盟成员国构建一个经贸合作区，为企业在东盟国家开展各类集群式生产性投资创建平台。”

尽管中国—东盟合作在过去的10年取得了很多的成绩和飞跃，但是，中国与东盟在经贸进一步深化发展的过程中，也面临着一些深层次瓶颈的制约。所以，双方需共同推进贸易便利化的推进，通过扩大市场准入，消除贸易和投资壁垒，进一步释放自贸区的引擎作用。中国—东盟合作面临的一些障碍：

1. 区域内各国经济发展水平差异较大，产业结构相似，生产要素流动性低。中国社科院国际研究学部主任张蕴岭指出，中国与东盟10国经济发展水平存在较大差异，从人均GDP上看，文莱和新加坡相对于老挝、柬埔寨等国，人均GDP要高很多。由于各国基本都采取出口导向的发展战略，产业结构相似程度高，不利于产品多样性发展。

2. 区域内市场信息流通不够畅通、政策信息不够透明。由于政治、经济、历史等方面的差异，各国相关贸易的制度、政策也存在不同的诠释，进而导致了具体操作上的不同，直接影响到经贸合作的发展。还有，在面对市场开放，打造新产业链方面，多数行业还没有对接，双方产业之间缺乏了解，行业商会之间缺乏沟通，缺乏自由贸易区行业发展规划。目前，双方贸易市场方面开放力度不够，这在一定程度上影响了双方货物贸易和投资合作的进一步扩大。

3. 非关税贸易壁垒的限制。按照理论讲，非关税措施对国际贸易的影响是关税措施的两倍。中国—东盟自贸区建成后，传统的“关税壁垒”将逐步被打破，一些同质化较严重的出口产品可能对有关国家相关行业造成冲击，相关国家很可能利用非关税壁垒来保护本国产业，这又会给自贸区的发展带来障碍。

总之，正如龙永图所说的，目前，区域经济合作与经济全球化已成为当今世界经济发展的两大主要趋势，通过建立各种优惠的经贸安排，寻求更大的经济发展空间，已经成为世界上多数国家的一项重要的政策选择。亚洲金融危机，以及去年以来亚洲和世界经济的下滑局面，更凸显了中国和东盟进一步加强经济联系的必要性和紧迫性。在这一背景下，建立中国—东盟自由贸易区无疑对于双方实现优势互补、联合自强，开拓新的发展机遇，共同抵御经济全球化带来的风险，增强东亚国家在国际经贸事务中的地位，具有十分重要的意义。回顾 2006 年 4 月，胡锦涛主席访问东盟国家时明确提出，2010 年，中国—东盟双边贸易额将达到 2000 亿美元。届时，中国和东盟的市场将更加开放，对区外投资者的吸引力将更加强劲，中国与东盟国家将成为一起走向繁荣富强的好邻居、好朋友和好伙伴。而这个愿景今天已经实现并且会越来越好。

第三节 中国—东盟自由贸易区构建的历史意义

国际舆论和一些区域经济问题专家认为，中国和东盟共组自由贸易区“可能会改变亚洲经济和政治的全貌。”建立东盟—中国自由贸易区其意义绝不只限于经济本身，从长远来看，它是各国对本区域和平与发展事业所作出的政治承诺。中国—东盟自由贸易区的建成，将是亚洲国家在区域合作方面的最重大突破，创造出地区经济合作的新模式，不仅将促进双方共同发展，使中国和东盟在亚洲的地位进一步提高，进而改变整个亚洲的经济格局，并将对新世纪上半叶的世界经济与政治产生极其深远的影响。

一、有利于推动东亚经济一体化的进程

从战略角度上讲，启动中国与东盟自由贸易区谈判成为我国在FTA领域的一个新的实践，也是“入世”之后在参与经济全球化和区域经济一体化、发展开放型经济方面的又一个重大举措。建立中国—东盟自由贸易区，有利于培育中国成为推动东亚经济一体化进程的核心力量，有利于提高中国在国际社会中的政治地位和在国际社会事务中发挥更大的积极作用；有利于推动中日韩经济合作，有利于周边区域的繁荣与稳定；有利于中国更有效地参与经济全球化进程，增强我国在经济全球化中的应对能力。

东盟—中国自由贸易区的建立，有助于中国利用地缘优势走向世界。中国的周边通向外部世界的主要通道有东南面的日本列岛、琉球群岛，南面的中国台湾岛和东南亚诸群岛。而我国出海口的两面—日本列岛和中国台湾岛都受到美日台的阻隔，战时也特别容易被封锁和钳制。所以，东盟所控制的中国出海与外界联络的东南亚诸群岛，就成为我国走向外界比较安全的海上通道，或者说受封锁较小的战略海域。因此，从中国未来海上运输通道安全的战略考虑和中国两岸统一的角度来讲，与东盟建立自由贸易区意义非凡。

东盟—中国自由贸易区的建立，有助于消除“中国威胁论”，化解中国崛起对东盟的不利影响。关于中国军事和经济的发展，不但美国和日本对此大肆宣传“中国威胁论”，东盟在其潜意识里也存在同样的想法。东盟成立之初就有此想法，认为中国的快速发展对东盟构成威胁——中国

与东盟有些国家如菲律宾等在南沙等岛屿存在争议，担心中国会在未来某一天以武力相威胁；中国与东盟存在投资、贸易、市场等方面的同质性，势必会影响东盟在以上方面的发展。所以，东盟对中国一直存在疑虑和戒备，过去一直保持若即若离的关系。中国自同东盟签订《东南亚友好条约》，签订中国—东盟自由贸易区的协定和签订《落实面向和平与繁荣的战略伙伴关系联合宣言的行动计划》以来，东盟的种种关于中国威胁的想法和顾虑大大减少或消失。

"我们可以打的国际牌已经不多。"前驻日本大使王毅称，环顾四周，东、西、北三方都是强邻和大邻，只能实施大国外交策略；我国真正可以施加影响、发挥主动作用的地区，只有南边的东盟 10 国。当今，世界正发生复杂而深刻的变化。中国与东盟这两个亚太地区的重要伙伴加强合作，符合双方当前和长远利益，对本地区的和平与繁荣也是有益的。（来自中国与东盟国家领导人联合宣言）因此，中国—东盟自由贸易区的建立不但有利于中国与东盟各国之间的和平发展，也有利于亚洲以及世界的和平稳定。

二、体现了双方睦邻互信合作的强烈意愿

从经济角度上讲，中国—东盟自由贸易区建设，体现了双方睦邻互信合作的强烈意愿，是一个比较理想的区域合作机制，总体上讲符合有关各方的利益，是近年来双边经济联系不断深化的必然结果。东盟秘书处的一项研究报告认为，中国与东盟自由贸易区对其双方相互投资、贸易及经济增长都将产生正面和积极的影响，使双方的紧急发展达到双赢，并能加速推动日本、韩国与东盟的经济合作及中日韩东北亚经济合作机制。

从长远看，建立中国—东盟自由贸易区也为双方扩大贸

易和投资等方面合作带来了难得的机遇，也将产生区域内双赢和多赢的结果。因为，东亚地区自“雁行模式”解体之后一直没能找到和形成一种新的有效的地区经济增长机制。就目前中国和东盟的情况看，由于经济快速增长时期产业转移已经形成了生产能力过剩，内需不足、市场紊乱和竞争激烈等局面，因此保持东亚经济增长的最重要因素就是确立一个稳定的市场，而单靠中国一个市场显然不足以支撑东亚经济。中国—东盟自由贸易区建设的带动作用将使东亚其他国家如日本、韩国等加快贸易自由化的进程，从而推动整个地区市场的规范化，扩大市场空间，加速区域内要素流动，从而为东亚地区新一轮产业结构调整提供了良好的制度环境，为区域经济复苏和增长创造了机遇。

三、有利于促进中国和东盟各自经济的发展

具体对双方来讲，中国—东盟自由贸易区的建立，不仅将巩固和加强中国与东盟之间已存在的友好合作关系，也将进一步促进中国和东盟各自的经济发展，扩大双方贸易和合作规模，增强各自企业的竞争力，实现优势互补，提高本地区的整体竞争能力。自由贸易区的建立使得区域内贸易壁垒的逐渐消除，这不但简化了贸易手续，加速货物自由流动，而且还加速了区域内各国之间的人、财、物和信息等方面资源的跨国界流动和有效配置，有效地促进区域市场的发展和规模经济效应的产生，为域内百姓创造更多的财富，带来更大的福利。

随着中国—东盟自由贸易区的建立，中国和东盟将更好地分享经济全球化和区域经济一体化带来的利益，共同迎接挑战，为亚洲和世界经济的稳定和发展做出积极的贡献。建立中国—东盟自由贸易区，加强与东盟的制度性合作有利于

我国的经济发展和结构调整；有利于中国赢得周边国家的信任与支持，减少经济发展中的摩擦和阻力；有利于中国经济制度安排日益适应经济全球化发展的要求；有利于中国参与国际事务并在贸易、投资及市场准入等方面与国际经济全面接轨；还有利于中国经济实力的增强和产业结构的优化升级。

与此同时，中国—东盟自由贸易区的建立，也有利于东盟迅速进入中国这个拥有 13 亿人口的巨大的潜在和实际市场，其商机无限；有利于东盟依靠次区域吸引外资（中国加入世界贸易组织后为地缘相近的东盟国家提供了更好的投资环境和更多的商业机会；也为中国企业走出国门，包括到东盟等周边国家投资兴业，创造更有利的条件。这样，自贸区的建立使中国与东盟的双向投资关系进一步深化）；有利于东盟一体化进程的加快；有利于东盟与其他国家建立和发展更加紧密的经贸联系，开拓经济贸易发展空间。随着 CAFTA 的建立，中国与东盟将在一个更广阔的区域进行经济结构调整、整合资源、强化优势。双方的合作目标已经确定。新的合作将带来本地区产品在国际市场上更强的竞争力，将有利于本地区吸引更多的外资。例如，2005 年第一季度双边贸易的增长率为 25.4%，表现出强劲的增长势头。这意味着中国与东盟自由贸易区的形成将显著地扩大区域内的贸易和投资比重，加强区域内部的引力作用。① 中国—东盟自由贸易的建立，还可使双方的福利总水平得到提高。根据区域经济理论和关税同盟理论，自由贸易区的建立和区域经济一体化会给各方带来动态和静态效应，带动区域内经济的快速发展。

---

① 李荣林："中国—东盟自由贸易区与东亚区域经济一体化"，《当代亚太》2005 年第 8 期。

各国通过参加区域经济合作可以极大降低彼此的交易成本。交易成本是一切不直接发生在物质生产过程中的成本，包括信息成本、谈判成本、拟定和实施契约的成本、界定和控制产权的成本、监督管理的成本和制度结构变化的成本等。建立中国—东盟自由贸易区，不但可以减少这一区域内为制定贸易规则而耗费的各种会晤、谈判等交易成本，以及为解决贸易争端个案而进行的纷繁谈判等交易成本，而且同时还能使各个经济体的互信度提高，减少因违约而造成交易成本的提高。

另外，中国—东盟自由贸易区的建立，还可以以出口带动经济增长。因为，许多东盟国家经济增长对国际贸易—出口贸易依赖较重。从理论上讲，一国的经济增长主要是由消费、投资和出口“三驾马车”同时拉动的。东盟的新加坡、泰国、马来西亚等国都是长期实行出口导向战略的国家，面对世界经济特别是美国经济和欧盟经济的衰退，要想促进经济增长，就必须增加对非美欧地区的出口，因而，对增加东亚地区的出口就成为最优选择。对于中国这个大国来说，由于内需不振，也希望扩大出口拉动经济增长。因此，无论从地缘政治角度，还是从地缘经济的角度出发，建立中国—东盟自由贸易区给双方都会带来不同的战略利益和优势。所以，中国和东盟才能在很短的时间内在自由贸易区的谈判中取得了可喜的进展和成绩。

总之，中国—东盟自由贸易区的建立是一项互惠双赢的经贸安排，它的建立不仅深化和密切了中国—东盟全面合作关系，而且也推动了日韩两国与东盟的区域合作的发展，对东盟与中国、日本和韩国即“10+3”的合作，对东亚地区的经济一体化进程产生了重要的推动作用。

正如新加坡教育政务兼工贸部长曾士生说，中国与东盟国家有着很密切友好的关系，中国和东盟地区有丰富的资源，如果我们能相互合作，并充分利用对方的优势，经济互补，可以创立一个非常大的市场，可以促进中国及东盟各国的经济繁荣。曾士生还表示，19 世纪是欧洲的世纪，20 世纪是美国的世纪，有人认为，21 世纪是属于亚洲的世纪。我知道我们离这个梦想还有距离，如果中国与东盟共同努力，未来 10—20 年继续保持这种势头，我们的情况就会有很大变化，21 世纪就会真正成为亚洲的世纪、东亚的世纪、中国的世纪。

第六章

中国东亚区域经济合作及一体化的战略导向

21世纪是全球化与区域经济一体化并行的时代，是国际社会日益组织化的时代。面对着这种人类社会结构的改变，面对东亚区域经济一体化的战略态势，中国如何认识和应对，对于中国实现和平崛起的战略目标有着重大的战略意义。同时，东亚区域经济一体化所面临的很多难以解决的问题，既为中国的战略设计预留了丰富的空间，也向中国提出了挑战。所以，中国也应当顺潮流而动，不但要深入探讨和努力推进这种新型的国际秩序，而且毫无疑问，更要积极参加和推进东亚区域经济合作和一体化的可行性探讨和实践。2005年12月，东亚峰会在吉隆坡的召开和达成的东亚共同体宣言，标志着以东亚共同体为长远目标的东亚区域经济合作和一体化进程走向了一个新的具有实际意义的起点。然而，面对着诸多的困难和挑战，中国必须有一个科学的战略思想为指导，以更好地满足地区经济合作的需要，确保中国在世界和东亚战略利益和设想的实现。目前中国尚无一整套清晰、立足于国家长远经济发展需要的区域经济一体化战略构想，其主要原因在于缺乏对未来东亚区域经济一体化趋势和作用的足够认识和对本国经济的长远影响。因此，我们必须采取有效措施，制定出我国参与东亚区域经济合作的总体战略，加快实现我国和平崛起的步伐。本人认为中国在东亚区域经济一体化中的战略思想应该体现在以下几个方面。

第一节　积极参与和推动东亚区域经济合作和一体化的建设

中国地处东亚，加快东亚区域经济合作和一体化的进程是我们努力的方向所在，促进东亚和世界的共同繁荣和开放是我们的一贯方针。中国参与和推动东亚区域经济一体化的建设也是中国崛起于世界和实现全民族伟大复兴的有效途径。中央党校郑必坚副校长对和平崛起的发展道路进行了如下论述："中国的崛起道路就是在同经济全球化相联系而不是相脱离的进程中独立自主地建设中国特色社会主义。这是中国人的一个重大的历史抉择。"和平崛起的中国是亚洲的一部分，已经和正在为世界经济的发展提供强大动力。在东亚国家之间客观存在的多种形式的合作关系，已经、正在和将要超越东亚各国的社会制度、文化差异和意识形态。当前世界经济有很多不安定因素，美国日本等国家总把中国当成威胁，阻止任何大国可能的崛起；中西方意识形态存在的差异不能抹杀；世界能源问题日趋严重；我们的周边世界很不稳定，没有一个大国像我们今天一样处在这样一个复杂的周边环境之中。因此，选择推动东亚的区域经济合作是我们和平发展和崛起的最优战略。

一、重新认识“地区主义”的现实意义

中国在经济全球化与地区一体化大潮的经济环境之下，应对国家经济和贸易战略进行有效地调整，应对东亚新地区主义有一个全新的认识。

作为世界上最大的一个发展中国家和东亚地区的大国和世界上经济发展最快的国家之一，在经济全球化和区域经济一体化的浪潮之下，中国理应采取新地区主义战略去联合周边各国形成区域性经济合作组织，以更好地推动东亚地区主义的实现和防范未来危机的发生。特别是在经济一体化迅速发展的过程中，亚洲和东亚的区域经济一体化合作明显的落后于欧洲和美洲，这就对亚洲经济的发展产生一定的负面影响。所以，积极地参与区域经济合作，推动和建构东亚新地区主义的战略理应成为中国实现本国责任和地区责任、发挥世界政治大国作用的重要选择，同时它也是中国崛起于世界的最重要的战略途径。从某种意义上讲，区域经济合作具有明显的排他性。但是一个地区开展区域合作的根本目的是互利共赢、共同发展。中国的崛起、本地区的发展需要有一个相对稳定的环境，因此，中国应该不断表明和切实推动本地区合作并保持开放性、透明性，体现包容性、互利性，努力实现东亚与世界的共同进步，坚持开放的地区主义。

20 世纪 90 年代亚洲金融危机的经验教训对东盟和中国政府的对外政治和经济政策影响巨大。金融危机的“传染效应”波及东亚各经济体，东亚经济和金融安全受到了严

重的打击，这再一次表明了东亚地区的经济和金融命运密切相关和相互依赖的现实。虽然中国未像其他经济体那样在经济和金融等方面受到沉重打击，但是危机也给中国经济和贸易带来了巨大的负面影响。特别是当香港金融市场遭到冲击时，中国政府深深认识到唇亡齿寒的意义所在，这大大提高了中国的东亚地区归属意识，从此东亚新地区主义的思维油然而生。中国对地区一体化的态度及政策取向发生的变化，也是出于从地缘政治和经济的角度上考虑。因为任何一个国家的崛起离不开其所依赖的地域，更离不开此地域国家之间的经济贸易联系，而东亚正是中国崛起于世界的战略地带。

在经济全球化和区域经济一体化不断深入发展的今天，各国一方面在力图抓住全球化所带来伟大机遇；另一方面也在尽量规避全球化对本国带来的不利影响，而在经济全球化下所出现的区域经济一体化正是目前各国取得机遇和规避风险的理想途径。所以，世界主要经济体都在从自身的现实利益出发加紧行动，寻求构筑有利于自身发展的地区依托，建立双边或多边的区域经济一体化组织，以期达到既能最大限度地获取全球化过程中的好处和区域经济一体化所带来的优势。可以说，区域经济一体化已经成为世界各国适应经济全球化的现实选择。而作为一个处于快速成长时期的发展中大国，中国应该成为新世纪世界经济区域一体化的积极参与者和推动者，应从过去的淡漠、旁观和“置身事外”到深入其中并发挥积极推动作用。

当前区域经济一体化的两大组织欧盟和北美自贸区不断扩大和延伸，给许多像东亚这样未走上正轨的区域国家组织带来很大的压力和影响。而作为东亚一员的中国也面临着这种挑战和压力。因为，中国历史上经历了的许多磨难和坎坷，已经深深知道自己的崛起一定要有一个可以像欧美一样可以依托的战略地带，在此地缘中取得优势。中国过去和现在作为东亚的地缘核心，参与、推动和领导东亚走向经济一体化责无旁贷。正如布热津斯阐述的那样："在亚洲大陆，中国已经在地缘政治方面占有主导地位，中国在地区内愈来愈自信，一边与其历史、地理和经济的内在要求相称，这是十分自然的。"因此，中国作为东亚的核心，积极参与和推动东亚区域经济向一体化方向迈进是历史的使命，同时也是从中国自身的战略利益出发而做出的战略决策。而积极参与和推动东亚区域经济一体化的建设还可以给中国带来以下两个方面的利益。

二、为中国经济发展拓展新的空间

与2001年中国加入世界贸易组织一样，今天参与东亚区域经济合作和一体化的建设是新世纪中国对外经济贸易战略的重要组成部分，他将极大改善中国经济发展的周边环境，摆脱中国长期游离于区域和次区域经济集团之外的不利状况，为中国经济崛起于世界寻找新的空间。

从理论上讲，参与世界经济区域一体化意味着一国对外贸易自由化程度的提高，它在为成员国提供更高水平市场开放程度的同时，也要求成员国作出相应的主权让渡。这就要求成员国必须进一步全方位开放市场，在较短的时间内对其他成员国实施比WTO贸易自由化承诺更优惠的政策，从而对成员国对外开放的范围、领域和层次提出了更大、更广和更高的要求。这不仅提升了其参与国际经济竞争与合作的级别，而且也进一步拓宽了成员国在世界经济舞台上的发展空间，使之能够在日趋激烈的国际竞争中占据优势。虽然中国"入世"已近6年，但是伴随着中国出口的增大、经济贸易规模及地位的快速上升，针对中国的国际贸易保护主义也与日俱增，因此，借助于世界和东亚经济区域一体化的大势，改善中国的对外经济环境是中国目前的首要任务。

东亚拥有20亿人口的大市场，地理位置优越，资源丰富，新经济比较发达，各国在许多方面存在比较和互补优势，这些都为本区域的经济贸易往来提供了条件。同时，随着全球区域经济一体化地推进，各国都希望参与到其中，加速各国经济贸易的联系，这点又为东亚区域经济合作打下了坚实的基础。所以，中国一方面要借助东盟这一平台，努力推动东盟与中日韩的区域经济合作，扩大与这些国家和地区的经济贸易往来。并由此推动东北亚的区域经济合作；另一方面，东亚区域经济合作的全面展开，吸引着南亚国家如印度和大洋洲如澳大利亚和新西兰的参与。这一开放的区域是中国加强区域内合作和同区域外国家、区域进行经济贸易联系和往来的大好时机，是中国企业走向国际市场的另一个通道。

三、推动政府职能和企业机制的改变

参与东亚区域经济合作和一体化的进程，从当前和未来两方面来说，其宏观效应大于微观效应，中长期利益大于近期利益。所以，我们要进一步推进中国改革开放的步伐，培养中国人的大国心态，并从政策制定和人员等各个方面为中国全方位参与东亚区域经济合作和一体化建设做好准备。政府要主动制定和实施各部门和企业应对东亚区域贸易自由化的策略。同时还要让企业认识到，无论是加入世界贸易组织还是参与东亚区域经济一体化组织，都会加速中国经济的市场化进程，都给企业带来机遇和挑战。入世和参与区域经济一体化以及在此后的自贸区低关税水平，都将进一步提升国内外市场开放的广度和深度，贸易各方（双方）拥有比较优势产品将会大量涌入对方市场，对于对方同类比较劣势产品和产业也会形成较大冲击。所以，无论是政府还是企业都应未雨绸缪，为参与和融入东亚区域经济一体化做好准备。因此，我们应借鉴和吸收全球区域经济一体化的发展经验与教训，按照实现全面、协调、可持续发展的要求，更好地统筹国内发展和对外开放，继续认真履行加入世贸组织的各项承诺，根据中国政治、经济和外交利益重新制定区域经济一体化战略，在更大范围、更广领域有步骤地推进和参与东亚区域一体化的进程。

从企业角度讲，应抓住此历史机遇，尽快扩大区域内的行业合作，指导和促进产业整合、结构升级，逐渐形成贸易结构不同的产业梯次转移体系，更好地解决自贸区内各国间产业趋同和相互间竞争的问题，促进企业互利合作，形成多赢的格局，共同打造区域竞争力。同时，积极鼓励有条件的企业走出国门，对周边国家和地区进行对外投资和跨国经营。尽管东亚地区各国间具有很强的经济互补性，但是同时也不可否认，由于我国与东亚地区的其他一些发展中国家尤其是东盟国家在产业结构方面有一定的趋同，因而在一定程度上确实存在着同质性产品之间的竞争。为此，我们一方面要改进生产技术、降低成本、提高质量和增强产品竞争力，另一方面则要通过技术创新，推进产业升级，增加产品的技术含量，改变出口产品结构，以使中国与东盟国家的产业和产品优势互补，扩大区域经济合作所带来的利益。

当前，中国和东盟内部各自的经济增长和对外贸易情况发展良好，所以，中国企业要开展产业方面的对接。一是中国继续保持快速增长势头，需进口东盟的原料和工业制成品，中国还将继续较多地进口东盟的农产品、水产品等初级产品；二是东盟方面，作为东盟整体，第 11 届东盟领导人会议通过的《吉隆坡宣言》具有历史性意义，决定将东盟经济一体化进程的时间表由原定 2020 年实现东盟共同体提前到2015年。东盟经济一体化进程对中国与东盟经贸合作有着必然影响。东盟10国的经济增长情况、财政情况、进出口情况，乃至政局、社会稳定状况，对中国与东盟经贸合作均有相应影响。对此，我国企业应根据东盟经济一体化进程，借势择机开发市场。进一步巩固和发展与东盟10个成员国的双边合作，积极参与澜沧江—大湄公河流域、印尼—马来西亚—泰国成长三角、文莱—印尼—马来西亚—菲律宾东盟东部成长区、柬埔寨—缅甸—老挝—越南经济发展区等次区域经济合作。切实做好贸易和投资合作的可行性分析，提高出口和投资的经济效益。

可见，中国参与和推动东亚区域经济合作和一体化，这既是出于现实性的考虑，同时也是战略性的需要。从现实性来看，中国目前所面临的周边环境客观而论并不十分乐观，尚有一些不安全因素，“中国威胁论”依然存在，许多东亚国家并没有完全放弃中国的崛起会给他们带来的挑战和威胁。在这种情况下，中国积极改善与周边国家的关系，推进东亚区域经济合作和一体化的进程，加快实现我国和平崛起的步伐，无疑具有重要的现实意义。就长远战略而言，中国有了东亚合作的区域背景、基础和立足点，就会影响和渗透到欧洲经济区、美洲经济区和非洲等经济区，进而实现中国的全球性战略。

第二节

继续开展中日韩FTA构建的可行性研究和探索

东北亚区域经济合作经过多年的研究和探讨，由于许多原因，特别是政治、社会意识形态和经济发展水平等方面的差别和障碍一直没有取得较大进展。但是在新的形势下，东北亚中的中日韩在东亚“10+3”的框架内，有建立区域经济组织的条件、基础，符合各方的利益和愿望。同时，中日韩三国建立自由贸易区是东亚走向东亚共同体和实现东亚区域经济一体化的关键所在，所以，作为区域中的大国，为东亚和中国的未来着想，主动启动和推进中日韩的经济合作是中国的愿望和历史赋予的责任。

2005 年 12 月 12 日，在马来西亚首都吉隆坡举行的第一次东亚各国领导人峰会各国领导人也进一步表达了经济合作的想法，建立东亚共同体，走区域经济一体化的道路已成为各国的共识。国务院总理温家宝在此会上指出：多年来，东亚国家顺应经济全球化的趋势，调整经济结构，扩大对外开放，推进区域合作，经济社会发展取得了显著成就。东亚作为最具经济活力和潜力的新兴地区，为全世界所瞩目。东亚共同体是“10+3”合作的长远目标，是一个循序渐进、逐步积累的长期过程。日本和韩国领导人重视并积极回应温总理的看法和倡议。会议通过了《中日韩合作进展报告》和《中日韩合作行动战略》，具体规划了三方今后的合作。由此可见，中日韩三国存在经济合作的愿望和尽早实现东亚共同体的理想。中日韩从宏观经济联系和微观企业往来层面都具备建立自由贸易区的初步条件。但是，有关中日韩自由贸易区的探讨和互动目前仍处于起步阶段，离最终成形还有漫长的路要走。

一、中日韩三国建立 FTA 的战略意义

随着科学技术的发展，经济全球化进程的明显加快，世界各区域经济合作和一体化趋势也日益加强。北美自由贸易

在扩大，欧盟在不断延伸，东亚区域经济合作也在逐渐形成，这些都为世界经济的多极格局奠定了基本框架。可以想象，在未来的世界经济、科技竞争中，国与国之间的角逐将慢慢淡化或者退出历史舞台，取而代之的将是区域和区域之间的竞争，谁最具有区域经济、科技合作的优势，谁就具有最强的竞争实力。所以，为进一步扩大中日韩三国的经贸关系，三国的研究机构就建立中日韩 FTA（自由贸易区）关系进行了几年的研究，其他机构也进行研究和探讨，各种研究和模型模拟均表明，中日韩建立 FTA 对三国有利。

1. 从战略层面来讲，虽然东亚地区的地位在最近几年有所提高，但至今还未建立一个真正意义上能真正代表东亚经济的区域经济组织，区域经济合作已明显滞后，这对东亚经济的发展非常不利。所以，东亚现阶段还不足以与美欧抗衡成为世界经济“第三极”，不足以导致世界经济发生“三足鼎立”之变化。中日韩三国面对如此压力和挑战将何去何从？

中日韩是东亚地区的经济大国，在世界经济发展中也具有举足轻重的地位。对中日韩三个大国而言，没有地区依托，中国不可能成为世界经济大国，日本则成不了政治大国，韩国也不能拥有在东亚和世界舞台上的各种利益。同时，东亚目前存在的一系列重大的战略问题，如朝鲜半岛问题、中国台湾问题、宗教冲突、民族分裂等都期待通过区域合作得以解决。因此，建立一个有序的东亚区域经济合作组织，加快中日韩的经济合作步伐已经显得特别紧迫。认识清楚东亚目前在世界经济秩序中的位置，有助于东亚国家能真正意识到本地区合作的根本目标是形成世界经济的第三极，根本改变东亚各国在目前世界经济体系中无权无势的地位。东亚各国都必须认识到这一紧迫性，必须尽快形成以中日韩为代表的，以东盟为推动的地区经济合作的各种机制，为东亚各国的共同利益，为东亚各国能在世界上拥有更多的话语权而努力。而不是让东亚的事务仍然在相当程度上受到美国和欧盟及其制度下的国际经济秩序的控制和影响。

因此，中日韩三国作为东亚经济大国，应积极参与东亚经济合作，加紧探讨筹建中日韩自由贸易区，并在东亚经济合作中发挥更大作用。其结果将使中日韩三国既能应对经济全球化带来的巨大挑战，又能应对欧盟、北美自由贸易区等区域经济组织带来的贸易保护主义，从而提高三国在经济全球化进程中的地位，推动各国经济和东亚区域经济合作向更高层次上发展。

构建中日韩自由贸易区，将彻底改变亚洲及东亚区域经济合作滞后的局面，不仅有利于本地区的繁荣，也有利于世界的和平与发展。适应世界区域一体化潮流、构建中日韩区域经济合作组织、建立东亚共同体、应对全球化挑战已成为东亚各国的共识。

2. 从经济合作层面上讲，中日韩三国对于促进东亚地区合作有广泛的共识，对于三国经济合作也存在共同的利益。中日韩自由贸易区的设想和东亚自由贸易区的建立，都不是某个国家的独自构想，而是各成员国共同的利益选择。一方面是为了谋求各国共同利益的最大化；另一方面各国需要通过区域经济合作获得解决发展问题的办法。根据国际经济学原理，经济发展阶段不同的国家互补性越强，在他们之间建立 FTA 是可以获得很大利益的。中国、日本和韩国互补性很强，是最应该缔结 FTA 的国家。而不参加自由贸易协定对中日韩本身来说也会丧失较多的静态和动态利益。不可否认，参加区域经济组织也会有贸易转移和贸易替代等负面影响，但相比之下，远比不上获得的利益多。中日韩三国本身经济规模虽然都较大，但还是比不上欧盟、北美自由贸易区两大经济体，在同它们的经济竞争和贸易谈判中经常处于不利的地位。而如果三国建立起自由贸易区，或者与东盟合建自由贸易区，不但会获得区域内分工的好处和利益，还会获得区域内和区域外的更多的发展机会和战略优势。中日韩是东亚和亚洲最重要的国家，要实现东亚区域经济合作有突破的进展，要实现共同体和一体化的目标，必须要加快启动三国自由贸易区的建设，必须加强中日韩三国全方位的经济合作。

在东亚，中国经济的高速增长为世界所瞩目自不必言，经历了“失去的二十年”的日本经济也出现了好转的现象，韩国是从金融危机中恢复得最好的国家之一。

中日韩作为东亚地区三个大国，GDP 总量已达到 15 万亿美元，占全球 GDP 的 20%，占东亚 GDP 的 90%。三国的外贸总额超过 3 万亿美元，超过北美自由贸易区总额的 55%。但三国之间的贸易量只占三国对外贸易总量的不足 20%。建立中日韩自贸区将逐步实现货物、人员和资本的自由来往，促进各国产业调整和经济发展。迄今中、日、韩之间已形成了十分紧密的经济联系，三国经贸多少年来一直在不断发展，相互的贸易依存度越来越高。这对推动整个东亚地区乃至全球经济发展都具有重要意义。

但是，无论作为世界上最大的发展中国家的中国还是世界第三大经济体的日本，还是经济复苏和快速发展的韩国，如果没有东亚区域的依托还是很难有更大的作为。可见，中日韩虽然是东亚三个最大的经济体，当前还没有像欧洲德法英一样在区域经济整合中左右东亚区域经济合作的发展步伐和方向，还不能真正起到主导者的作用。当今，在东亚中国越来越取代日本成为东亚甚至世界经济发展的动力来源，中国已成为世界经济稳定增长的重要力量。世界银行的统计数据表明，中国对世界 GDP 增量的贡献率 2003 年是 4.6%，2009 年增长到 14.5%，成为全球第二大经济体和第一大贡献国。据高盛公司数据说，2000—2009年，中国对世界经济的累计贡献率已经超过20%，高于美国。因此，有中国的推动，韩日两国会不断思考、行动和跟进。

东盟虽然迄今为止是东亚唯一的较紧密的经济合作组织，但由于种种条件的制约，东盟尚担当不起东亚“代言人”的重任。虽然东盟在政治和经济方面都不断走向成熟，外贸迅速增长，国民经济稳步发展，但是与中、日、韩相比，依然有不小的差距。这种差距从GDP方面可以明显地体现。从GDP来看，日本和中国远大于东盟，韩国的GDP也超出东盟近900亿美元，可见在“10+3“中东盟显然无法起到主导东亚经济发展的作用。所以，在东亚区域经济合作和一体化的道路上，急需中日韩尽快组成自由贸易区，以便领导东亚向更高区域经济发展层次上迈进。

3. 从东亚未来讲，近年来，东亚一直是当今世界经济增长最快、最有活力的地区，也是最吸引人的地区。对全球经济增长做出巨大贡献。

2010年亚洲经济增长率达到7%，远远高于世界其他地区的增长率。2010年亚洲对全球经济增长的贡献率达到45%，而中日韩三国贡献率最大，2012年继续引领全球经济增长，可见亚洲和东亚已经成为世界经济增长的引擎。亚洲是世界新的经济中心，而东亚（东盟10+3为主）则是亚洲的经济中心。

另外，东亚国家和地区之间经济贸易的往来和相互依存度迅速加大，经济互补性突出，有极大的合作潜力和空间。区域内贸易已经接近万亿美元，已经初步形成了一个投资推动贸易、贸易又反过来拉动投资的相互促进的格局。以上说明东亚已经具备了经济一体化的基础条件，建立一个具有实质性的区域经济合作组织是各国急需考虑和实施具体行动的战略的问题。否则，这不仅将使东亚地区国家在全球竞争中处于劣势，也将使东亚在世界经济新的格局中处于不利地位。因此，东亚经济的兴衰直接关系中日韩经济的发展，也直接影响到东亚其他国家的经济健康增长。因此，在“10+3”框架下，加强中日韩合作对于推动实现以“10+3”为主体的整个东亚自由贸易区具有重要意义。

我们从中日韩三国的对外关系来看，三国在经济上都是在世界上举足轻重的国家，2012 年 GDP 分别居世界第 2 位、第 3 位和第 15 位。如果三国形成了经济合作体，不仅会大大增强三国的凝聚力，也会增强三国的影响力，将有力地推进亚洲国家间的经济合作，有力地抵消经济霸权主义的影响。

二、中日韩三国建立 FTA 的可行性分析

在东亚次区域经济合作中国—东盟，日本—东盟，韩国—东盟等自由贸易区谈判取得可喜进展的同时，东亚地区的主要三个国家中日韩之间的自贸区的谈判却迟迟没有启动。无论从自然地理区位层面到政治层面还是经济贸易层面，中日韩三国都存在地理、历史、文化等方面的密切关联；存在着区域经贸发展政策的共识；存在着经济贸易的紧密联系。这些都为三国进一步开展区域经济合作和构建中日韩自由贸易区创造了必要条件和奠定了坚实的基础。因此，中日韩自由贸易区的建立有其探讨和实践的可行性。

中日韩三国同处东北亚，人口总数占全球 1/5，经济总量占世界 1/5，属世界三大经济圈之一。但东亚地区的经济一体化进程相对滞后，三国间的互相投资仅占三国对外投资总量的 6%。虽然地理位置邻近，显然三国的经济互通依然不够顺畅。2012 年第五次中日韩领导人峰会上，中日韩自贸区谈判前景成为各方关注的焦点之一。就在第五次中日韩

领导人会议前夕，第九次中日韩经贸部长会议12日在京举行。三国经贸部长宣布，将向领导人会议提出，正式签署中日韩投资协定并于年内启动中日韩自贸区谈判的建议。三国经贸部长对中日韩投资协定谈判达成协议表示了欢迎，并审议了三国自贸区联合研究报告，一致同意中日韩三国建立自贸区，不仅可以扩大三边和双边的贸易和投资，还可使三国在一个全面的制度性框架下开展内容更广泛的三边合作。经过十多年发展，中日韩合作已建立起较完备的合作体系，形成了以领导人会议为核心，以外交、经贸、科技、文化等18个部长级会议和50多个工作层机制为支撑，全方位、多层次、宽领域的合作格局。同时最为地区大国，中国高度重视并积极参与中日韩合作。中国国务院总理出席了历次中日韩领导人会议和会晤，中国积极参加并主办了中日韩框架下各领域部长会、高官会和司局级会议，在众多领域倡导、主办或参与了形式多样的合作项目，推动三国合作不断走向深入并逐步走向机制化和规范化。

（一）政治层面三国政府已达成共识

早在东盟分别与中日韩三国探讨和签订自由贸易区协议的时候，中日韩在政府首脑之间也出现了建立经济合作机制的动向。从中日韩三国政府来讲（且不论三国在地缘、人文和传统文化方面十分交融），深化三国的经济贸易联系，建立三国自由贸易区（或者以前的东北亚区域经济圈）已经研究和探讨多年，中日韩三国为区域经济合作组织的建立已经做了大量的前期工作。比如，早在1999年“10+3”会议期间，在中日韩三国首脑早餐会上，韩国总统金大中第一次提出探讨中日韩三国经济合作的可能性，三国首脑对此达成了共识。在2000年11月24日，前三国首脑日本首相森喜朗、中国总理朱镕基和韩国总统金大中借参加“10+

3”会议之机，在新加坡第二次坐在一起进行会谈。三国首脑就在贸易和投资领域开展合作达成一致，决定从 2001 年开始进行共同研究，同时决定把 2002 年作为三国交往年。此外，三国还就每年举行一次首脑会谈达成一致。2003 年 10 月 7 日，中国、日本和韩国三国领导人在印度尼西亚巴厘岛举行会议，签署并发表了《中日韩推进三方合作联合宣言》（以下简称《联合宣言》）。《联合宣言》提出“三国地理相邻，经济互补性强，经济合作不断加强，人员往来日益频繁”，表示要“促进发展，加强东亚合作”，不仅引起国际上的高度重视，也标志着东北亚区域经济合作进入一个新的阶段。2004 年 6 月，在中国青岛举行的三方委员会会议肯定了三国合作潜力，强调促进三国经济伙伴关系对三国有利。2004 年 9 月，在印度尼西亚举行的三国经贸部长会议也一致同意进一步加强三国经济伙伴关系。在 2004 年中日韩领导人会议上，三方就中日韩合作、东亚合作以及国际和地区形式交换了意见。三国领导人发表了《中日韩三国合作行动战略》，为三国各领域具体合作确定指导方针，并通过了《中日韩合作进展报告》。

2012 年 11 月 20 日，在柬埔寨金边召开的东亚领导人系列会议期间，中日韩三国经贸部长举行会晤，宣布启动中日韩自贸区谈判。

所以，在政治层面三国政府已经就相互合作等事项达成共识，这为中日韩进一步进行区域对话和合作以及探讨自由贸易区的建立铺平了道路。当然，顺应世界区域经济一体化的历史潮流而动是各国政治家们共同追求的，同时也是中日韩三国经济发展的必然要求。正如西方媒体评论说：“一些在 10 年前难以想象的主动行动相继在东亚出现，亚洲区域经济合作滞后的状况正在改变。”但是，由于美国战略向亚洲的转移，日本与中国和韩国的领土之争，未来政治层面达成共识会面临很多障碍。

（二）中日韩三国经济贸易往来日益密切

区域一体化是当今世界经济发展的一大趋势。东亚是世界经济三大重心之一和世界经济发展最快的地区，中日韩更是当今世界最为活跃的经济体。中日韩三国一衣带水，隔海相望，文化相近，经济互补，在经济全球化的格局中经济贸易联系日益紧密。中日韩均为亚洲重要经济体，其经济总量占亚洲的约七成。在过去10年间，中日两国贸易和中韩两国贸易的结构逐渐趋同。在中日两国贸易方面，中国对日本的机械设备和电子产品的出口比重明显增加，其中很大比例是加工贸易方式，大部分为日本在华企业产品出口，属产业内和公司内贸易。而韩国从中国进口的商品也逐步从初级产品转变为工业半成品或制成品，产业内贸易也日益普遍。中日韩产业优势的不同带来自由贸易区成立的基础。相对发达的日本和韩国在资本和技术密集型产业上竞争优势明显，而中国的竞争优势目前仍主要集中于资源或劳动密集型产品上。

近年来，中日韩三国的经济贸易合作发展势头看好。根据日本贸易振兴机构统计，2000—2005年的5年间，中日韩三国之间的贸易总额翻了一番，从1845亿美元增至近4000亿美元，并呈现业内贸易活跃和水平分工扩展的特征。其中，以中国为基轴的中日、中韩贸易量增长尤为迅速。在投资领域，三国之间的相互直接投资以日本向中国、韩国向中国的流向为主，尤其是韩国对中国的直接投资增长显著。

日贸易振兴机构理事长渡边修也对中日韩贸易和经济来往进行了分析。随着世界贸易自由化和经济全球化进程的加快，中日韩三国贸易往来越来越多。据中方统计，中日韩之间贸易总额已从1999年的1300多亿美元增至2011年的

6900 多亿美元，增长了 4.3 倍。2013 年 3 月 20 日据海关总署统计 2012 年中日韩贸易额合计为 5857 亿美元，其中 2012 年中日贸易额达到 3294 亿美元，中韩贸易额达到 2563 亿美元。

三国企业各有拿手的高招。日本拥有掌握核心技术的优势，中国拥有年轻的优秀人才、廉价的劳动力，韩国加工制造水平不断提高。中日韩之间既有竞争也有合作，三国应发挥各自的优势，以提高自身水平。东亚国家之间的边境是存在的，但不能阻止贸易的自由往来。东亚国家已坐在同一条船上，为了避免翻船，大家就必须保持平衡，前提条件是，各方要保持对话与合作。扩大和深化中日韩经济合作是三国的共同心声，这有助于区域间的资源共享和优势互补。但是，与欧洲和北美地区一体化进程不同的是，东亚地区还存在历史遗留问题，经济发展水平差别大，因此各国更应积极推动区域合作机制，以增强发展经济和共同抵御经济风险的能力。中日韩三国开展更为紧密的合作，不仅有利于三国的经济发展，而且将惠及整个亚洲地区。同时，中日韩的合作还可以使本地区的政治更加稳定。欧洲一体化的主要目的就在于防止一场新的欧洲战争，而经济合作就是实现这一目标的手段。①

1. 中日经济贸易往来。近年来，日本与中国的经贸关系正日趋紧密（政冷经热），而且无可替代，已形成“你中有我，我中有你”的局面。日本为我国第四大贸易伙伴，我国为日本第一大贸易对象国；日本是我国吸收外资、技术引进的主要来源国之一；日本也是向我国提供政府贷款和无偿援助最多的国家。因此，中国和日本作为东亚的经济大国，应该在经济合作和一体化的发展进程中起到更加积极的

① 孙晓郁：《中日韩经济合作的新起点》，商务印书馆 2004 年版。

推动作用。中日能否加快协调步伐，共同推进中日韩和东亚的区域经济合作是东亚区域共同体和经济一体化能否成功的关键所在。

官方的日本贸易振兴机构2006年2月21日发表的中日贸易统计数据显示，2005年，日本与中国内地的贸易总额达1893亿美元，比上年增长12.7%，连续7年更新历史最高纪录。日本去年对中国的出口总额为803亿美元，比上年增长8.9%，进口总额为1090亿美元，比上年增长15.7%。进口总额去年首次突破1000亿美元。日本贸易振兴机构预计2006年中日两国贸易总额将突破2000亿美元，但增幅将继续回落。如果把香港地区的贸易额计算在内，中国与日本的贸易额已连续两年超过日美两国间的贸易额，成为日本的最大贸易伙伴。可见，中日两国间经贸关系的发展和贸易额的不断增长，对双方及亚洲乃至世界贸易经济都有着举足轻重的影响。①

进入20世纪90年代以来，中日之间虽然政治关系处于不稳定状态，但经贸关系发展比较顺利，有“政冷经热”之说。日本已经连续11年是中国最大的贸易伙伴，2002年中日之间的进出口贸易额突破千亿美元，达到1019亿美元，同比增长16.2%，2003年达到1336亿美元，同比增长31.4%。在这10年的时间里，中日贸易以年均14.8%的速度增长，高于同一时期中国对外贸易年均增长的14.4%的速度。2003年，中日两国的贸易额突破1300亿美元，比30年前，即中日邦交正常化以前，整整增长了120倍。

据统计，日本从美国进口的比例已从1999年的25%下降到目前的13%左右，而从中国（包括中国香港）采购商品则从20世纪90年代初的5%上升到目前的20%左右。所

① 周柯：“中日经贸架构下的ODA解读”，《国际经贸探索》2005年第4期。

以，经济学家认为，日本此次经济复苏得益于中国快速的经济增长，而中国也将成为日本经济复苏的最大受益者，因为日本经济增长意味着国内需求和进口需求的增加。同时，日本经济界普遍认识到，日中关系与日美关系一样，都是最重要的双边关系，日中关系的良性发展对企业自身发展和日本的未来乃至亚洲和世界的和平与稳定都至关重要。

2012 年 2 月 16 日，日本贸易振兴机构（JETRO）发表了 2011 年中日贸易统计分析报告。据日方统计，2011 年中日贸易总额比上年增长 14.3%，达到 3449 亿美元，其中自我国进口 1834 亿美元，增长 20%，对华出口 1614 亿美元，增长 8.3%，三者皆创历史最高水平。中日贸易额占日本贸易总额的比例为 20.6%。中国仍继续保持日本第一大贸易伙伴、最大出口市场和进口来源国。据统计，2011 年日本在中国大陆拥有非制造企业 2487 家，占日本海外非制造企业 10187 家的 24.4%。

2012 年 9 月 28 日，中日经济协会理事长冈本严接受人民网特约记者专访时讲，在过去的 40 年间，中日两国的贸易额一直处于不断增长的趋势。特别是 2011 年，日本对中国的直接投资比前年增长了 55%。进入 2012 年后，世界各国对于中国的直接投资额减少了 3%，但日本的投资有显著增长，仅上半年就增长了 16% 以上。如今，日本各大企业都把以中国为代表的新兴国家市场需求，作为未来发展计划的支柱，这不仅仅是日本各大企业的经济再生支柱，也是日本国家的经济再生支柱。日中两国的相互依存不断深化、扩大，特别是经济方面的相互依存。两国都必须正视这种趋势，一起努力在此基础上继续强化。

但是，2012 年日本的对外政策发生改变后，中日经贸受到了巨大影响。数据显示，2012 年，中日双边贸易额 3294.5 亿美元，同比下降 3.9%，日本也从我们国家第四大贸易伙伴退居为第五大贸易伙伴。中国和日本都是世界上有影响的经济大国，两国发展正常的对外经贸关系，对两国人民都有好处，对世界也都有好处。

日本对华投资近年来虽有所减少，但是也保持一定的规模。2005年，日本企业对华投资合同金额和实际金额均呈增长态势，投资热度高于美国、欧盟等主要发达国家，而且这是在2005年4月发生抵制日货游行的情况下实现的，应该说目前日本企业对华投资增长的根基还是非常稳固的。2005年中国引进外资同比为0.5%的负增长，而日本对华直接投资达65.3亿美元，日本对华投资累计项目数位35124个，合同外资金额785.2亿美元，实际投入544.3亿美元。日本为我国第三大外资来源，为美国对华直接投资的2.1倍，同比增长高达19.8%，创历史新高。2006年第一季度日本对华直接投资增幅有所下降，但总额仍达12亿美元，这不能不说中日经济关系仍然很“热”。截至2005年年底，我国实际使用日元贷款23315万亿日元。近年来日本对华ODA数额逐年削减，这固然有政治原因，但也存在经济原因，即与近年来日本的财政状况恶化也不无关系。ODA原本是发达国家对发展中国家履行的一种援助义务，当受援国经济发展达到一定程度后，援助国减少，甚至停止援助，也属自然。

日本贸易振兴机构发布的数据显示，2011年上半年日本对外直接投资334.7亿美元，日本对亚洲投资金额为135.7亿美元，占总量的40.5%，其中，对华投资52.4亿美元，占日本对外投资总额的15.6%，仅次于英国，是美国的2倍、德国的6倍，也是除中国香港、中国台湾以外的最大外资来源地。值得注意的是，在中国劳动力成本攀升、日资在华企业盈利下降的背景下，2011年日本对华投资反而大幅增长了76.3%，说明日本仍长期看好中国市场，加大了设备与技术的更新改造步伐，有利于中国的产业升级。

另外，中国持有大量日本国债。中国商务部网站援引《日本经济新闻》报道，日本财务省、日本中央银行公布的国际收支统计显示，中国持有的日本国债（包括短期国债）额正急速扩大，截至2011年年底，持有额达史上最高的18万亿日元，较上年增长71%。中国的持有额自2009年起急速增长，2010年超越美英成为日本国债的最大持有国。中日在经济、贸易、投资和金融领域还存在密切联系。不过，2012年的钓鱼岛事件使两国政治关系日趋紧张，对经济贸易和投资都会产生很多大的负面影响。但是，由于两国经济依赖度已经很高，今后中国经济将继续上升，日本经济也要持续复苏和发展，双方离不开彼此的经济与贸易合作。重视中日关系和加强中日经济合作应成为中国和日本的全球和区域战略的核心部分。

2. 中韩经济贸易的快速发展。近年，中国与韩国的政治关系、经贸关系发展都很顺利，在区域经济合作中也达成很多共识，具有建立自由贸易区的基础条件。因此，中国应该与韩国尽快达成签订双边自由贸易协定的共识。这既可以推动中韩经贸关系的进一步发展，又可以共同推动东亚区域经济合作的发展。

中韩建交以来，两国贸易往来取得了长足发展，双边贸易额由建交时的50.3亿美元增加到2004年的900.7亿美元。2005年，中国与韩国双边贸易总额首次超过千亿美元。根据中国海关的统计计算，1992—2004年中韩贸易以年均近30%的速度增长，这个速度不仅高于同期中国年均贸易增长18.5%，更高于韩国对外贸易年均9.9%的增长水平。据中国海关统计，2005年中韩双边贸易总额为1119.3亿美元，同比增长24.3%。其中，中国对韩国出口351.1亿美元，同比增长26.2%；自韩国进口768.2亿美元，同比增长 23.4%。

据韩知识经济部发布数据显示，2011 年中韩贸易总额为 2139.2 亿美元，同比增长 13.5%，占韩国全年贸易总额的 19.77%。其中，韩对华出口 1298.1 亿美元，同比增长 15.7%，占韩国出口总额的 24.2%；韩自华进口 841.1 亿美元，同比增长 21.6%，占韩国进口总额的 16.6%。韩对华顺差 457.0 亿美元，同比增长 1%。我继续保持韩第一大贸易伙伴国、出口对象国以及进口来源国地位。目前，韩国对华贸易额在韩国对外贸易总额中所占的比重已经达到了 21%。中韩双方都致力于进一步发展双边贸易。2012 年 5 月初，中韩两国正式宣布“韩中自由贸易协定谈判”启动。7 月 3 日，双方在济州岛又举行了第二次谈判，韩国希望与中国签订高水平的自贸协定，以推动两国关系更上一层楼。中韩两国关系之所以取得迅速发展，是因为两国间拥有在其他国家关系中罕见的地缘相近、历史交流悠久、文化和感情相通等独特优势。

近年来，随着中国经济的发展和企业经营水平的提高，以及韩国对中国招商引资力度的加大，中国企业到韩国投资也在持续增长，中国企业正把韩国作为“走出去”投资的目的地之一。2011 年，中国对韩直接投资总额 6.51 亿美元，继 2009 年和 2010 年后持续增长。截至 2011 年年底，中国对韩累计投资总额达到 37.36 亿美元；截至 2012 年 4 月，韩国对华投资额约 33.55 亿美元，是中国第六大投资来源国。1992 年中韩《关于鼓励和相互保护投资协定》、2012 年中日韩《关于促进、便利和保护投资的协定》及两国的相关国内法都为两国间投资的顺利开展提供了保障。2012 年两国政府又正式签订了 FTA 的官方谈判，这将为两国间投资产生更加深远的影响。

通过以上分析可见，中日韩三国经济贸易关系密切，尽管三国之间存在这样和那样的矛盾和冲突，但是，这些都阻挡不了三国之间的经济贸易往来，三国之间应积极筹建面向未来的区域经济合作组织，扩大三国之间的经济贸易和其他方面的交往是关系到三国人民的利益的大事。目前，三国之间应首先解决领土争端问题，其次在解决有关区域经济发展模式问题和探讨筹建中日韩或者东北亚自由贸易区的关键问题。相信，三国政府都会以三国人民的利益为本，以经济发展为中心来考量未来区域的经济合作。

（三）中日韩的经济贸易互补性分析

人类社会进入21世纪以来，在经济全球化和区域一体化的迅速发展中，地处东亚区域内的中日韩三国在经济持续增长的同时，三国也在探讨区域内合作和努力推动对外经贸的快速发展。2005年，中国经济将继续保持9%以上的速度增长，日韩两国的经济增长也将高于上年水平，三国对外贸易额将达到近3万亿美元，占东亚区域贸易的比重在90%以上，占世界贸易的比重也进一步提升。三国在进行区域经济合作和建立自由贸易区方面有着共同的利益和基础。同时，我们也看到由于国土面积、人口规模、经济发展阶段的差异，中日韩经济在资源、劳动力、产业结构与市场需求等方面有着很强的互补性。积极发掘这种互补性，扩大和加深三国经济合作和创建中日韩自由贸易区，对三国经济发展具有重要意义，同时对东亚区域经济合作也会带来牵动作用。中日韩在经济贸易的互补性体现在以下几个方面：

1. 自然资源和劳动力资源的互补性。东亚各国（地区）虽然毗邻，但生产要素和自然资源的分布极不平衡。日本是世界上仅次于美国的第二经济强国，拥有高度发达的科学技术和完备的工业生产体系，已开始进入后工业化社会即信息社会阶段，但却是一个资源贫乏的岛国；韩国虽有较充裕的资金，技术进步很快，但缺乏自然资源和劳动力。日本和韩国的自然资源贫乏，能源和工业原料自给率低，两国所需的原料、燃料等资源大部分或绝大部分依赖进口。中国自然资源劳动力等比较丰富，劳动力成本低廉，但是近年来劳动力受教育程度却在大大提高，中国丰富而优质的劳动力资源将为区域内的劳动力需求提供强有力的保证。中日韩三国在地理位置上又具有临近的优势，这就为各国间开展自然资源方面的开发与合作提供了便利的地理条件。

2. 产业结构互补。中日韩三国的产业结构和分工结构虽然与以前的“雁行模式”有所不同，但还具有明显的阶梯型特点。其中，日本是经济高度发达和现代化的国家，相对地说技术密集型产业发达。目前正在发展知识密集为主要特征的高新技术产业，其产业结构位于区内第一层次；韩国是接近日本的新兴工业化国家，在东亚的“雁行时代”经济发展时代，韩国接受日本的资本密集型产业转移的比较多，产业以资本密集型为主，技术密集型也有一定的规模，位于第二层次。而中国是正在实现工业化的国家，产业多以资源或劳动密集型为主，某些产业也具有一定的技术密集型的特点，位于区内第三层次。（当然这种产业结构现在已经发生了较多变化）这种产业之间的互补性构成了各国在相关产业方面的比较优势，从而为区内展开垂直型国际分工，垂直型和水平型混合型国际分工，实行产业的跨国转移提供了可能。

3. 资金与技术的互补。东亚地区各国经济发展水平存在明显的差距。日本拥有雄厚的资金储备、先进的生产技术、工业产品和管理经验，是资金、技术和高科技产品的主要供应者；韩国是一个较为发达的新兴工业化国家，也具有一些过剩的资本、有待输出的先进技术、设备及精良的工业产品；而中国虽然掌握了世界上的部分高技术，但应用技术比较落后且资金不足，虽具有一定的工业基础，但都面临产业多样化、产业结构升级和逐步实现“赶超”的迫切任务。根据小岛清的观点，发达国家的经济发展依赖于发展中国家的经济进步。因此，通过此地区发达国家与发展中国家之间的经济与技术合作，形成发达国家的过剩资金和先进技术向发展中国家合理流动。一方面，发达国家可以利用不发达国的自然资源等优势，为本国的高新技术产业发展提供要素支持；另一方面，不发达国家可以接受发达国家的产业转移，通过自身的消化吸收以及技术改造，缩小与发达国家的差距。通过这种方式，逐步促进区域内的国际分工方式由“垂直型”向“水平型”转变，从而形成相对于区域外国家的整体优势。

4. 市场需求的互补。中、日、韩三国的市场需求互补性极为明显。中国是一个潜在的大市场。自改革开放以来，一直处于高速经济增长阶段。目前，中国已经成为了世界和亚洲最具潜力和现实的市场，在世界市场中占有重要地位。中国市场发展的巨大潜力，为严重依赖外部市场的日本和韩国等提供了新的机会。“中国的发展不仅造福了13亿中国人民，也给东亚国家提供了更多的机遇。近年来，中国年均进口增速达到15%以上，已成为世界第二大和亚洲第一大进口市场。2004年中国从亚洲国家和地区进口额近3700亿美元，同比增长35%，占中国进口总额的65%。未来5年，中国将从亚洲进口超过2万亿美元的商品，市场容量会进一步扩大。”①

现任中国改革发展论坛理事长郑必坚表示：“中国和平崛起，中国市场的扩大，对于亚洲和世界都是新机遇，对于

① 温家宝：“中国的和平发展与东亚的机遇”，国务院总理温家宝2005年12月12日在东亚峰会领袖对话会议上发表的重要演讲，新华网吉隆坡12月12日电。

我们的邻国，对于东亚和东北亚国家来说，也是一个很好的机遇”。

东亚各国和地区生产要素的不同禀赋使其在经济发展和产业结构调整中形成了一种动态的国际分工格局。生产要素自然禀赋的差异和经济的高度互补性成为构建中日韩自由贸易区的重要条件。尽管建立三国自由贸易区面临着不少障碍，尚不属于短期内能够实现的目标，但是，中日韩三国间存在着开展制度性经济合作的基础，三国都有进一步扩大经贸合作的强烈愿望，从长期看，中日韩三方在资源、劳动力、科技、市场等方面的互补性将会十分明显和持久。如果把中国丰富的自然资源和人力以及发达的科学技术同日本的高科技、资金储备和韩国经济发展经验和产业技术很好地结合起来，三国的国际竞争力将会得到进一步提高。如果中日韩三方能够充分重视和利用这些互补性，中日韩三国的经济将会在21世纪共同繁荣、共同发展，建立三国自由贸易区的愿望也将迅速实现。

所以，作为地区中的大国，中国理应从东亚未来着想，以积极的态度去解决中日韩三国之间的矛盾与恩怨，努力推动中日韩经济贸易区的尽快建立。在此过程中，美国会不断利用三国之间的领土等方面的矛盾来阻止和影响三国组成FTA，生怕自己会被排除在东亚经济合作和一体化之外，而形成非美元的一种货币或经济体。有鉴于此，用韩国庆熙大学前校长赵正源的话结束以上的探讨。他认为，中日韩应该通过不断强化民间文化交流来追求彼此之间的信赖，从而形成文化上的认同，在此基础上，创建一种意识或思想，使东亚国家都认识到进行合作和融合的必要性。

第三节

积极推动东亚共同体的建设

东盟与中日韩（10+3）外长在2005年12月9日在马来西亚首都吉隆坡峰会期间举行午餐会，与会各国外长通过了《吉隆坡宣言》最终草案，草案确定“10+3”机制为今后“东亚共同体”构建过程中的“基本框架”。该草案将“东亚共同体”作为“长期的目标”，在这一目标实现过程中，东盟+中日韩机制将发挥“中心作用”，而东盟则是实现共同体目标的“原动力”。为此，今后中长期的东亚合作目标是尽快构建东亚共同体，这是东亚各国各地区的共同努力的方向。东亚地区目前是世界上经济最有活力的地区，也是最吸引人的地区。目前，东亚峰会有18个成员国，即东盟10国加上中、日、韩、美、俄、印、澳大利亚和新西兰。这些国家经济互补性突出，有极大的合作潜力和空间。未来的东亚合作由于美国和俄罗斯等国的加入，经济贸易合作的广度和深度将会加强。但由于本地区集中了太多的国家，政治、经济、军事利益不同，诉求也各异，反而在许许多多方面可能会让彼此的合作比以前更复杂并充满矛盾和障碍。2011年东亚峰会的召开将会使各国更加清醒和觉醒，18个成员国应该从长期和战略的角度来考量如何进一步推动东亚区域经济合作和一体化的建设。

一、东亚“10 +3”合作想法的提出

首先让我们回顾一下东亚“10 +3”合作想法的提出及进展情况。“10 +3”主要是指东盟10国和中日韩3国的合作。1990年马来西亚总理马哈蒂尔首先提出了“东亚经济共同体”（EAEC）和“东亚经济集团”（EAEG）（后改称“东亚经济核心论坛”）的构想，当时由于日本和韩国态度的暧昧和美国的强烈反对（该设想带有比较明显的对抗美国霸权的倾向）致使其被束之高阁。但到了1995年，东盟国家首脑在泰国举行会议，正式提出了召开东盟与中日韩领导人会议的倡议。

东亚区域经济合作从1997年亚洲金融危机之后展现了蓬勃发展的势头。东盟与中日韩的经济合作和自由贸易区的谈判也取得了显著进展，双边及诸边的一体化进程加快。东盟首先建立了自由贸易区，确立了建立东盟经济、安全及社会文化共同体的目标。以东盟为轴心的双边贸易投资等协议继续深入。东盟与中国完成了从双方提出中国—东盟自由贸易区的谈判到最终签署货物贸易及争端解决机制协议，从而开始中国—东盟自由贸易区的建设进程。东盟与日本之间的全面合作伙伴协议谈判从2005年4月开始，并将在两年内结束。日本与新加坡，中国与智利、韩国与智利等双边自由贸易区谈判也达成协议。而日本与韩国，中国与澳、新等国的谈判也正在进行之中。东盟与韩国自由贸易区的谈判也最终定下了日期。特别需要指出的是，在东亚的贸易、货币合作等各个领域，很多具体成果都是在东盟加中日韩即10 +3框架下取得的。10 +3的机制在推动东亚合作方面发挥了积极作用。

当然我们可以看到，目前的东亚区域经济合作，特别是

"10+3"的谈判已在启动，但是其合作的实质主要是功能性的合作，即在贸易、金融、次区域等具体领域、具体项目上进行合作。这种合作模式虽然适应了东亚地区经济社会发展水平差异大，各方利益不容易协调的现实，但离走向东亚共同体的目标还相当远。首次东亚峰会的召开是东亚整合各方经济合作形式、战略、目标的一次具有历史意义的会议。东亚峰会确立了峰会的定位是建成一个开放、包容、透明和外向的论坛，并就共同感兴趣和关切的战略、政治和经济问题进行对话。这个机制为在各国最高首脑层面研究和确立东亚合作的方向和战略提供了可能，而这正是东亚合作进程所迫切需要的。东亚峰会的政治象征意义已超过了其议题的重要性。因此，东亚有望在东亚峰会的指引下，走上区域合作的另一途径——东亚共同体，尽管困难重重。

二、东亚"10+3"历次会议成果和进程

1997年12月15日，首次东盟与中日韩领导人非正式会议在马来西亚首都吉隆坡举行。东盟各国和中日韩3国领导人主要就21世纪东亚的发展前景、亚洲金融危机、发展和合作问题，坦诚深入地交换了意见，取得了广泛共识。对加强东亚地区的合作发出了明确的政治信号。江泽民主席在会上发表了题为《携手合作，共创未来》的重要讲话，回顾了东亚国家近二三十年来所发生的深刻变化和取得的巨大进步。东亚合作开始进入实质启动阶段之后，东亚领导人会议每年召开一次。

1998年12月16日，第二次东盟中日韩领导人会议在越南首都河内举行。这次会议取得了具体的成果，并将东亚合作推向务实的方向。会议的主要议题是：加强地区合作，克服金融危机，恢复地区经济增长和促进地区的安全与稳

定。东盟各国和中日韩3国领导人就如何加强东亚国家之间的合作，克服金融危机的影响，维护地区的和平、稳定与发展交换了意见。他们一致认为，这种会议非常重要，有利于加强东盟各国和中日韩三国之间的合作。胡锦涛主席在会上发表讲话，就东亚如何摆脱金融危机、恢复经济增长提出了中方的建议。会上中国领导人还就加强东亚合作提出了举行东亚国家副财长和央行副行长会议，研究国际金融改革及监控短期资本流动的问题的建议。与会领导人一致同意中国的建议，这使得东亚地区第一次有了高层政府职能部门之间的对话与协商，并就地区重大的经济问题寻求建立合作机制。

1999年11月28日，第三次东盟与中日韩领导人会议在菲律宾首都马尼拉举行。这次会议的主要议题是如何推动东亚地区合作，成为东亚合作的一个重要转折点和新起点，因为这次会议就推动东亚合作的原则、方向和重点领域达成了共识。13国领导人经过积极磋商，共同签署了《东亚合作联合声明》。《声明》指出，东亚各国加强合作、密切相互之间的联系有着光明的前景，这一合作的不断扩大，为相互开展合作提供了更多的机会，从而加强了那些对推动本地区和平、稳定与繁荣至关重要因素的形成与成长。各国领导人承诺根据《联合国宪章》的宗旨和原则、和平共处五项原则、《东南亚友好合作条约》以及公认的国际法准则处理相互关系。各国领导人一致同意成立“东亚合作展望小组”，就东亚合作的前景和规划提出建议。这次会议具有重要的历史意义，它标志着“10+3”合作框架的基本形成和开始运作，为东亚地区经济合作展示了光明的前景。

2000年11月24日，第四次东盟与中日韩领导人会议在新加坡举行。这次会议就落实1999年领导人声明的合作重点提出了具体措施，肯定了2000年5月财长会议就货币合作达成的“清迈协议”并就加快湄公河流域的基础设施建设提出了具体行动计划。同时，领导人还就自由贸易投资区和全面经济合作等问题进行了研究。为此，各国领导人决定成立由各国高官组成的“研究小组”，就领导人达成的共识和“东亚合作展望小组”提出的建议进行研究和落实。这次领导人会议所表现出来的务实作风和面向未来的积极姿态，为东亚进一步深入合作打下了一个良好的基础。新加坡领导人会议还进一步加强了东亚国家领导人之间的对话和合作机制，特别是确立了中、日、韩领导人之间的正式协商与合作机制。三国领导人之间的协商合作机制的主要作用是共同努力推动整个东亚地区的合作以及加强三国之间的合作。这些成果显示东亚合作开始步入正轨。

2001 年 11 月 5 日，第五次东盟与中日韩领导人会议在文莱首都斯里巴加湾市举行。与会各国领导人讨论了《东亚展望小组报告》，重点就加强东亚在各个领域的合作与交流广泛交换了意见。这次会议是在复杂严峻的形势下召开的。一是发生了“9·11”事件，反恐怖成为世界和东亚地区的一件大事；二是受美国经济形势恶化的影响，大多数东亚国家和地区的经济严重下滑。为此，各国非常关注东亚领导人会议是否能够成功召开并取得可喜的成果。此次会议的最大成果是中国和东盟领导人就建立紧密经济合作关系达成共识，宣布用 10 年时间建成中国——东盟自由贸易区。

2002 年 11 月 4 日，第六次东盟与中日韩领导人会议在柬埔寨首都金边举行。人们普遍认为，中国在亚洲金融危机之际挺身而出，表现出一个泱泱大国负责任的风度；而双方经贸合作又有潜力可挖，整合一个有 17 亿人口区域合作可以推进区域经济的发展和社会的福祉。本次会议前总理朱镕基同志重点围绕 10 +3 会议主题“推进东亚合作”发表看法，提出深化 10 +3 合作的政策主张：第一，深化经济、金融合作，巩固 10 +3 合作成果；第二，拓展政治和安全等领域合作，开创10+3全方位合作的新局面；第三，进一步加强合作机制建设，探讨10+3合作未来方向；第四，推动社会各界的全方位参与等。

2003年10月7日，第七次东盟与中日韩领导人会议在印度尼西亚巴厘岛举行。中国国务院总理温家宝出席会议，并发表了以“共同谱写东亚合作新篇章”为主题的讲话。

2004年11月29日，第八次东盟与中日韩领导人会议在老挝首都万象举行。温家宝总理和东盟10国及日本和韩国领导人出席了会议。

2005年12月12日，第九次东盟与中日韩领导人会议暨首届东亚峰会在马来西亚首都吉隆坡召开，会议发表了《吉隆坡宣言》。其主要内容涵盖全面，包括了政治、经济、安全等问题，明确了东亚峰会的性质和东盟主导作用，决定东亚峰会将定期举行。温家宝出席在马来西亚首都吉隆坡举行的第九次东盟与中日韩领导人（10+3）会议并发表题为“中国的和平发展与东亚的机遇”的重要演讲。

2007年1月14日，第十次东盟与中日韩领导人会议在菲律宾宿务举行。会议议题是：第一，就国际和地区问题交换意见；第二，回顾及展望10+3合作未来发展。温家宝总理出席并在演讲中指出，近10年来10+3合作保持了良好发展势头和旺盛活力，确立了在东亚合作中的主渠道地位。10+3的发展增进了各方相互理解和信任，推动了本地区经济增长和社会进步，促进了东亚稳定与发展，提高了本地区在国际上的地位和影响。温家宝总理号召各国应在构建一个政治上互信共存、经济上互利共赢、安全上互助共济、文化上互鉴共进的和谐东亚方面取得共识。会后发表《第十次10+3领导人会议主席声明》。

2007年11月20日，第十一次东盟与中日韩领导人会议在新加坡举行。温家宝总理出席。会议议题是：第一，就国际和地区问题交换意见；第二，回顾及展望10+3合作未来发展。会议审议通过了第二份《东亚合作联合声明》和《2007—2017年东盟与中日韩合作工作计划》，决定建立10+3合作基金。

2009年10月24日，第十二次东盟与中日韩领导人会议在泰国华欣举行。温家宝总理出席。会议议题是：第一，就国际和地区问题交换意见；第二，回顾及展望10+3合作未来发展，重点讨论气候变化、灾害管理、粮食和能源安全、公共卫生、经济和金融以及教育合作。会议发表了《10+3粮食安全和生物能源开发合作华欣声明》。第12次10+3领导人会前，10+3国家于6月发表《东盟与中日韩合作应对全球经济和金融危机联合新闻声明》。

2010年10月29日，第十三次东盟与中日韩领导人会议在越南河内举行。温家宝总理出席。会议议题是：第一，回顾10+3合作，展望未来发展方向；第二，就地区和国际问题交换看法。温总理宣布，在2009年承诺为10+3大米紧急储备项目专储30万吨大米的基础上，中国再捐资100万美元；向10+3合作基金注资100万美元，用于推动东亚自贸区建设的相关工作。

2011年11月18日，第十四次东盟与中日韩领导人会议在印度尼西亚巴厘岛举行。温家宝出席。温家宝总理讲，东盟与中日韩“10+3”合作发挥了重要作用。东亚各国在不同程度上都面临经济结构调整、改善民生、增强可持续发展能力的艰巨任务，地区发展还很不平衡。我们要采取更加有力的措施，增强凝聚力和内生发展动力，通过进一步深化合作提高抵御风险的能力和整体竞争力，在世界格局的变化中占据主动位置。

三、中国在“10 +1”合作的领先和日韩的跟进

推进中国—东盟自由贸易区建设是中国政府高瞻远瞩的战略思维，其目的是为了在区域经济一体化中抓住机遇，抢占先机，率先形成区域合作的态势，迫使日韩等东亚发达国家参与到区域合作中来，尽快形成日本—东盟、韩国—东盟自由贸易区。日韩是东亚经济强国，没有这两国参与区域经济的合作，东亚区域经济合作就不完整，东亚区域经济合作的作用就会削弱，东亚在世界区域经济合作中的地位就会显得较低，其会直接影响中国的国际影响力。

在东亚区域经济合作障碍较多的情况下，在 3 个“10 +1”的范围内，中国与东盟率先建立自由贸易区，对日本和韩国的政治和经济领导曾产生了巨大刺激，加快与东盟的合作就成为日韩要首先考虑的战略问题。

（一）“10 +3”合作中日本的战略的转变

一贯以“贸易立国”的日本提倡自由贸易，虽然在 20 世纪 60 年代、70 年代提出“环太平洋经济合作设想”，但不主张签署双边或多边自由贸易协定。对于 1990 年马来西亚总理马哈蒂尔提出的“东亚经济共同体”（EAEC）和“东亚经济集团”（EAEG）的构想，也只是采取观望态度。随着欧盟（EU）和北美自由贸易协定（NAFTA）等区域经贸合作效果的日益显现，尤其是 1997 年亚洲金融风暴之后，日本开始认识到东亚区域金融以及经贸合作的必要性，从过去的只追求世界贸易的自由化和单纯依靠 WTO 的政策转到谋求区域经济统合的方向上来，积极疏通以自由贸易协定（FTA）为主轴的经贸合作渠道，参与和推动东亚经济合作。

21 世纪初，面对中国在东亚区域合作方面的积极态势，

特别是中国和东盟自由贸易区的启动，日本东亚区域合作政策采取从 FTA 到 EPA 的多元化策略。日本与东盟之间于 2001 年 9 月设立两国政府有关部门的官员、学者组成的“日本东盟 CEP（Closer Economic Partnership）专家会议”，并在 2002 年 1 月举行了第一次会议。日本作为亚洲的经济大国一直谋求成为未来东亚自由贸易区的领导者。一方面，日本试图与东盟签署自由贸易协定把中国排除在东亚自由贸易区之外；另一方面，通过与韩国、新加坡签订双边自由贸易协定以求打开突破口，取得区域经济合作的实质性进展。从 2001 年起，日本分别与新加坡、韩国进行缔结自由贸易协定的相关谈判。

2002 年 1 月，《日本与新加坡全面经济伙伴协定》正式签订。这是日本与外国签署的第一个自由贸易协定。根据这个协定，日本将取消 94% 的新加坡进口关税，新加坡将取消现存对日本商品所有关税。日本希望以此为模式，建立“日本—东盟自由贸易区”，并希望以日本与东盟建立“共同体”关系为基础，实现整个东亚地区的合作，即从建立“日本—东盟自由贸易区”扩大到建立东亚经济共同体，并吸收澳大利亚和新西兰参加。

2002 年 11 月，日本与东盟签订了《全面经济合作的共同声明》，提出了在 10 年之内与东盟签订自由贸易协定的目标。2003 年 10 月，日本—东盟自由贸易区的进程正式启动。2003 年 10 月，日本与东盟正式签署了《日本与东盟全面经济合作伙伴框架协议》，确定了日本—东盟自由贸易区的目标、基本原则、措施、范围、时间表，以及在货物、服务和投资等领域的谈判和机构安排，它为未来建立日本—东盟自由贸易区设计了基本框架。2003 年 12 月发表的《东盟—日本行动计划》中，双方提出了 3 个主要合作方向和 100 多项具体合作项目。在 2003 年 12 月东京举行的日本与东盟特别首脑会议上，正式签署了《东南亚友好合作条约》，并发表《东京宣言》倡议构筑“东亚共同体”，明确表示要在2012年建立日本—东盟自由贸易区。

日本与东盟自由区的设想是在中国提出与东盟建立自由区以后提出的，从时间上看，比中国要晚一拍。当时中国与东盟签署了区域经济合作的框架协议，并决定在未来10到15年的时间内建成中国—东盟自由区，但与日本却没有这样的协议。在这种情况下，日本是非常着急的。日本的政府官员、企业界人士、学者正在大力鼓吹尽快建立日本、东盟自由贸易区。但恐怕难能如愿。从东盟的角度看，绝大多数国家“二战”时曾遭日本蹂躏，国民对日本普遍没有好感，即使政治家意识到经济方面的好处，但往往由于政治考虑而放弃与日本接近的想法。

日本随后与菲律宾、泰国、马来西亚就自由贸易区问题进行了实质性谈判，其在东亚区域合作政策方面有了显著突破。与此同时，日本与中韩的经济合作也通过2002年文莱首脑会谈加速推进。三国对《中日韩FTA的可行性与效果》共同研究课题表示积极支持。2003年在巴厘岛首脑会谈中，日本提议进行有关“三国间投资协议形式”的非官方共同研究。10月，中日韩发表了《中日韩推进三方合作联合宣言》，表明三国友好是东亚合作不可或缺的。

继中国与东盟签署自由贸易区后，日本和东盟确定了在2012年建成该自由贸易区的目标。尽管它建成的时间表要迟于中国—东盟的自由贸易区，但截至2012年建立日本—东盟自由贸易区的设想还没有实现。

（二）“10+3”合作中韩国的战略导向

受亚洲金融危机沉重打击的韩国，对东亚区域经济合作非常热心。早在1999年11月，韩国总统金大中就提出了中日韩与东盟建立“东北亚经济合作体”的设想，作为10+3组成部分之一的“东亚展望小组”，也是根据韩国总统金大中的提议建立的。该小组每年向“10+3”领导人会议提交《东亚展望报告》。2001年，金大中又主张将“10+3”机制改为“东亚峰会”，最终建立“东亚共同体”。

韩国除了同日本开展有关FTA的研究之外，也参加了曼谷协定。对于部分东盟国家有意以东盟为主导，分别吸收中、日、韩等参加，最终成为“东亚联盟”的主张，韩国也表示要考虑研究韩国—东盟自由贸易区的可能性。中国—东盟自由贸易区启动之后，对韩国震动很大，韩国政府希望尽快将自由贸易区的范围扩大到韩国和日本。

2003年2月，韩国与智利签署了第一个双边自由贸易协定。接着3月，韩国与新加坡的联合研究小组在汉城举行首次会谈。韩国认为，新加坡是继智利之后推进双边自由贸易化的第二个最理想国家。2004年1月，韩国与新加坡双边自由贸易协定的首轮谈判正式启动。同年12月，韩国与日本的双边自由贸易协定谈判也正式展开。

2004年11月，在韩国与东盟领导人会议上，双方就韩国—东盟自由贸易协商问题达成一致意见，确定在2005年韩国与东盟展开政府间协商，拟于2006年结束协商并签署韩国—东盟自由贸易区协议，并于2007年生效。双方确定在2009年建成东盟—韩国自由贸易区，较之中国—东盟自由贸易区建成提前一年。计划到2009年，双方对80%的产品关税降为零。至2015年，双方零关税品种达到96%。据韩国研究机构分析，韩国与东盟签订FTA协议5年后，每年拉动国内生产总值增长31个百分点，出口增加118亿美元。

东盟与韩国正式签订双边自由贸易协定框架下的协定，意味着一个涵盖超过6亿人口和国内生产总值的总和超过两万亿美元（约 2 万 8800 亿新元）的自由贸易区就此形成。

第四节 积极发展深化“10 + 1”合作

东亚区域经济合作已经成为亚洲区域合作乃至全球经济合作中前景最好的组成部分之一。中国政府在东亚合作问题上的政策立场是积极参与并推动本地区的合作，在“10 + 3”框架内着力发展同东盟的“10 + 1”合作。首先，中国将推进东亚区域合作置于同加强本地区各国双边关系同等重要的位置上，中国的外交努力将追求本国利益与维护本地区共同利益相结合。中国与东盟在“10 + 1”机制基础上开展的互利合作，既带动了中国—东盟经贸关系的全面发展，也为整个东亚地区国际经济机制的建立树立了榜样。其次，推进区域合作是中国实践“与邻为善，以邻为伴”周边外交方针的具体体现。中国政府在一贯奉行的睦邻外交政策的基础上明确提出了“睦邻、安邻、富邻”的政策目标，其宗旨是要建设一个和平稳定、和睦相处、共同发展的周边环境。中国不仅需要通过双边交往，还需要通过区域合作来推动这一目标的实现。最后，在“10 + 3”机制框架内，中国与东盟的“10 + 1”机制建设取得了重要而积极的进展。

所以，中国应加快中国—东盟双边合作进程，并在这一进程中发挥应有的大国作用。中国—东盟自由贸易区是促进双方全面合作的基础工程，这不仅能带来巨大的经济效益，也有深远的政治意义。对中国顺应世界经济区域化和全球化潮流，全面扩大对外开放以及推动整个东亚地区的经济合作都有重大的战略意义。而且有利于中国与东盟国家间增进互信，消除误解。中国与东盟不仅在经济层面是双赢的，对双方发展长期稳定的政治关系，促进东亚地区的和平、安全与稳定也十分有益。中国率先加入了《东南亚友好合作条约》，进一步加强双方关系的政治和法律基础并且与东盟建立了面向和平与繁荣的战略伙伴关系，为双方关系长期稳定发展指明了方向。

自 1991 年中国—东盟开启对话合作进程以来，双方按照“相互尊重、平等互信、互惠互利、合作共赢”的原则，不断深化在各领域的互利合作。2011 年 10 月 30 日，中国—东盟建立对话关系 15 周年纪念峰会在中国南宁隆重举行。这次具有历史意义的盛会必将把中国—东盟关系带入一个更加强劲、更加深入、更具活力的发展阶段。

东亚 13 国的人口占全球的 1/3，东亚地区的国内生产总值占世界总量的 20%，东亚国家的外汇储备占世界外汇总储备的 1/2，东亚地区作为潜力巨大的消费市场，其经济增长速度也是世界最快的，所以其应该独立于世界民族之林，更可以与美欧平分天下。中国—东盟自由贸易区的建立，不但给中国自己带来了前所未有的区域和国际发展空间和战略机遇，还为中国和东盟双方带来了经济与贸易的利益。同时也加速了日韩与东盟自由贸易区协议的签署。中国—东盟自由贸易区的建立，符合东亚地区的共同利益，其将有助于为本地区经济与贸易的发展和繁荣提供一个良好环境，有助于应对区域经济一体化和全球化的挑战，有助于推动东亚区域经济合作的向前发展和东亚共同体的构建，更有助于推进东亚区域经济一体化的进程。

总之，建立东盟与中日韩自由贸易区是和我国的经济全球化战略相辅相成的，它不仅使中国能从容面对经济全球化带来的挑战，更为中国积极利用经济全球化创造了良好的经济基础和政治条件。所以，加强与东盟经贸合作，这完全符合双方人民的根本利益。随着中国与东盟经贸关系的持续发展以及中国—东盟自由贸易区的建立，双方在互惠双赢基础上的全面经贸合作的前景更加广阔。但是，在2011年秋天，东亚峰会迎来俄罗斯和美国国家元首的参会，这使得东亚竞争上升到一个新的高度。

当前，中国应以积极参与和建设性姿态推动东亚经济合作进程，不断促进东亚各国在政治、经济、安全等各个领域的全面区域合作，使之最终走向“东亚共同体”，使东亚和中国成为世界政治经济格局中重要的一极。这对于促进东亚各国政治和经济的长期稳定和发展，维护世界和平与发展意义非凡。同时，在推进东亚区域合作的进程中，中国的综合国力和国际地位也将得到进一步的提升，中国作为世界和东亚负责任大国的形象将进一步得以确立，从而为中国在21世纪的和平崛起和综合国力的增强以及国际竞争力的提高打下坚实的基础。

第七章

中国—大湄公河次区域经济合作战略

20 世纪 90 年代以来，在区域经济合作的推动下，区域经济一体化也表现出多层次、多形式、多区域重叠的特点，在区域经济合作组织内部又出现各种次区域经济合作组织。这种次区域经济合作组织的出现，一方面适应了世界经济发展的趋势，同时也促进了区域经济合作组织自身的快速发展。大湄公河次区域（Greater Mekong Sub – region，缩写成 GMS）合作被确定为中国—东盟经济合作和建设的五个重点领域之一。大湄公河次区域合作具有较高的战略定位，它的进展直接关系到中国—东盟自贸区建设的发展，因此引起了国际社会的广泛关注。大湄公河次区域合作项目始于 1992 年，合作的范围包括澜沧江—湄公河流域老挝、缅甸、柬埔寨、泰国、越南五国和中国云南省。次区域合作有两个重点：一是加强次区域内的基础设施建设；二是加强次区域内贸易、投资政策等软环境的建设。合作具体涉及有七个领域：交通、能源、电讯、环境、旅游、人力资源开发、贸易与投资。近年来随着大湄公河次区域经济合作逐步展开，如何采取切实可行的步骤和措施来进一步扩大我国与湄公河流域五国的经贸合作，关系到大湄公河次区域经济合作能否大踏步发展，同时也关系到中国与东南亚国家的经济一体化进程问题。因此提出促进次区域经济合作进一步发展的措施，以切实推进大湄公河次区域合作和开发，实现次区域的共同发展和繁荣，已日渐成为国际关注的一个热点。

第一节

大湄公河次区域经济合作历史回顾

20 世纪 90 年代后，在国际政治多极化、世界经济全球化和区域经济一体化迅速发展的背景下，随着冷战的结束和中南半岛政治局势的逐渐缓和，湄公河流域国家关系实现正常化，大湄公河次区域经济合作引起了国际社会的广泛关注。亚洲开发银行根据银行成立时制定的宗旨和章程中“促进该银行与发展中国家成员间合作”的授权，及银行 1991 年通过的中期发展框架性计划，经与湄公河沿岸中、柬、老、泰、缅、越等六国进行一系列磋商后，制定了大湄公河次区域经济合作开发项目，提出了大湄公河次区域经济发展战略规划，希望通过开展地区合作，尤其是经济合作，通过提供贷款和技术援助，帮助该地区国家消除贫困，提高人民生活水平，促进该地区的经济和社会发展，这一合作被称为“大湄公河次区域经济合作”，也称亚洲开发银行大湄公河次区域合作（GREAT MEKONG SUBREGION COOPERATION）简称“GMS”。

一、次区域经济合作的概念及由来

之所以称为次区域经济合作，是因为亚行把促进亚太地区发展中国家之间的合作定名为区域经济合作，为此在亚太区域经济合作框架下的中、柬、老、缅、泰、越之间的合作命名为次区域经济合作。大湄公河次区域的界定有以下八个方面的理由：

1. 共同拥有湄公河。湄公河在六国的经济生活中占有重要地位。六国都需要在湄公河开发利用方面加强合作。

2. 六国除泰国属市场经济国家外，其他国家均属转型经济。

3. 六国都推进对外开放。

4. 六国都是资源富集地区，在合理使用低廉劳动力来进行开发方面各国相互间有巨大互补关系。

5. 各国边贸日趋繁荣。

6. 基础设施极为落后。次区域国家普遍存在交通、运输、通讯、电力、水利、港口设施落后的状况。其中中国云南省和老挝无出海口。

7. 六国发展资金极度匮乏。资金短缺是次区域国家存在的普遍问题，严重制约了基础设施及其他领域发展的规模和速度。

8. 六国文化背景极为相似。基于上述理由，湄公河各国都希望发展国际化区域经济体系来谋求本国经济分展。

二、次区域国际经济合作开发机制

大湄公河次区域经济合作以项目为主导，比较务实。经过十多年的发展，大湄公河次区域已经成为世界上发展最快和东亚一体化速度最快的地区之一。自20世纪90年代初亚洲开发银行倡导湄公河次区域经济合作以来，澜沧江—湄公河流域的国际区域合作引起了国际社会的广泛关注，日本、欧美、东盟及其他发达国家和国际组织也先后介入该地区，形成了几个较有影响的合作机制。目前，中国参与的主要是以下前4种机制：

（一）亚洲开发银行大湄公河次区域经济合作（Economic Cooperation in Greater Mekong Subregion，简称GMS）

亚洲开发银行大湄公河次区域合作范围，包括湄公河流域老挝、缅甸、柬埔寨、泰国、越南五国和中国云南省。合作宗旨旨在改善次区域基础设施，扩大贸易与投资合作。合作范围涉及9个合作领域，即交通、通讯、能源、旅游、环境、人力资源开发、贸易和投资、农业、私营部门参与等领域；合作项目包括了南北、东西和南部经济走廊、交通、能源、贸易投资、人力资源开发、环保、电讯、农业和湄公河旅游发展等11个骨干项目。

（二）东盟—湄公河流域开发合作（Asean - Mekong Basin Development Coopertion，简称AMBDC）

东盟—湄公河流域开发合作机制由东盟主导，原东盟七国和中、缅、老、柬等11个国家为开发合作核心国，并欢迎日本、韩国参与。该合作机制始于1996年6月，旨在加强整个东盟与澜沧江—湄公河沿岸各国经济联系，建立经济伙伴关系，缩小老东盟与新东盟的差距。合作领域包括基础设施建设、投资贸易、农业、矿产资源开发、工业及中小企业发展、旅游、人力资源开发和科学技术等八个方面。该合作机制在1996年和2000年召开过两次部长级会议。东盟—湄公河流域开发合作组织实际上就是东盟10国加中、韩、日三国区域合作格局。

（三）新湄公河委员会（Mekong River Commission，简称 MRC）

新湄公河委员会（MRC）是在1957年成立的湄公河下游调查协调委员会（老湄公河委员会）的基础上产生的。1995年4月，湄公河下游泰国、老挝、柬埔寨和越南四国在泰国清莱签署了《湄公河流域可持续发展合作协定》，承认“湄公河流域和相关的自然资源及环境，是沿岸所有国家争取经济和社会富足以及提高本国人民生活水平的具有巨大价值的自然资产”。四个国家决定在湄公河流域开发和管理的一切领域，包括河流资源、河上航运、洪水控制、渔业、农业、发电及环境保护等所有可能产生跨越国界影响的领域进行合作。依照协定建立的新湄公河委员会（Mekong river commission），取代了原来的湄公河临委会。新湄公河委员会的职责范围远超出了湄公河临委会，并不限于调查和协调湄公河下游水资源的综合开发，而是根据可持续发展思想，强调对整个湄公河的水和相关资源以及全流域的综合开发制订计划并实施管理。中国与新湄公河委员会迄今已举行过9次对话会，在水文、航运、水电、旅游、人力资源开发、环境和水资源开发等7个领域进行了广泛对话。

（四）中、老、缅、泰毗邻地区经济四角机制（QEC）

这个机制指的是四国交界地区的小区域经济管理合作，

又称“黄金四角计划”。其宗旨是建设中国西南通向中南半岛的陆上通道和经济走廊，实现中国与东盟两大市场的对接，并促进小区域内的经贸发展。“黄金四角”合作始于1993年，地域范围约16万平方公里，大致包括了云南省的西双版纳地区和思茅地区，老挝北方七省、缅甸东部的景栋、大其力地区和泰国清迈、清莱为主的地区。1998年，泰国成立由总理为首的指导委员会，创建泰北经济区。1999年2月5日中泰两国签署了《中华人民共和国和泰国关于21世纪合作规划的联合声明》声明承诺：“双方将对中、泰、老、缅四角经济合作及大湄公河次区域经济合作框架下的次区域合作给予更大的重视和支持。”

在上述澜沧江—湄公河4个主要国际合作开发机制中，中国都是正式成员国或对话国，在今后的澜沧江—湄公河经济开发过程中，中国应该与东盟进行协商，将现有的机制制度化，使澜沧江—湄公河经济开发合作有组织、有步骤地进行。

三、大湄公河次区域基本概况

大湄公河次区域是指以澜沧江—湄公河为纽带，由缅甸、老挝、泰国、柬埔寨、越南等五个主权国家和中国的云南省、广西壮族自治区共同组成的地域范围，总面积256.86万平方公里，总人口约3.2亿人口，生产总值达1900亿美元。次区域周边与印度、孟加拉、马来西亚等国接壤，泰国、越南、缅甸、柬埔寨濒临太平洋。

（一）大湄公河次区域自然概况

澜沧江—湄公河是一条国际河流，流经中、缅、老、泰、柬、越六国，被称为“东方多瑙河”。澜沧江—湄公河发源于我国的青藏高原唐古拉山北麓，流经西藏自治区，在云南省南部西双版纳傣族自治州出境，在我国境内叫澜沧江，出国后称湄公河，先后流经缅甸、老挝、泰国、柬埔寨和越南，在胡志明市以南注入南中国海；湄公河次区域位于东南亚、南亚和中国西南三个经济圈结合部，是连接中国和东南亚、南亚的陆路桥梁区域。区域内自然景观差异明显，涵盖了寒温带、温带、亚热带和热带等多种气候类型，具有寒山冰川、高原草甸、深山峡谷和河口三角洲等多种地理特征。

湄公河次区域的冲击平原和河口三角洲都是主要的农业耕作区，柬埔寨的湄公河流域和洞里萨湖沿岸平原；越南的红河三角洲平原；湄公河三角洲平原；老挝的沙湾拿吉平原；泰国的湄南河谷地；泰国湾冲击平原；缅甸的伊洛瓦底江三角洲平原和西塘河河谷等都是大米的主产地（见表7－1、表7－2）。

表7－1　　大湄公河次区域国家范围

单位：万平方米，万人，公里

国家	云南	柬埔寨	老挝	缅甸	泰国	越南
面积	39.40	18.10	23.68	67.66	51.31	32.96
人口（万人）	4333	1230	537	5200	6310	7870
毗邻国家	缅甸 老挝 越南	越南 老挝 泰国	中国 缅甸 泰国 柬埔寨 越南	中国 老挝 泰国 印度	老挝 柬埔寨 缅甸 马来西亚	老挝 柬埔寨
海岸线（公里）	—	460	—	3200	2600	3260

资料来源：董青伟：《澜沧江—湄公河流域基础资料汇编》，云南科技出版社2006年版，第61页。

表 7-2 澜沧江—湄公河流经里程、流域面积表

单位：万平方米，万人，公里

国名	流经里程	流域面积	备　注
中国	2160.8		中国内河 2129.8 公里，中缅界河 31 公里
缅甸	265	2.1	中缅界河 31 公里，老缅界河 234 公里
老挝	1987.7	21.5	老挝内河 777.4 公里，老缅界河 234 公里，老泰界河 976.3 公里
泰国	976.3	18.2	老泰界河 976.3 公里
柬埔寨	501.7	16.1	柬埔寨内河
越南	229.8	6.5	越南内河
合计		64.4	河流全长 2750.2 公里

资料来源：董青伟：《澜沧江—湄公河流域基础资料汇编》，云南科技出版社 2006 年版，第 61 页。

（二）次区域经济发展现状

除泰国外，次区域的经济发展水平仍很低。次区域内大多是以农业为主的国家和地区，自我积累、自我发展能力低，对区域外资金、技术和市场依赖程度高；调整经济结构，推行市场经济体制，改善基础设施，吸引外来资金，推进对外贸易，发展壮大各自的综合国力，已成为次区域各国面临的共同课题。但在世界经济发展和次区域合作的推动下，次区域各国经济、社会得到了较快发展。特别是经过十余年的合作，产业结构已有所改善，也渐渐引起有关国家和国际组织的关注，并以多种形式介入该区域的开发，使之成为颇具潜力的经济增长地区。但就总体而言，次区域经济和生产力发展水平还比较低，自然、半自然经济比重较高，第一、第二、第三产业发展不协调，产业结构不合理，农业和原料型工业比重较大，国民经济主要靠投资拉动。为此，各国都采取了一系列相关的政策和措施，并取得成效，经济状

况得到明显改善，发展势头良好。表 7－3 可以很好反映出次区域国家的经济落后状况。

表 7－3　　2009 年次区域国家基本情况简表　　单位:%，美元

国家或地区	GDP 增长率	人均 GDP
柬埔寨	5	775
老挝	539	878
缅甸	5.3	459
泰国	6.75	2291
越南	6.32	1162
云南省	8.6	2316
广西	14.2	2509

资料来源：《2004 年东盟统计年鉴》，2004 年版，第 47 页。

四、大湄公河次区域经济合作取得的成效

（一）建立了相互信任机制

次区域国家山水相连，交往密切，资源、产业和市场具有较强的互补性，都面临着促进经济和社会发展的艰巨任务。经过十余年的合作，各国均认为：加强合作，有利于巩固睦邻友好关系，沟通经济联系；有利于对这一地区丰富资源的共同开发，共同受益；有利于处理有效开发资源与保护生态环境的关系；必将为该区域各国的经济发展提供良好的机遇、实现优势互补；有助于各国加速实现发展目标。近年来，大湄公河次区域国家政局稳定，居民安家乐业，为进一步实施 1992 年以来的各项计划在相互信任、积极务实的基础上开展了卓有成效的合作，多边合作不断取得新的进展。

（二）签订了一系列的重要协议

为加强合作，明确合作目标和职责，各国在取得共识的基

础上，先后签订了一系列合作协议，实施了一批合作项目，促进了次区域国家的经贸发展，扩大了次区域合作的影响力。

表7-4为次区域国家签署的大部分协议。其涉及农业，技术、贸易、投资、交通、环境等诸多方面。

（三）强化了重要基础设施建设

基础设施建设项目已给次区域国家的经济和社会发展带来了巨大的收益。迄今为止，以交通项目为主的基础设施建设投资近20亿美元，极大地改善了区域内的路网布局。从1999—2004年，亚洲开发银行筛选出100多个优选合作项目，已经在运输和能源领域完成了12个项目；并为湄公河流域国家的基础设施建设累计提供贷款7.75亿美元，帮助融资2.3亿美元。

表7-4　　1992—2008年GMS成员签署的协议列表

年份	协议名称	签署国	内容
1993	《次区域发展未来十年战略框架》、《大湄公河次区域政府间电力贸易协定》、《全面启动湄公河开发计划》、《次区域跨境运输协定》	六国	GMS的基础
1995	《澜沧江—湄公河客货运输协定》	中老中缅	经济与贸易合作
1995	《澜沧江—湄公河客货运输协定》	中缅老	航运
1998	《中、老贸易协定》、《中、越经济合作协定》、《中、柬经济技术合作协定》、《中、泰贸易经济和技术合作谅解备忘录》、《中、缅关于未来双边关系合作框架文件的联合声明》	六国	
2003	《全面经济合作框架协议》	中泰	水果蔬菜零关税
2003	《关于共同推进建设大湄公河次流域信息高速公路的谅解备忘录》	六国	运输

资料来源：陆建人：《大湄公河次区域经济研究》，社会科学文献出版社2007年版，第108页。

目前，大湄公河航道主体改造、柬埔寨机场改造、中国云南机场改造、缅甸机场改造、曼谷第二国际机场工程、越南机场改造等工程已完成；昆明—曼谷公路、昆明—腊戍公路、泰北科技经济贸易区、桑河水电开发等一批项目正在实施；泛亚铁路、中国云南景洪电站及其向泰国输电工程、缅甸柳德那—泰国曼谷天然气管道工程、次区域沿海石油开发、泰—老—越光缆等一大批合作项目即将实施。中国政府援助500万美元的澜沧江—湄公河航道疏浚工程即将完工，这一国际“黄金水道”将发挥日益重要的作用。

（四）促进了贸易和投资壁垒的逐渐消除

经过多年的努力，大湄公河次区域合作的项目已经从最初的促进区域之间的贸易与投资的硬件基础设施建设（如优先发展次区域运输项目、能源通讯项目）演进到次区域之间政策和程序的统一和协调，以减少有形和无形的贸易壁垒。因此，在第一个十年计划完成以后，大湄公河次区域合作计划中开始强调降低区域内国家之间的无形壁垒，如柬埔寨、老挝、泰国、越南签署的意在促进人员和商品跨国流动便利化的协议就是一个例子。次区域合作通过高官会和部长级会议、技术援助、课题协作等一系列的行动，促使合作各方在许多重大项目、经济贸易运行规则等领域达成了一致，使合作不断向广度和深度推进。“大湄公河次区域便利跨境客货运输协定”、“次区域电力贸易协议”等的实行，将使一系列有碍次区域经贸合作的政策和制度障碍取得突破，为我国与次区域国家的经济技术合作、贸易投资创造了更为优越的环境。

（五）促进了金融合作

大湄公河次区域合作的另一个成就是促进了区域之间项

目融资的合作，特别是运输和能源、环境保护、人力资源开发等项目。作为大湄公河次区域合作机制的协调方，亚洲开发银行在促进大湄公河次区域合作中发挥了积极作用。截至2002年，亚洲开发银行为大湄公河次区域合作国家10个项目提供了8亿美元的贷款（其中我国云南有两个公路项目，贷款金额4亿美元），动员联合融资2.5亿美元；并为50多个项目提供了近600万美元的技术援助资金。此外，亚行还推动次区域国家就一些问题展开接触，并通过协商达成一些协议。这些项目的实施，积极促进了大湄公河次区域合作各国经济和社会的发展。9年多来，亚洲开发银行还向大湄公河次区域开发项目提供了32个、累计2500万美元的技术援助。①

（六）造就了一批投身于经济合作事业和扩大对外的人才

澜沧江—湄公河次区域蕴藏有巨大的人力资源，但从总体情况看，民族众多，文化教育落后，人口素质偏低，许多少数民族还处于刀耕火种的落后生产方式。因此，开发人力资源是目前澜沧江—湄公河次区域几种主要合作机制和西方国家所关注的一个重要问题。湄委会也很重视人力资源开发。② 一是从机构上改组秘书处，在秘书处下成立了人力资源开发与环境处；二是将人力资源开发纳入年度计划，并与其他建设工程性的项目一起寻求国际援助。最近几年重点抓了人员培训、人力资源开发规划和建立人力资源开发网络的工作。每年都要举办一些有4个国家参加的专项的和基础技

---

① 章远新：《大湄公河次区域经济合作与广西》，电子科技大学出版社2007年版。

② 何大明："澜沧江大湄公河流域开发研究的问题与展望"，《云南地理环境研究》第7卷第1期。

能方面的培训。

五、中国与大湄公河各国经济合作的成果

1992年至今，次区域经济合作已历经20多年的历程，中国积极参与了亚洲开发银行倡导的大湄公河次区域合作、东盟倡导的东盟—湄公河流域开发合作，并成为湄公河委员会的对话国。在次区域合作中，云南省与广西壮族自治区凭借得天独厚的区位优势，以代表方身份成为中国参与合作的主体和前沿。特别是中缅原油管道方面的合作对两国都具重要帮助。中缅原油管道设计年输原油2200万吨，天然气管道年输天然气120亿立方米。中缅原油管道使来自中东的原油绕过马六甲海峡，经由印度洋在缅甸上岸，由管道输送到我国，其除了将大幅缩短非洲和中东石油出口中国的路程外，还将使中国摆脱对马六甲海峡的依赖，对于改善我国西南地区能源紧缺，实现国家“原油进口多地区、进口方式多元化”战略具有重要意义。

（一）交通领域合作卓有成效

从1992年至今20余年合作以来，中国与次区域各国共同签署了关于澜沧江—湄公河航道改善整治、水电建设和商船通航和国际航线、跨国公路运输和泛亚铁路共建的有关协定，我国也把交通和能源合作作为重点，先后提出并优选形成了“22222”项目方案。改造建设两条公路，修建两条铁路：滇缅铁路，滇泰铁路；开辟两条水路：澜沧江—湄公河的疏浚与通航和元江—红河的疏浚与通航；改造两个机场：改造昆明国际机场和西双版纳国际机场。目前GMS建设取得了很大进展，在基础设施和商贸物流方面，形成了3条基本的线路。东西经济走廊（越南岘港—老挝—泰国—缅甸

毛淡棉）、南北经济走廊（西线昆明—老挝—泰国曼谷、中线昆明—越南河内—海防、东线南宁—越南河内）和南部经济走廊（覆盖泰国曼谷、柬埔寨及越南南部地区）已经形成，部分路段正在升级改造，贸易和物流得到发展。

南北经济走廊西线（昆明—老挝—曼谷公路）已于2008年正式通车。该通道上连接老挝、泰国的跨湄公河第三座大桥（清孔—会晒大桥），由中泰两国政府各提供一半资金共同建设，已于2010年2月正式开工，2012年9月建成通车。南北经济走廊中线（昆明—河内—海防）的中国境内段407公里已全部改造成高速公路，越南境内段正在改造之中。由中越两国政府共同出资建设的中越红河界河大桥于2009年9月1日建成。南北经济走廊东线（昆明—南宁—河内）公路通道全长1208公里，中国境内段已基本升级为高速公路，越南境内段为二级路，目前已列入高速公路升级改造计划，并正在组织实施之中。北部走廊（昆明—大理—瑞丽—缅甸）公路通道全长约820公里，自2010年9月以来，中缅双方就该通道项目成立了联合工作组，启动了通道的总体规划工作。

中国与各国密切合作，加入了《次区域便利货物及人员跨境运输协定》（以下简称《便运协定》），完成了《便运协定》全部17个附件和3个议定书的谈判和签署工作。与越南分别签署了《中越关于在河口—老街实施便运协定的谅解备忘录》和《中越关于在友谊关—友谊出入境站点及昆明—百色—南宁—友谊关—友谊—谅山—河内路线列入协定议定书的谅解备忘录》。与老挝签署了《中老关于在磨憨—磨丁实施便运协定的谅解备忘录》，开通了13条国际道路运输线路。中方还与老、泰两国就昆曼公路交通运输权益问题达成一致，目前中、老、泰三国正在履行国内法律程序，力争尽早实现昆曼公路的便利化运输。关于中缅运输协定，双方商定于近期在华举行谈判，力争早日达成一致并签署协定，为中缅两国的跨境运输提供制度保障和便利安排。

中国积极参与泛亚铁路合作。泛亚铁路东、中、西三个方案中国境内段的建设都已纳入中国《中长期铁路网规划》，且建设情况良好。其中：在东线，新建玉溪至蒙自铁路已于2005年开工建设，计划2012年建成；蒙自至河口铁路已于2009年底开工建设，计划2013年建成。在中线，昆明至玉溪铁路扩能工程已于2010年开工建设，预计2014年完工。玉溪至磨憨铁路正在开展可行性研究。在西线，昆明至广通铁路扩能工程已于2007年开工建设，计划2013年建成；积极推进广通至大理扩能工程建设前期工作；大理至瑞丽铁路已于2008年开工建设。在大力开展国内段建设的同时，中国也致力于支持泛亚铁路东、中、西三个方案境外段的建设。中国一直积极参与GMS铁路合作有关会议，探讨泛亚铁路规划，倡议GMS国家加快泛亚铁路缺失段建设，争取早日实现GMS国家的铁路联通。根据GMS国家的愿望，中国采取多种方式为泛亚铁路境外段的建设提供协助。2010年，中国出资完成了柬埔寨境内巴登—斯诺尔缺失段可行性研究工作；2011年出资完成了老挝境内万象—磨憨缺失段、缅甸境内木姐—腊戌缺失段可行性研究工作。

“交通运输仍将是大湄公河次区域最重要的合作项目。”亚洲开发银行中西亚局局长Juan Miranda指出，该区域将继续发展优先道路运输走廊，减少运输和贸易的非物质壁垒，切实将交通走廊转化为经济走廊。

（二）水资源领域的合作存在障碍但成果突出

大湄公河从源头到入海口，其落差达到了5167米，年平均径流量为15060立方米，居世界第八位。大湄公河流域左岸水系比右岸的发达，产水量也远高于右岸，约占全河水量的 70%。其中，流域面积大于 5000 平方千米的支流，全流域左岸有 15 条，而右岸只有 7 条。流域面积大于 1000 平方千米的支流，全流域左岸有 7 条，右岸仅 4 条。因为跨越纬度 25°，流域内的河川径流补给类型齐全，其中澜沧江是以大气降水为主，以地下水和高山冰雪融水补给为辅。上游段高山冰雪融水占有一定的比重，地下水补给占年径流量的 50% 左右。自中游段开始，雨水补给逐渐增大，地下水和冰雪融水补给相应减少。至下游段，雨水补给已经占年径流量的 60% 以上。湄公河的补给为雨和上游澜沧江的雪山融水，河川径流的变化与降水密切相关。降水占河流径流量的 1/2 以上，雪山融水只占 1/6 左右。

大湄公河虽然平均流量居世界第八位，但是由于河流流经的流域长，地理条件复杂，气候类型多样，导致水资源时空低于分配不均。

中国境内的澜沧江干流的水流量以及可开发的水资源都较高。云南省内澜沧江流域蕴藏着丰富的水及水能资源，仅澜沧江水资源量就达 517.6 亿立方米，占云南省水资源总量的 23.3%；水能资源可开发量达 2250 万千瓦，约占该省可开发容量的 25%，但目前的开发利用率很低，尚不到 12%；开展国际水运也有良好的条件。截至 2007 年，云南省可开发水能资源 9570 万 km，年发电量 4500 亿 km/h，调节性能优越，开发条件好，距离负荷中心较近，水电开发技术及经验丰富，具备成本优势。

湄公河可开发的水资源在缅甸境内非常少，但是其伊洛瓦底江和萨尔温江两条大江纵贯缅甸南北，是缅甸最重要的水资源地。缅甸境内的流域面积约占缅甸国土总面积的 60% 以上。缅甸水电资源理论总蕴藏量为 41780MW，技术可开发量为 39720MW，分别分布在全国的 12 个省（邦），其中装机规模在 10MW 以上的水电站坝址共有 70 处，总装机容量为39491MW。除了萨尔温江和伊洛瓦底江这两条大江河流水系外，缅甸还有锡当河、德林达依河和加拉丹河等较大的河流，另外，还有很多小河流分布在缅甸各邦。

老挝的湄公河，其水量占了湄公河总流量的35%，水能储量十分丰富。由于其水电站位置和泰国地理距离及负荷中心较近，能很方便地向泰国输出电能，其装机容量可达1800万kw，其中万象以北的湄公河上游，河床多石滩，水流湍急，成为水力发电的优越地段，但是枯季的万象平原则需要一定的灌溉用水。老挝已开发利用的水能资源主要分布在湄公河的支流上。

泰国的水能资源相对较少，但是在大湄公河次区域这6国中，泰国的水能资源开发程度相对较好。泰国的东北部是湄公河流域需要灌溉面积最大的干旱区，在其耕地中仅有6%得到了灌溉。因此，泰国对湄公河的利用时希望这条河能对其最大的干旱区进行灌溉。

柬埔寨境内河流众多，水能资源主要分布在湄公河及其支流、洞里萨河及其支流、独立流入罗湾的河流三大水系中，其中以湄公河及其支流的水能资源最为丰富，约占湄公河全流域面积的20%。此外，湄公河的公河，桑河，斯雷博河等主要支流也蕴藏着丰富的水能资源。柬埔寨境内的洞里萨湖是东南亚最大的淡水湖，也是湄公河流域最重要的洪枯水自然调节区，其主要的水需求是要求上游每年湿季保证相当的洪水来量，以保证湖区的洪泛面积，在枯季向下游释放，并且提高土壤肥力与有机鱼饵。柬埔寨全国水能资源理论蕴藏量为10000MW，技术可开发量为8600MW，但是实际上只利用了技术开发量的0.18%，总的来说，其水能资源开发利用程度非常低。

越南境内湄公河流域蕴藏着丰富的水能，年平均流量达4750亿平方米，3000吨轮船可通航。越南的大小河流共有

2860条，总长4万多千米，该流域内水势平缓，地势平坦，其流域面积约占湄公河总流域面积的8%，占越南国土面积的18%。越南水资源及开发利用条件均较好，也较重视水电建设，因此水资源利用率还比较高（见表7-5）。①

表7-5　流域各国水资源分布

国别	流域面积 $10^3 km^2$	流经里程 km	产水量 m^3/s	径流贡献率%
中国	16.5	2161	2410	16
缅甸	2.4	265	300	2
老挝	20.2	1987	5270	35
泰国	18.4	976	2560	18
柬埔寨	15.5	501	2860	18
越南	6.5	229	1660	11

资料来源：UNEP，Mekong River Basin Diagnostic Study［M］．Mekong River Commission Publication，Bangkok，Thailand，May 1997。

大湄公河流域水资源丰富，人均水资源量为8000m^3/人，远远超过了中国和亚洲的平均水平，接近全球的平均水平9800m^3/s，它为中国和东南诸流域国的经济发展提供了必需的水资源量。澜沧江水能资源丰富，在我国境内可开发容量为2737万千瓦，其中云南省境内可开发容量为1968万千瓦。澜沧江水能资源的开发是次区域开发合作的一个重要领域。在此之前，中国已在缅甸承建了16座水电站（其中云南承建了15座）。当前大湄公河次区域各国均处于经济快速增长时期，电力需求与日俱增，云南将进一步加强水电资源开发合作。“十一五”期间，云南向泰国输电规模将达到300万千瓦，向越南输电100万千瓦。

中国在次区域内水资源利用的过程中也遇到了来自其他

① 李岩、岳小月：“东盟：不能不抢占的贸易高地”，《进出口经理人》2007年。

国家的很多质疑。大湄公河流域在中国境内的就是澜沧江段，澜沧江是中国水电资源的富矿，特别是该河中下游河段，水能较集中，优良坝段多，建库条件好，地理位置比较适中，所以，我国在20世纪80年代初就完成了中下游河段的开发规划。但是近年来，云南和湄公河流域发生比较大的旱灾，湄公河下游国家开始怀疑是中国在上游建水库，直接影响了下游的水量和水质，于是引起了关于这个问题的争议。这些争议主要就是围绕着两方面进行：一方面在上游建水坝是不是影响了河流的生态平衡。一些环保组织以及下游的国家认为，修建水坝加速了湄公河水量的减少，水质、水流的改变使得湄公河三角洲因为季节性洪水泛滥和干旱受到侵蚀，给该地区带来了严重的损失。而从客观上来说大坝最大的生态影响是使流往下游的沉积物变少了，因为淤泥都聚集在水库里，使湄公河上的灌溉和航行更加便利。当然，水库建设可能对局部地区生态带来影响。根据环境评价分析，只要采取适当措施，这些影响是可以大大减少的，而且对中国境外的不利影响很小。同时，由于水库的净化作用和枯水期水量的增加，也有改善下游水质作用。另一方面在上游修水坝是不是会使下流河流的水量减少。环保组织认为修建大坝使得湄公河的水有规律的涨跌，使得下游国家的水量受到上游国家对水量需求所作的调控。而湄公河委员会和中国政府同时表示，在上游修水坝不会使得该河流的水量减少。湄公河水量的减少是由于自然原因造成的。2009年，湄公河流域的降水量同期下降了30%，而雨季却又比往年提前了一个半月结束，这让湄公河及其支流的水量变小。同时，澜沧江出境处年均径流量仅占湄公河出海口年均径流量的13.5%，湄公河水量主要来自中国境外湄公河流域（占86.5%）。

中国作为大湄公河流域的主要国家，要从该流域整体出发考虑生态环境状况和可持续发展战略，要把开发与保护资源和环境紧密联系起来，从一个大区的角度进行设计和开发。在具体操作上，建议加强向下游的报讯服务、信息交流等方面的工作，加强中国境内资源开发和森林保护的统筹规划，将澜沧江流域列入中国国家大江大河保护体系建设。2010年4月5日，首届湄公河委员会在泰国华欣举行，通过主题为“满足需要，保持平衡：面向湄公河流域的可持续开发”的《华欣宣言》，承诺要致力于建设“一个经济繁荣、社会公正和环境良好的湄公河流域”。①

（三）贸易与投资合作成果巨大

GMS经济合作自1992年成立以来，次区域合作日益深化，成果丰硕。中国与柬、老、缅、泰、越的贸易和投资规模日益增长，中国已经成为五国主要投资来源地和贸易伙伴。良好的合作成效使得中国与大湄公河次区域国家之间的贸易保持持续快速增长，贸易结构得到进一步的改善。特别是自2008年第三次GMS领导人会议和中国—东盟自由贸易区建成以来，中国与GMS国家之间双边贸易呈现出更加良好的发展势头，贸易结构进一步改善，双边投资额也有了较快增长。中国还以合资或独资等方式参与柬埔寨、泰国、越南的经贸合作区开发建设，促进了当地的经济发展。

近年来，中国与东盟经由湄公河次区域功能性合作形成了紧密交流相互依赖网络，双方各自发挥自身优势，以合作促进互补互利的经贸关系。中国与东盟建立了东西向与南北向经济走廊，有效刺激了私人企业在贸易、产品、旅游和其

① MRC Hua Hin. *Declaration of Mekong River Commission* (MRC), 5 April 2010.

他服务业方面的投资。①

与柬埔寨的双边贸易和投资。中国是柬埔寨最大的贸易伙伴和投资国，过去20多年中，中国在柬埔寨的经济活动迅速增加。双边贸易额从1996年的大约7600万美元增至2012年的25亿美元，而且两国誓言到2017年这个数字要翻一番。1994年到2011年，中国在柬埔寨投资了近400个项目，总值90亿美元。2010年，中柬双边贸易额为14.4亿美元，比2008年增长27.4%。其中，中国对柬埔寨出口13.5亿美元，进口0.9亿美元，分别比2008年增长23.9%和125%。从品种来看，中国对柬埔寨主要出口商品是纺织品、机电产品、高新技术产品、服装、钢材、农产品等；自柬埔寨进口主要商品是天然橡胶、服装、锯材、原木、农产品等。截至2010年年底，柬埔寨累计在华实际投资达1.2亿美元；中国对柬埔寨直接投资累计达11.3亿美元。此外，由中、柬企业合资开发建设的柬埔寨西哈努克港经济特区，总规划面积11.08平方公里，主要产业为轻纺服装、机械电子、高新技术。一期规划面积1平方公里，已于2008年年底建成；二期规划面积5.28平方公里。截至2011年8月，已有入区企业5家，吸收投资3270万美元，当地雇员3535人。中国在柬埔寨投资和中柬贸易额均呈逐年上升之势，中国已经是柬埔寨最大的投资国。在中国的帮助下，目前柬埔寨国内两公里以上的桥梁已有10多座。到2012年，将投产7座水电站，柬埔寨用电困难的现状将大幅改善。在新加坡拉惹勒南国际研究院研究中国外交政策的李明江说："柬埔寨知道，多年来，中国是其最重要的援助国。"

---

① Siriluk Masviriyakul, "Sino - Thai Strategic Economic Development in the Greater Mekong Subregion (1992 - 2003)", *Contemporary Southeast Asia*, Vol. 26, No. 2, 2004, p. 304.

柬埔寨投资委员会的数据显示，从 2006 年到 2012 年 8 月，中国企业在柬埔寨的投资超过 82 亿美元，远远超过韩国的 38 亿美元和美国企业的 9.24 亿美元。自 1992 年以来，北京向柬埔寨提供了 21 亿美元的农业发展援助和贷款，修建了超过 2000 公里的公路和桥梁。柬埔寨的数据显示，北京目前资助了包括公路和电力设施在内的 19 个开发项目，总价值为 11 亿美元。

与老挝的双边贸易和投资。2010 年，中老双边贸易额为 10.5 亿美元，比 2008 年增长 150%。其中，中国对老挝出口 4.8 亿美元，进口 5.7 亿美元，分别比 2008 年增长 77.8% 和 280%。至 2010 年年底，老挝累计在华实际投资达 3761 万美元；中国对老挝直接投资累计达 8.5 亿美元。2011 财年，老挝与中国双边贸易额为 3.17 亿美元，同比增长 66.8%。目前，老挝是世界上 10 个发展最快的国家之一，数据显示，2012 年 1—10 月，中国企业对老挝新增直接投资 3.8 亿美元，同比增长 100%。截至 2012 年 10 月底，中国企业已累计对老挝实现非金融类投资 16.3 亿美元，投资主要集中于水电、矿业、农林加工、服务业等领域。2012 年 1 至 9 月，双边贸易额逾 12 亿美元，同比增长 38.6%。两国在农业、科技、教育等领域合作不断深化。两国领导人就巩固和发展中老友好关系达成广泛共识。从品种来看，中国对老挝主要出口商品是机电产品、纺织品、服装、高新技术产品、汽车、摩托车等；自老挝进口主要商品是铜矿、铜材、农产品、锯材、天然橡胶等。

与缅甸的双边贸易和投资。2010 年，中缅双边贸易额为 44.4 亿美元，比 2008 年增长 68.8%。其中，中国对缅甸出口 34.8 亿美元，进口 9.6 亿美元，分别比 2008 年增长 75.8% 和 47.7%。从品种来看，中国对缅甸主要出口商品是纺织品、高新技术产品、钢材、摩托车、汽车等；自缅甸进口主要商品是农产品、原木等。截至2010年年底，缅甸累计在华实际投资达8972万美元；中国对缅甸直接投资累计达19.5亿美元。目前，中国已成为缅甸最大的贸易伙伴之一，两国间的贸易和投资正在蓬勃发展。2011—2012年度，缅中两国贸易额达到50.6亿美元，中国是缅甸的第二大贸易伙伴，2011—2012年度，两国的边贸额达到了29.8亿美元，占缅甸全国边贸总额的89%。其中，缅甸对中国出口18.2亿美元，从中国进口11.6亿美元。投资方面，据统计，截至2012年8月，中国对缅甸投资总额达到141.4亿美元，位居外国对缅投资首位。

与泰国的双边贸易和投资。2010年，中泰双边贸易额为529.5亿美元，比2008年增长28.4%。其中，中国对泰国出口197.5亿美元，进口332亿美元，分别比2008年增长26.5%和29.5%。2011年，中国是泰国第二大贸易伙伴，中泰两国的双边贸易额达580亿美元，比上年增长27%。泰国对中国的出口达270亿美元，比上年增长27.6%。泰国主要向中国出口橡胶、计算机和零部件、化工产品、塑料、橡胶制品和木薯淀粉产品。泰国主要从中国进口电子机械和零部件、计算机、日用电器和钢铁。泰国和中国两国政府将发表声明宣布两国的共同目标：推进中泰两国在中国—东盟自贸区协议之下更紧密的合作，到2016年实现泰中两国双边贸易额达1200亿美元。

近年来，中国对泰国投资的重要作用日益增加，尤其是2005年到2010年的7年间，中国企业向泰国投资促进委员会申请优惠待遇的投资总额年均增长41.9%。截至2010年年底，泰国累计在华实际投资达32.9亿美元；中国对泰国直接投资累计达10.8亿美元。由中、泰企业合资建设的罗勇工业园，总规划面积3.5平方公里，包括一般工业区、保税区、物流仓储区和商业生活区，主要产业有汽配、机械、家电等。截至2011年8月，已有入区企业34家，吸收投资3.15亿美元，当地雇员1991人。中国企业对泰国投资额累计9.11亿美元，为泰国第4大外国投资来源国。在2012年1—6月，中国投资企业在泰国获得批准18个促进投资项目，累计投资额2亿美元。相信在今后5年中，中国会加强对泰国投资，从而成为泰国的第2大外国投资来源国，仅次于日本。

与越南的双边贸易和投资。2010年，中越双边贸易额为300.9亿美元，比2008年增长54.6。其中，中国对越南出口231.1亿美元，进口69.8亿美元，分别比2008年增长52.8%和60.8%。从品种来看，中国对越南主要出口商品是机电产品、纺织品、高新技术产品、钢材、农产品等；自越南进口主要商品是机电产品、煤、高新技术产品、农产品、纺织品、原油、天然橡胶等。近两年，中越双边贸易额不断增长，1991年为3200万美元，2011年突破400亿美元，2006—2011年，两国边境贸易仍强劲增长，年均增幅约29%。2012年中越双边贸易额达410亿美元，其中中国对越出口额为289亿美元。预计2015年，中越贸易额将突破600亿美元。中国既是越南最大的贸易伙伴，也是越南最大的贸易逆差国。中国海关总署统计表明，2012年1至10月，中越贸易额为399.65亿美元，同比增长25.7%。自2004年以来，中国连续8年成为越南第一大贸易伙伴。

据越方统计，2011年中国企业对越投资7.5亿美元，是2010年的4.4倍，在当年各国对越投资排第五。中方统计，2012年上半年，中方企业对越新增投资同比增长105%，反映出中国对越投资的迅猛发展势头。现在，在太平、老街等多个省份，中国投资企业已成为当地最大的企业和当地经济发展的重要动力。仅2012年上半年，中方企业对越新增的投资额同比就翻了一番，而且合作呈现互利双赢格局，在电力、交通、化工等多个领域的合作中，中国企业凭借成熟的技术和丰富的经验，为越南经济发展和国家建设做出了贡献。中国还向越南提供了16亿美元出口优惠买方贷款和数十亿美元的出口信贷。仅2012年上半年，中方企业对越新增的投资额同比就翻了一番。

（四）中国致力于发展与GMS各国的电力合作

自2004年9月，云南河口至越南老街110千伏线路正式送电以来，中国南方电网以目前的3条220千伏、4条110千伏送电通道向越南北部八省送电，2010年向越南北部八省送电55.3亿千瓦时，同比增长24.9%。截至2011年8月底，已累计向越南送电209亿千瓦时。为解决老挝北部日益严重的缺电问题，中老双方开展了南方电网以115千伏电压等级向老挝供电项目的合作，该项目已于2009年12月投产，由中国南方电网向老挝北部四省供电。截至2011年8月底，已累计向老挝北部供电1.36亿千瓦时。2008年10月，缅甸目前最大的水电BOT项目—瑞丽江一级水电站6台10万千瓦机组正式并入中国南方电网向中国送电。

（五）旅游合作迈开新步伐

大湄公河次区域有着美丽的自然风光、丰富多彩的民族风清和悠久的历史文化，旅游资源极其丰富，无论是次区域内各国之间的双边合作，还是各种多边合作机制，都把旅游作为重要的经济合作领域。1998年11月，在昆明举行了由国家旅游局、亚太经社理事会、亚洲开发银行和湄公河旅游工作协调局联合主办、云南省旅游局协办的“大湄公河次区域旅游工作组第八次工作会议”，以推动次区域旅游开发合作优先项目的实施。随着次区域开发合作的深入，特别是中国昆明世界园艺博览会的成功举办，大大促进了云南与次区域国家的旅游合作。

2008 年，开通云南腾冲至缅甸密支那 4 日游边境旅游线路和广西靖西至越南高平 4 日游边境旅游线路。就合作开发德天瀑布一事与越南进行多次会谈，并取得阶段性进展。加强对出境游市场管理，要求出境游组团旅行社规范经营，诚信服务。与泰国等国旅游部门合作开展诚信旅游活动。

（六）毒品替代种植取得新突破

与云南省接壤的缅甸、老挝北部地区，长期以来大量种植罂粟，对中国和国际社会构成了极大的危害。在禁毒缉毒和实施替代种植罂粟方面，中国先后与次区域有关国家签署了一系列禁毒协议和禁毒行动计划，确立禁毒合作伙伴关系，实施了绿色禁毒和毒品替代种植计划，并开展了多种形式的毒品预防教育、缉毒执法、信息交流和戒毒治疗合作。同时，与缅甸、老挝、越南等国建立边境地区缉毒执法合作联络官制度，并积极推进周边国家毒源地替代种植和替代产业的发展，有效地打击了跨国毒品犯罪活动。尤其在实施毒品替代种植规划取得的成效更引起关注。由国际社会提供资助，依托中国，依托云南以及其他国家和地区帮助“金三角”进行罂粟替代种植，是解决毒品问题的有效方法。自 1990 年以来，取得明显成效，遏制了毒品，促进了当地经济社会进步，受到联合国禁毒署的高度重视和充分肯定。截至 2010 年，中国共有 190 多家企业在缅甸和老挝开展罂粟替代种植，累计种植面积 21 万公顷（缅甸 12 万公顷，老挝 9 万公顷)，共涉及橡胶、甘蔗、水稻、玉米、水果等 47 个品种。

近 20 多年来，在亚行和各成员国的共同努力下，GMS

合作稳步推进，成果丰硕，为消除贫困，促进 GMS 各国经济社会发展发挥了积极作用。合作注重以项目为主导，确定了交通、能源、电信、环境、农业、人力资源开发、旅游、贸易便利化与投资九大重点领域，并积极为成员国提供资金支持和技术援助。截至 2010 年年底，GMS 贷款（赠款）项目共 55 个，总投资约为 138 亿美元，其中亚行自身提供贷款 50 亿美元 GMS，国家政府配套资金 43 亿美元，联合融资 45 亿美元；技术援助项目 172 个，总额约为 2.3 亿美元，其中亚行自身提供贷款 1 亿美元，GMS 国家政府提供配套资金 2000 万美元，联合融资 1.1 亿美元。总的来说，自从大湄公河次区域开始合作以来，各个国家的政局稳定，居民安家乐业，为进一步实施各项计划奠定了很好的社会基础，有效地促进了大量的会谈和多边合作不断取得新的进展。①

2012 年 12 月，第四次领导人会议将在缅甸内比都举行，审议确定未来十年的合作战略框架是此次会议的重要议题。报告称，中国愿与 GMS 各成员国一道落实好各项合作倡议，推动各领域合作向新的深度和广度发展，为实现 GMS 各国的共同发展与繁荣作出积极贡献。

六、大湄公河次区域合作的特点

通过本区域的合作历史和现状我们可见，大湄公河次区域合作既具有传统区域主义又具有新区域主义的特点。首先，它的基本成员和地理范围比较固定，合作的范围包括澜沧江—湄公河流域老挝、缅甸、柬埔寨、泰国、越南五国和中国云南省，区域合作的主要领域始于经贸和人文等方面合

① 凌朔、张秋来：“网状连通框架带动大湄公河次区域发展”，新华网，2007 年。

作，但是，随着2011年10月5日“华平号”（中国籍）和“玉兴8号”（缅甸籍）两艘搭载13名中国船员的商船在泰国境内被不明武装分子劫持，在湄公河金三角水域遭遇枪击，造成12人遇难、1人失踪的重大安全事件的发生，致使中国和湄公河流域各国已经在打击毒品犯罪、拐卖妇女儿童犯罪等领域开展了有效合作，而且政治、安全方面的议题也提到日程。其次，区域各国并不排斥与次区域外国家开展合作，如中国、日本、韩国、印度和其他东盟成员国在大湄公河次区域都具有投资，美国也逐步加入，从2012年美国总统对缅甸的访问就体现出来。第三，本区域的合作范围逐步扩大，尤其是非经济贸易领域的合作。比如，本地区各国的安全合作，柬埔寨和泰国等已经结成了旅游共同体，实行免再签证等等措施促进相互间的旅游发展。第四，尽管大湄公河次区域国家经济发展水平差距较大，国家社会制度不一，但这些并没有影响他们相互合作的热情。相反，这些国家在相互帮助中共同发展，既满足了发达国家投资与市场，也促进了欠发达国家利用后发优势，促进经济迅速增长。

大湄公河次区域合作即是旧地区主义体现也是新区域主义在大湄公河次区域的具体反映。新旧区域主义在不同层面都强调地理上临近与经济上依赖，强调区域国家之间在历史、政治、文化、意识形态以及民族种族的同构性，即处于同一区域内的国家为了解决相互之间面临的共同问题，互动程度更为频繁，国家之间在不同领域之间存在相互需求，相互交往与交流不断增多，区域国家经贸合作大于竞争，地区一体化建设有利于促进所有国家的发展，区域内国家之间存在历史与现实的相互认同基础，地区经贸合作能够促进国家间的相互认同。与旧区域主义具有封闭性、排外性不同，新区域主义强调开放、包容与合作。[①] 第一，区域化应该与全球化连接起来，既能促进区域内经济整合与建立自由贸易区，也可以推动建立跨区域和区域间自由贸易区，推进全球贸易自由化的进程。第二，不应对成员身份做特别严格的规定，社会制度、经济发展水平、宗教信仰以及民族构成不同的国家都可以参与到区域合作的进程中。第三，不对成员参加其他区域合作做特别严格的规定，甚至希望各国通过多元参与加强经贸合作，分散成员的经济风险。[②] 第四，不对成员经济发展程度与速度并做特别严格的规定，对内融合和对外合作均实行“多速战略”，让不同国家按照不同的时间表有计划、有步骤融入区域化进程中。

第二节　大湄公河次区域经济合作有利条件与面临的障碍

大湄公河次区域经济合作既有合作的有利环境和条件，同时还存在着很多不确定因素，特别是政治等方面的问题。次区域的合作不仅仅是经济贸易等方面，其还涉及各国的外交、国家主权和领土完整问题。当合作将对国家的主权和领土完整方面造成威胁时，经济发展与合作将让位于国家安全利益。

① Björn Hettne, András Inotai and Osvaldo Sunkel, *Globalism and the New Regionalism*, Houndmill: Palgrave McMillan Press, Ltd., 1999, pp. 5 –6.

② Paul Bowles, “ASEAN, AFTA and the ‘New Regionalism,’” *Pacific Affairs*, Vol. 70, No. 2, pp. 224.

一、大湄公河次区域经济合作有利条件

（一）优势的地理位置

湄公河主航道在所有6个国家的境内。或边界流过，支流众多，易于航运。澜沧江—湄公河流域中，云南与缅甸、老挝、越南三国边界线406公里，边界上基本无天然屏障，村寨相接，山脉相连，四季皆通。澜沧江—湄公河流经云南省，经缅甸、老挝、泰国、柬埔寨、越南出海，沿岸有两个首都和10多个重要城市，有4条铁路和10多条高等级公路与河流相衔接。广大的湄公河流域是次区域经济的主要特征，在农业、林业、渔业和能源部门中起着重要作用，并且提供了一种重要的运输形式。此外，还有滇越铁路、滇缅公路、中印（史迪威公路）、昆络公路、中老公路、滇越公路，这些都是该区域开发的有利基础。

（二）良好的睦邻友好关系，深远的历史渊源

云南与东南亚在公元前119年就有悠久的“南方丝绸之路”。在2000多年的历史进程中，地理的、经济的、社会的条件都对毗邻各国的相互交往产生重要的影响。从历史的角度看，社会和经济条件起的作用是恒远的、跨越国界的，而政治条件却是相对暂时的。地缘经济影响地缘政治。与邻国的经贸往来是2000年漫长历史形成的，源远流长，是割不断的客观存在。目前，我国与东南亚各国友好合作关系进入全面发展的新阶段，在改革开放的大潮影响下，1984年以后，越南、老挝、缅甸都先后走上对外开放、合作的道路，尤其前苏联解体后，老挝转而寻求中国支持，对外经济关系有了重大调整和变化，发展与中国的经贸关系成为其政策的重点。

（三）次区域市场潜力及贸易、投资环境

次区域被视为“未开发的处女地”、“东南亚地区的最后一块大市场”。这一区域拥有2.55亿人口，GDP达2076亿美元。近年来，各国政治形势趋于稳定，经济获得了难得的发展机会。但是，也应清醒地认识到，次区域国家均是贫穷的或发展中国家，市场体系不健全。次区域市场，是一个还处于发育中的初级市场，是发展中的、待培育的市场。因此，次区域市场具有巨大的开发潜力，是一个需要全方位合作和吸引外来投资建设的大市场。目前，东盟国家市场经济规则已初步建立，政治、经济实力进一步增强，中南半岛经济圈正在形成，东南亚市场已具有7000多亿美元的商品交换能力。大湄公河次区域腹地及东南亚、南亚拥有20亿人口，是当今世界经济最具活力的地区之一，也是世界重要的战略物资补给地，必将成为21世纪世界和亚洲新兴的巨大市场。除湄公河沿岸国家外，印度和巴基斯坦等南亚国家也纷纷参与次区域合作。随着世界经济一体化、区域化和集团化趋势的迅速发展，更多的南亚国家，以及包括日本、韩国在内的东亚国家也进入这一地区。总体而言，次区域周边具有广阔的市场，是次区域经济发展和经贸合作的潜在动力。

（四）中国与次区域国家商品的互补性

中国与次区域国家的商品既有较大的同一性又有较大的互补性，从可持续发展的观点看，互补性将大大超过同一性。其主要体现在机械产品、运输工具和设备、建筑材料、林产品、矿产品和农、牧、渔产品等方面。由于六国共同拥有湄公河，除泰国外均属转型经济，六国都推进对外开放，各国的边贸日趋繁荣，文化背景也极为相似，同时六国都是资源富集地区，在合理使用低廉劳动力来进行开发方面各国

相互间有巨大互补关系，基础设施极为落后，其中中国云南省和老挝无出海口，最为关键的是六国发展资金极度匮缺，所以大湄公河次区域经济合作是大势所趋、人心所向的结论，这为未来直至今天的合作奠定了坚实的基础。①

1. 机械产品的互补性。中国与次区域国家相比，在重工业和机械工业方面具有明显的优势，中国的重工业和机械工业相对发达，而次区域国家的重工业和机械工业还未起步。随着次区域国家的重建和经济发展，这一地区对电力机械如发电机组、变电站和输电设备；林业机械如林木采伐机械、木材加工机械和家具制作机械等；粮油机械如辗米机、榨油机、食品加工机械和制酒设备等；农业机械如拖拉机、收割机、抽水机等；矿业机械如采矿机械、选矿设备和冶金机械等；榨糖、糖果加工和糖厂设备；烟草复烤、卷烟和烟厂机械设备等等，将可以大量进入次区域市场。以上机械产品大都是次区域国家的急需商品，对于其经济建设和资源开发将起到重要作用。

2. 建筑材料的互补性。次区域国家中缅、老、柬三国建材工业相对薄弱，仅有少量水泥厂、砖瓦厂和陶瓷厂等，而且质量较差，钢材基本依赖进口。高标号水泥、装饰材料的进口量也不少。这种状况在东盟自由贸易区建立前后一般时期将难以改变。因此，缅、老、柬三国的水泥特别是高标号水泥、钢材和装饰材料等的市场需求量会较大，中国建材产品可以大量向这些国家出口。

3. 矿产品的互补性。中国与次区域国家的矿藏资源，不论是种类或储量都有相近的地方。但也有较大的互补性，次区域的宝石多种多样，从缅甸北部到柬埔寨海滨是一大宝石矿带，有红宝石、蓝宝石、黄玉、白玉、黑玉、钻石、翡

① 杜新：《关联经济：一种新的财富视角》，新华出版社 2007 年版。

翠、猫眼、水晶等，其种类之多，储量之大，享誉全球，早已成为这一地区各国的主要出口商品之一。今后的开采、加工和出口量也将很大。次区域的宝石原材料、粗加工产品和成品都可以成为中国的重要进口商品之一。次区域国家的石油和天然气资源丰富，已探明的石油储量达21.9122亿吨，可供开采的天然气200亿立方米以上。据有关专家的估计，东南亚和次区域国家的石油和天然气储量将远远超过以上数据。而中国的西南的石油储量相对贫乏。次区域各国的煤也较丰富，其中越南的煤有无烟煤、烟煤、褐煤和泥煤等种类，储量近300亿吨，无烟煤储量为37亿吨，具有很高的经济价值，已成为向中国出口的重要商品。总之，中国与次区域国家的矿产品互补性是较强的，有的矿藏虽有相同之处，但中国已经过数十年的开采，有的正在减少，有的已经枯竭。从长远看，次区域国家的矿产品可以成为向中国地区出口的主要商品。

4. 农、牧、渔产品的互补性。次区域国家是世界农产品出口区之一，世界三大大米出口基地在次区域国家：一是泰国的湄南河三角洲；二是越南的湄公河三角洲；三是柬埔寨的洞里萨湖沿岸和中部平原。其他农产品如咖啡、茶叶、烟叶、糖棕、可可、胡椒、花生、棉花等在各国的出口商品中也占有一定的比重。从发展来看，次区域现在的耕地面积仅占可耕地面积的1/3左右，农业发展潜力很大，农产品出口的潜力也很大。而中国的人均耕地面积很少，可开发利用的土地更少。有些地区还要大量退耕还林，整个中国的农产品增长将是有限的。次区域有可能成为中国的农产品进口基地。次区域海岸线很长，有十分广阔的大陆架和海洋，还有众多的湖泊、江河和水库。发展渔业生产和渔产品出口的潜力也很大。

5. 化工产品的互补性。中国与次区域国家相比，化学工业占有绝对优势，现已建立了较完整的化工生产体系，可以成批生产硫酸、硝酸、磷酸、甲烷、乙醚、纯碱、油漆、化肥、涂料、塑料、药材、药品，特别是云南的磷化产品独占鳌头。而次区域国家的化学工业还比较落后，进口需求量很大。中国的化工产品完全可以大量进入这一地区市场，而且可以占有较大的市场份额。

综上所述，可以看出，中国未来可以大量向次区域国家出口的主要商品是机械、重工业产品和化工产品，而从次区域国家进口的主要商品是林、矿、农、牧、渔产品。

（五）中国与次区域国家投资需求促进其经济合作的步伐

在投资需求方面，次区域国家都有较大的投资需求，次区域国家对建设资金的需求可以说更大更迫切。如前所述，次区域国家都在进行基础设施建设，都在加速自然资源的开发，都在实施产业结构调整和产品的更新换代。这些大规模的经济建设急需巨额资金投入，对外资的需求量更大。依靠外援、外资和向外贷款从事本国经济建设，一直是这一地区国家经济的特点之一，这一特点在今后一段相当长的时期内将难以改变。次区域的主要投资需求，可以分为两大部分：一是次区域各国鼓励投资的领域和急需建设的工程项目；二是次区域经济合作项目。

次区域是中国的十分广阔的投资市场。虽然中国也急需大量资金从事自身的经济建设和开发，但从某种意义上讲，中国的开发和次区域的开发是相辅相成的。中国的发展离不开周边的市场，离不开周边的出海信道。还有次区域的许多交通和通讯工程项目是沟通中国与次区域和次区域出海的大通道，对中国经济走向世界将起到重大作用。

二、大湄公河次区域经济合作面临的障碍

（一）湄公河次区域经济发展相对落后，相互差距大

任何一个国家和地区在进入工业化过程中都有一个资本原始积累的过程，从湄公河看，除泰国已完成资本原始积累外，缅甸、老挝、柬埔寨和中国的广西、云南都没有完成资本原始积累。因此，次区域国家资金筹措十分困难。次区域内六国经济发展水平不均衡，除泰国外，越南、老挝、缅甸、柬埔寨 4 国作为东盟新的成员国，由于受历史、自然、政治等方面因素的影响，经济发展水平和开放程度远远落后于东盟老成员国。泰国经济发展水平较高，而缅甸、老挝和柬埔寨则被联合国列入最不发达国家之列。湄公河次区域经济实力的相对薄弱，发展水平差距大，是制约次区域经济合作发展的重要因素。湄公河流域的多数国家和地区分布着相当数量的贫困人口，缅、老、柬三国约 60% 的人口是生活在贫困线以下。其次，湄公河次区域开发的资金短缺，直接影响到次区域合作项目的展开。最近，亚洲开发银行的湄公河部门总管拉杰特纳格说，亚行对次区域拟提供高达 3 亿美元贷款的各项开发计划，包括电信、能源、交通、旅游和其他基础设施等 11 个领域，但到目前为止，在私人部门仅吸引到不及 10 亿美元的承诺投资。如果湄公河次区域开发缺乏资金，该次区域的 140 亿美元的开发计划在本世纪头 10 年内将难以达到预期目标。在国际融资方面，西方大国和主要国际金融机构对该区域关注度不大，所以对此区域投资十分有限，有时甚至设置障碍阻止国际资本流入。

（二）交通基础设施滞后

大湄公河次区域位于中国与东盟两大市场的中间地带，

但由于地理的、政治的、经济的以及各种因素的影响，至今尚未有一条纵贯南北的国际通道；连通中国与东盟的陆上国际通道，也多是以低等级的公路相连接，例如，中国云南与老挝、缅甸尽管有公路和水路相连接，但澜沧江—湄公河航运目前只能达到老挝的会晒，昆明—伊洛瓦底江水陆联运一直没有沟通；公路等级低，晴通雨阻。云南虽有铁路进入越南，但这也是一条有近百年历史的老式铁路，长期以来没有很好地改造检查和维修，基础设施已经严重老化。铁路原设计过货能力为150万吨，但目前只能达到45万吨。交通运输已满足不了发展需要，严重地制约着次区域经贸合作的进一步扩大。例如，云南省与泰国近在咫尺，但双方的贸易往来要通过广东、广西的出海口岸，通过海洋运输抵达泰国。运输距离长、时间消耗多、运输成本高，地缘的优势已经荡然无存。这种交通“瓶颈”的障碍，使次区域合作和经济发展难以形成良好的区域小气候。地缘的优势不能等于通道优势，两者是相辅相成的，地缘的优势只能通过通道的优势才能显现出来，否则只能是潜在的优势。

（三）市场发育总体水平低、开放度参差不齐

次区域合作是建立在市场发育到一定程度和各国相互开放市场的基础上的。市场规模越小，市场发育程度越低，市场机制能够发挥其调控功能的部分就越小，贸易往来就越来越困难，开展经济技术合作的难度就越大。在大湄公河次区域经济合作中，各方都希望从中得到经济利益，而能否给各方带来经济利益，这涉及各国对外开放的程度以及经济体制。次区域国家经济发展水平差异很大，对外开放程度也不一样，有的国家希望加快贸易自由化、投资便利化、地区经济一体化的进程；而有的国家则强调必须保持民族经济的特性，特别是一些新东盟国家仍然担心建立自由贸易区之后大

量廉价的中国商品会涌进本地市场，因此对中国格外谨慎，谈判中也会提出较高要价。因此，次区域经济合作在很大程度上取决于各国间的开放度，如果没有长期的战略合作关系，没有局部利益服从整体利益的全局观念，必然使相互贸易和投资的扩大受到影响。各国的市场经济建设程度处在不同的发展阶段，有的在这方面仍处在积累经验和探索的阶段；有的国家是刚刚加人 WTO 的新成员，在规范市场的建设和运行等方面缺乏合作经验，国际合作的政策法规体系、机构设置和项目确立等基础制度建设相对滞后；信息不对称、制度不对称还在严重地制约着相互的发展。

（四）劳动力素质低，缺乏技术及管理技能专业人才

次区域国家劳动力资源充足，但其素质却普遍较低，缺乏正规的训练和教育。多数地区教育落后，文盲和半文盲比例高。加之管理水平和技术落后，限制了国际经济技术合作的开展，严重地阻碍了该区域经济的发展。据不完全统计，澜沧江—湄公河次区域总体状况是：除个别国家和少数地区外，经济社会发展非常落后，许多民族仍重复着较为原始落后的生产和生活方式，人力资源丰富，但文化素质和身体素质普遍偏低，人力资源开发的潜力大。老挝农村人口约占总人口的 80%，科技教育比较落后，小学入学率不到 60%，青壮年人口的识字率仅 45% 左右，人均受教育年限 2—3 年，人口素质在东南亚也属最低的国家之一。缅甸人口素质也普遍较低，缅甸有大专院校 31 所，但缅甸近年来都是关起门来搞教育，而且经费短缺，教育质量不高，人力资源开发的潜力很大。泰国人口约 6120 万，农村人口约占 70%。经过多年的发展，泰国的教育发展较快，是亚洲教育较发达的国家，使其人口素质得到了大大提高。柬埔寨人口 80% 以上的从事农、林、渔、牧等行业，人口文化及健康素质较

低。全民识字率不到50%，人均受教育年限只有2—3年，文盲率高达65%，是亚洲教育程度最低的国家之一。越南人口总数约80%的是农村人口，素质仍偏低。越南全民识字率为82%。在东南亚地区属教育较发达的国家。反映在GDP的增长上，也取得了人力资源投资的收益。但越南科技落后，教育经费短缺，教育质量普遍不高，近年学生和教师流失严重，影响了人力资源素质的提高。

（五）项目开发与生态环境的协调发展

次区域的一些开发项目过分注重项目本身的经济效益，而忽视生态环境的保护。例如，1998年老挝建成了屯欣本水电站，通过向泰国售卖电力，取得外汇收入。但是，该水电站的建设导致该地区鱼类减少、水生流失、森林砍伐、水灾频繁和农地遭受破坏等。此外，湄公河次区域的市场经济尚不发达，贸易和投资环境不够完善，货物、服务、资本、技术和人员在区域内流动还存在着一些困难，也直接影响次区域经济合作开发的顺利进行。澜沧江—湄公河修建水电站是大湄公河区域各方倍加关注的焦点，关于修建水电站的争论则被称为“水政治”。修建水电站后，沿岸国家普遍担心的问题是河流的生态系统将遭到破坏等问题。

（六）政治制度不同和“中国威胁论”的存在制约了经济合作的发展

湄公河流域各国有着不同的政治制度，再加上冷战时期各个国家的历史遭遇使得各国在政治外交上相互猜疑，这必然会影响大湄公河次区域经济合作的顺利进行。我国与次区域不少国家之间在政治制度方面有差异。同时改革开放以来，我国经济发展迅速，一些国家在全球散播“中国威胁论”。而“中国威胁论”在次区域国家中也有一定市场，如有人宣称开通湄公河航线只会给中国带来实惠，澜沧江将修建的大梯级电站会给次区域国家带来不利影响等，这些舆论具有一定的煽动性，造成一些人对我国的担心，增加了部分跨国工程的实施难度。这些问题的存在都在一定程度上影响了我国参与次区域的经济合作。因为当国家的安全利益高于国家的经济利益，特别是合作将有损于国家主权和领土完整，经济发展必然让位于国家安全利益。因此，GMS 必须基于一个彼此信任的基础,① 那就是政治上的相互信任。近年来，由于美国和日本的参与，使得次区域的合作更增添了政治色彩。

可见，由于次区域是一个多元化地区，从种族、文化、经济到社会制度都不同，所以合作的目标也不尽一致，导致相互间信任度存在问题，发展自由贸易区与投资存在一定的难度。目前，次区域各国的对外经济关系重点仍放在次区域五国之外，五国内部贸易总量占其总贸易量的比例不足10%。因此在如何应对萧条和促进经济发展上各国的着力点也不一样，尤其是在进行经济结构调整方面很难采取区内一致的应对措施。一些国家还存在着社会混乱、种族矛盾和恐怖活动等隐患，这些都影响到外国投资者的信心。同时，我们也应该清醒地看到，在澜沧江—湄公河次区域的发展中还存在着一些非常值得关注的问题。比如，如何有效地实现物质资源和技术资源的共享，如何通过合作解决这一地区十分严峻的毒品问题、艾滋病问题、贫困问题和生态问题，如何通过次区域的经贸合作有效地促进东盟自由贸易区的建设，如何利用地区优势和发展机遇吸引更多、更广的中国内地和其他东盟国家经济主体的参与等等，所有这些问题都值得我们进行深入细致的研究和思考，需要我们以更大的决心和更

① http://www.sina.com.cn,2008 年 4 月 4 日,《解放日报》。

有力的工作来逐步加以解决。

自20世纪90年代以来，在国际政治多极化，世界经济全球化和区域化迅速发展的推动下，澜沧江—湄公河次区域合作引起了国际社会的广泛关注。所以大湄公河次区域经济合作是大势所趋，人心所向，这为未来直至今天的合作奠定了坚实的基础。中国自20世纪90年代初参加澜沧江—湄公河次区域合作以来，一直高度重视这一区域合作。

第三节 中国—大湄公河次区域经济合作战略

大湄公河次区域国家农业人口比重都相当大，乡村贫困是一种普遍现象，农业发展对这些贫困居民意义重大。所以大湄公河次区域合作的项目建设要与国家级农业发展项目紧密联系，并就有些较为普遍性的农业发展问题进行磋商和合作。如降低农产品销售成本问题。经过严重的亚洲金融危机以后，又面临当今世界经济的衰退，所以在大湄公河次区域合作重建投资信心是至关重要的。应该加快制度和政策的改革进程。包括加强金融市场的建设，促进国有企业的商业化，促进贸易与投资体制的自由化，拆除跨境贸易与投资的障碍。为了充分利用中国—东盟自由贸易区的优势和实现跨国基础设施利益最大化，应该加快实施跨境商品和劳务自由流动便利化协议的实施：

1. 对于跨境贸易便利化首先要简化关税程序。一站式关税监测系统应尽快在其他地方推行。加强关税程序透明度建设。

2. 促进贸易融资。跨境贸易与投资的便利化过程中金融便利化的作用不可忽视，尤其是对次区域合作中与私营企业而言。目前跨境贸易交割的主要障碍是大湄公河次区域合作的商业银行间缺乏可靠的支付系统，涉及跨境支付的商业银行适用不同的金融规则，因此，统一金融服务的规则已经是促进跨境贸易与投资的便利化的当务之急。

3. 促进投资。经济走廊的建设和其他经济合作项目的进一步展开会带来生产与分销的规模经济，提高次区域成员国的出口能力。坐落在经济走廊的企业的农产品加工和劳动密集型产业将是具有比较优势的产业。应该在技术、营销、信用和管理等方面进一步练好内功。大湄公河次区域合作企业论坛和当地政府及企业合作将有力地促进投资。此外，地区一体化的步伐不仅有赖于大湄公河次区域合作国家怎样尽快地适应 AFTA、APEC、WTO，而更依赖于边境基础设施的完善以及商品和人力资源的自由流动。这些计划包括运输和通讯基础设施的条款以及内部商品和人力自由流动的跨国协议。加强行业合作促进跨国基础设施建设。①

一、加强行业合作促进跨国基础设施建设

单一行业项目缺乏其他行业的协同配合，往往没有对区域合作有大的联动推动效应，如次区域运输道路的投资所带来的工业与贸易机会。大湄公河次区域合作第二个十年战略规划将更加强调产业的协同作用。因此，大湄公河次区域合作的行业项目需要跨国的行业联系机制相配合，强调跨国产业链之间以促进基础设施项目的社会和环境效应的最大化：

① 中国科学院："关于澜沧江地区综合开发及大湄公河次区域国际合作建议"，《地球科学进展》第 13 卷第 1 期。

1. 加强整体之间的合作。大湄公河次区域合作的“2+”原则导致不少成员国追求各自的区域合作而忽视了整体的一致性。大湄公河次区域合作相对非制度化的本质，只有一些议定书从而给予这些成员国更多的灵活性达成更多的双边的或是多边的协定而忽视了区域合作的推进。

2. 通过国家发展计划促进大湄公河次区域合作的一体化建设。随着全球和地区经济一体化进程，地区优先发展项目和国家发展计划都应该强调相互之间的统一与合作。因此，大湄公河次区域合作计划中的跨境基础设施项目应该与次区域各国国民发展计划相联系以保证政策的统一性和项目开发的效应最大化。如建设乡村公路对于当地农产品通过次区域经济走廊走向新的市场就意义重大。

3. 加强跨境基础设施建设合作，尤其是优先投资领域如交通、能源、通讯、旅游等。在开发中应该坚持开发效应最大化和成本最小化的原则并充分考虑边境和乡村的贫困居民的需要，以扩大受益范围。

二、对次区域内国家采取差异化政策

根据不同国家和地区的资源结构、经济结构及经济技术水平，寻求合作领域。具体地说，越、老、缅、柬等国，其资源丰富，但工业基础薄弱，经济技术水平差，应加强与之在资源开发和工业生产领域的合作。由于上述国家外汇短缺，在支付方式上要采取多种方式，灵活变通。泰国轻工业相对发达，经济实力较强，支付条件较好，从产业互补出发，应加强开展资源勘探、生产资料和生产领域的合作，并加强发展双边贸易，扩大贸易规模。遵循经贸合作的双向性，积极吸引澜沧江—湄公河次区域各国直接投资，同时鼓励云南企业走出国门，到澜沧江—湄公河次区域各国投资办厂。配合争取澜沧江—湄公河次区域各国的国际援助项目，开展工程承包和劳务合作。越、老、缅、柬等澜沧江—湄公河次区域各国接受外援较多，外援主要用于社会公共工程和基础设施建设。同时，积极争取我国对澜沧江—湄公河次区域各国经合项目，交由云南组织实施。加快与澜沧江—湄公河次区域各国的通道建设和口岸建设，积极参与澜沧江—湄公河次区域合作。

由于次区域各国经济发展水平不一，比如泰国经济发展水平较高，已进入工业化阶段，而缅甸、老挝、越南、柬埔寨等4国尚属于农业国。由于经济发展水平不同，导致了次区域消费需求的多样性和消费层次的多元化，既有一般技术含量低的劳动密集型产品的市场需求，也有技术含量高附加价值高的资本密集型、技术密集型产品需求，所以次区域国家贸易市场广阔，我们要扩大对次区域国家的产品出口，贯彻市场多元化战略，在澜沧江—湄公河次区域各国设立商务机构和信息窗口，并充分发挥澜沧江—湄公河次区域各国华侨华人的作用，进一步开拓东南亚市场。

三、开发人力资源，发挥大国优势

科学技术的发展和人力资源是一个国家实现国家富裕和消除贫困的关键，并且次区域合作也有赖于这些因素。大湄公河次区域合作国家拥有大量的劳动力，且还有大量的未实现充分就业，从高居不下的失业率我们就可以看出这一点。但是也反映出该地区劳动力生产率低下。由于人口结构相对年轻，大量的失业人口主要是青年人。泰国和中国成功地控制了人口的出生率，但其他大湄公河次区域合作国家仍然经历着高速的人口增长，这更加剧了劳动力过剩状况。柬埔寨、老挝、缅甸劳动力识字率低、教育水平低等因素阻碍了生产力水平的提高。营养不良健康状况很差成为一种较为普遍的现象。因此这些国家的国民发展战略应该重视反贫困进程和劳动力生产率的提高。而亚行对他们的帮助也主要集中在改善居民基本的健康状况以及提高教育水平方面。大湄公河次区域合作国家面临的主要挑战是如何提高劳动力的素质以适应高技术的工作。最为迫切的是发展国民教育、技术培训和公共健康。因此次区域的人力资源开发和合作就显得非常必要。主要措施包括：

1. 加强跨境人力资源开发和劳动力市场的建设。早期的一个技术援助项目—大湄公河次区域合作国家就业与培训合作奠定了次区域劳动力市场信息网络的基础而且也勾勒出了次区域之间教育证书的相互认证工作的基本轮廓。大湄公河次区域合作国家应该进一步加强劳动力信息体制的建设，并促进跨境人力资源的自由流动。在此基础上通过强化劳动力市场管理政策制定、法律框架、制度建设等方式来统一培训标准。技术证书以及培训机构的工作。当然如能制定一个次区域技术和教育证书相互承认的协议的话就更有利于解决这些问题。

2. 加强与人口流动相联系的公共健康和社会问题的关注和研究。次区域每个成员国者随该认识到随着人口的跨境流动必然会带来一些社会问题。如疾病的传播（艾滋病），移民和技术性工人的权利等。次区域应该利用规模经济的优势推行某些公共健康计划，如大湄公河次区域合作的疟疾控制的牛痘计划、艾滋病预防和控制计划预防和控制毒品蔓延计划等。

3. 建设高等教育和培训的网络，为了迎接生产和信息技术的变化带来的挑战，大湄公河次区域合作国家改善各国的研究与开发基础。为了实现该目标，2004 年还建立了大湄公河次区域合作学术研究网络，其成员主要是大湄公河次区域合作国家的主要的高教研究机构。为了加快新技术科研成果在大湄公河次区域合作国家之间的扩散，还应建立一个高级人才中心，促进高技术人才在大湄公河次区域合作国家之间的共享。

保护环境促进资源的可持续利用。大湄公河次区域是世界上自然资源最丰富的地区之一。丰富的自然资源是该地区国家和居民福利水平提高的物质基础。这些资源曾经是当地居民粮食、药品和收入的主要来源，依靠这些丰富的自然资源养育着2.5亿多的居民。经济迅速发展的同时也带来了相当大的环境问题。如森林和植被破坏严重，许多动植物的栖息被严重侵犯，生物多样性安全受到威胁，环境的承载能力已经难于负重甚至有崩溃的危险。因此必须改变这种状况。早期的大湄公河次区域合作计划中次区域的基础设施合作项目的社会和环境效应没有得到足够重视。如能源项目导致了较高的社会与环境成本。随着越来越多地人们对环境问题的关注，有必要加强对基础设施计划进行社会与环境效应的评估，加强对共享资源的管理并采取共同行动解决跨国污染问题。第一，为使次区域开发项目的环境和社会的副作用最小化，应该加强次区域开发项目的环境影响的监控和评估，启动早期警告信息，系统，使成员国政府能够监测众多开发项目的环境效应，并采取应对措施以提高森林的覆盖率，减少水土流失、沙化以及洪水的发生，恢复渔业资源的储量，保护濒危物种，减少国际水域的污染，促进次区域经济的可持续发展。第二，促进国际环境合作。大湄公河次区域国家不仅要加强成员国之间的环境保护合作，还应该与全球性的环境保护行动相配合以加强次区域国家对环境的评估和管理。

还有，我们要发挥大国优势，带动大湄公河次区域经济合作发展。20世纪90年代以来，随着冷战结束和世界格局的变化，澜沧江—湄公河次区域地区进入了一个新的历史发展时期。各国政局稳定，都致力于改善国际投资环境、发展本国经济，都奉行对外开放的经济政策及和平共处的外交政策，都十分重视发展与中国的睦邻友好合作关系和经济贸易往来，为次区域经济合作创造了一个良好的国际环境。特别是1997年亚洲金融危机爆发以来，由于中国在危机中坚持人民币不贬值，积极帮助受金融危机打击的东南亚国家缓解困难，并采取了扩大内需促进经济增长等一系列措施，为稳定亚太乃至世界经济形势作出了重要贡献。中国作为一个和平、合作、负责任的大国形象，进一步为国际社会所公认。1998年以来，泰国、老挝、越南、柬埔寨和缅甸的主要领导人陆续访问中国，达成建设面向21世纪睦邻友好伙伴关系的共识，并签订了一批加强双边经贸合作的协议。中国与东南亚国家的关系进一步密切，有利于加快次区域合作的进程。

自2005年大湄公河次区域经济合作第二次领导人会议以来，中国政府进一步大力推进次区域经济合作，并在各种协调机制中发挥着积极作用，取得了丰硕的成果。中国与大湄公河次区域国家之间双边贸易持续保持良好发展势头，贸易结构逐步改善，双边投资额也有了较快增长。此外，中国在次区域五国积极开展的劳务承包和设计咨询，合同额和营业额逐年上升。中国还以合作或独资等方式参与柬埔寨、泰国、越南的经贸合作区开发建设，有力地促进了当地的经济发展。

国际上许多专家一直认为，加强大湄公河次区域经济一体化将为次区域国家实现经济发展提供难得的机遇。当前，区域经济一体化已和经济全球化共同成为当今世界经济发展的两大主要趋势。在国际竞争日趋激烈的情况下，加强区域一体化和密切经济合作，有助于提高区域合作各国的竞争力。《中国联合商报》记者表示，大湄公河次区域经济合作正好顺应了这个历史潮流。通过建立各种优惠的经贸安排，寻求更大的经济发展空间，对于次区域国家实现优势互补、联合自强，增强在国际经贸事务中的地位，具有十分重要的意义。中国作为本区域的大国十分重视大湄公河次区域合作。中国国家领导人多次阐明中国政府支持大湄公河次区域经济合作的明确立场。20 多年来，中国一直本着积极务实的态度参与次区域各项合作，既是次区域合作的受益者，也为次区域的发展作出了贡献。所以，推动本区域的合作是我国区域经济贸易合作的基本战略。

第四节　加快中国与大湄公河次区域产业合作

我国是资源相对不足的国家，人均资源占有量远远低于世界平均水平。次区域国家资源极其丰富，而且是世界上待开发的地区。次区域与我国西南地区资源、市场有较大的互补性，而我国有较强的经济实力，在资源开发和工业技术方面与周边国家相比又具有较大的优势。所以中国参与次区域合作开发是次区域国家的共同利益和需要。

一、能源产业合作开发

泰国是东南亚经济发展速度最快的国家之一，其经济规模和经济发展水平远高于次区域其他四国。据泰国发电局的计算，从 1996 年至 2011 年期间，泰国电力每年需新增 120—160 万千瓦，到 2011 年将近 50% 的电能需从邻国输入和私营机构发电。泰国是能源资源贫乏和缺少足够电力的国家，水能资源蕴藏量为1062万千瓦，已开发242万千瓦，其余大部分由于存在资金、技术问题没有开发。老挝水电资源也很丰富，而且紧邻泰国，由于老挝经济实力弱，自身无能力开发水电资源，故泰国向老挝购电的计划受到一定程度的影响。根据《关于泰国从中国购电谅解备忘录》，到2017年将从中国购电300万千瓦，开发云南的水能资源送电泰国的市场前景和潜力都是巨大的。[①] 越南、缅甸、柬埔寨、老挝四国，随着经济发展水平提高，经济规模扩大，其电力需求规模也逐渐增大，大规模吸引中国电力的能力增强，由于有与中国接壤的边境地区，所以需要从中国输入大部分电力来满足当地的经济发展和人民生活需要。在此形势下，中国电能“走出去”与次区域五国合作开发其丰富的能源，对于推动次区域经济发展与维护能源安全具有很大的意义。

二、生物资源合作开发

老挝是一个典型的农业国，粮食作物（90%是稻米）是老挝传统农业的主要资源，老挝农业技术落后，仍处于靠天吃饭。森林资源是其最主要和最丰富的资源，其森林覆盖率为47%。各种林带内有多种珍贵林木和具有较高经济价值的树种，其林产资源主要有：药材、香料和树脂类，具有发展药业和林产化工的优势。香料有世界知名的安息香、沉香、苏木香、阴香等，这些香料和药材既是珍贵木材，又是名贵药材和高级香料的原料。

缅甸有其优越的土地和气候条件，能出产热带和温带的多种农作物，粮食生产以水稻为主，但缅甸农业技术落后，

① 陈红坤：“缅甸水能资源开发及投资模式研究”，《云南电业》2006年第七期。

单产低。缅甸森林覆盖率达48%，树木种类6000多种，而且蓄积量很大。缅甸是极大的植物药宝库，能入药的植物上千种。缅甸森林覆盖率高，地形复杂，动物种类多，资源丰富。缅甸濒临印度洋，海岸线长2655公里，有丰富的海洋渔业资源。

泰国自然条件优越，素有亚洲粮仓的美誉。泰国米是国际市场上享有盛誉的农产品，是世界上最大的稻米出口国。泰国是世界上三大橡胶生产国之一，种植面积达160多万公顷，其产量和出口量仅次于马来西亚和印度尼西亚。几乎所有的热带水果都可在泰国找到，著名的有榴莲、芒果、红毛丹、椰子。森林覆盖率为25%，其观赏花木得到广泛的开发利用，鲜花是泰国重要的出口商品，形成了产、运、销配套的专业化系统。植物药资源有几百种。

稻谷是柬埔寨最主要的粮食作物，以水稻为主，旱稻、橡胶、胡椒、咖啡是该国最重要的经济作物。柬埔寨大部分地区气候炎热、潮湿，土地肥沃，有利于植物生长。其森林覆盖率约为70%，树种有200多种。贵重的主要有柚木、铁力木、卯木、观丹木等。热带水果主要有木菠萝、榴莲、芒果、番木瓜、红毛丹等。

野生药用植物资源也较为丰富，主要有豆蔻、胖大海、马钱子、沉香、藤黄、桂皮等。

越南气候炎热，雨量充沛，土地肥沃，自然资源条件优越。稻谷是最主要的粮食作物，有的地方一年三熟，近年是亚洲的主要大米出口国。较重要的经济作物有烟草、花生、蒲草、黄麻等。越南森林覆盖率为22%，有热带雨林，高山区有亚热带森林和针阔叶混交林。名贵木材如柚木、楠木、格木、乌纹木是越南重要的创汇产品。越南有药用植物近千种，贵重药材主要有：黄芩、五加、杜仲、砂仁、龙脑、桂圆、安息香、沉香、马钱子、芦荟等。该国东面及南面临海，海岸线长，有极丰富的海洋渔业资源。而且河溪纵横，淡水鱼资源也较为丰富。

根据表7－6数据可见，介于以上次区域五国与中国生物资源有很大的互补性。① 热区生物资源，海洋生物资源，其他国家优于我方；而温带和高山成分生物资源，我方优于流域其他国家；森林面积和贵重优质木材，外方均优于我方；但木材加工和工艺设备，我方又具有比较优势；次区域国家自然条件优越和农业资源人均占有量远远高于我方，泰、柬、缅、老、越人均耕地面积分别是我国西南地区的7倍、4.9倍、4.4倍和2.1倍；在品种的选育、野生资源的种质保存、遗传育种及高产技术方面，我方及泰国有较大的优势；对生物物种的基础性研究及生物多样性保护方面，我方强于其他国家，其他国家均有待于开展研究和科学考察等工作。

表7－6　大湄公河次区域国家农业开发合作情况表

农业项目	潜在的东亚市场	原料来源	加工设施
畜牧	中国、泰国	越南、老挝、缅甸、柬埔寨	屠宰场、皮革加工、饲料厂
农作物	中国、泰国、中国台湾、越南	老挝、缅甸	粮食仓储、牲畜、饲料厂
橡胶	中国、日本、韩国	越南、老挝、缅甸、柬埔寨、泰国	橡胶加工厂
甘蔗	中国、日本、韩国	老挝、泰国	糖加工厂
稀有植物	中国、日本、韩国	老挝、缅甸、柬埔寨	名贵药材、木料加工
热带水果	中国、日本、韩国	缅甸、柬埔寨、泰国	罐头加工、果汁加工

资料来源：根据亚行统计数据整理所得。

在次区域国家中，泰国农业资源开发比较发达，是世界

① 钟宁："中国参与大湄公河次区域水能资源开发与利用的思考"，《企业科技与发展》2008年第10期。

上重要的农副产品出口国，其他国家农产品出口近年也有一定发展，但能提供的商品量并不太多。中国云南由于山区占94%，可耕地不多，但多年来重视科研和技术开发，不论在生物资源的广度开发、深度开发、种植技术、农副产品加工及农业综合规划等方面与邻国、特别是老、缅、越、柬相比有较大的优势。

三、矿产资源和机电制造业的合作与开发

在矿产资源方面。老挝矿种有：铁、锰、铜、铅锌、锑、钨、锡、金、银及煤、钾盐及岩盐、石膏、重晶石等。钾盐是老挝矿产最丰富的矿种，这些都有很高的开采价值。目前老挝矿产资源开发急需进行资源普查和勘探；建立试验、化验机构；培训各类地质科技人才；需大量投资和技术引进；加强基础设施（交通、电力、通讯）等建设。

缅甸有丰富的能源资源，是宝石、玉石及有色金属矿藏的富集区。石油和天然气是缅甸的重要资源。石油最高年产量达100万桶，天然气探明储量为2830亿立方米。缅甸的金、银、铅、锡、钨、铜、锌、锰等有色金属分布很广，缅甸是世界上著名的宝、玉石产地。

泰国发现的油气田中，石油储量2559万吨，天然气3659.5亿立方米。锡是泰国最重要的矿产，储量94万吨，多为氧化锡矿，占世界储量的11.8%，居第4位。钨是仅次于锡的重要矿产品，储量3万吨，占世界的1.4%。泰国是铜消费大国，年进口精炼铜15万吨。泰国是世界宝石的重要产地，储量约1150万吨；重晶石1500万吨。

到目前为止，柬埔寨还未开展过系统的地质勘察工作。已发现的矿产资源有铁、锰、盐、煤、磷、大理石、石英砂、有色金属及宝、玉石等。总的来说，柬埔寨的矿产资源

还有待进行详细的地质勘察。柬埔寨尚无成体系的矿冶工业，所需钢材和材料基本依靠进口。

越南矿产资源种类较多。有工业开采价值的有：石油及天然气、煤、铁、磷灰石、铬、硫铁矿、铝土矿、高岭土等。煤储量丰富、质量好，储量约30亿吨，煤是越南的主要出口商品。磷灰石储量达15亿吨，磷酸盐约300多万吨。铁矿总储量达数十亿吨，多是含铁55%—60%的富铁矿，而且接近地表，易于开采。

综上所述，虽然中国西南与次区域国家均处于同一个成矿带上，矿种较为接近，但是分布量各有所侧重。锡主要分布在云南、泰国和广西；磷和煤主要分布在云南、广西和老挝、缅甸，而泰国又是铜消费大国；钾盐主要分布在老挝、泰国，这又是我国西南地区紧缺的矿产；宝石、玉石主要分布在次区域国家；铬和硼主要在西藏；泰国、越南、缅甸石资源又较为丰富。矿产资源有相同又各有侧重，为中国与次区域国家合作创造了广阔的空间。矿种虽相同，但我方技术水平大大领先于周边国家，可开展多层次的技术、人才双推出。各有侧重，则双方可互为市场，可充分发挥“两种资源和两种市场”的作用。①

在机电制造业合作方面。越南是个农业国，但目前农业机械化率仅为30%，每年需从中国进口大量的发动机与拖拉机，收割机，农业汽车等。

农业是柬埔寨国民经济的第一大支柱产业，可耕地面积670万公顷，先耕地面积90万公顷，使用农业机械，进一步扩大耕地面积，提高产量的潜力很大，但柬埔寨的机械工业十分落后，农机全靠进口，自己不能生产，只能生产一些简单农具，五金器具及零部件，柬埔寨欢迎外商到国内建立

① 陈世瑞：“论大湄公河次区域环保合作”，《云南师范大学学报》2008年第5期。

农机组装厂。

机电产品虽然是缅甸重点发展的产业，但是至今由于资金缺乏、人才、技术及基础设施建设落后，机电产业仍然非常弱小，仅有些中小企业，从事和进行相关的简单的机械维修、简单配件生产和一般性加工服务，如仅能生产部分简单汽车配件、轮胎、小家电、水泵、拖拉机等产品，其质量与功能也只能满足部分国内需求。因此，缅甸机电产品仍将以进口为主。

老挝国力薄弱，无重工业、机械工业和电子工业，这些产品都需靠进口，如电站成套设备、输电设备、工程机械设备、工程运输车辆及测绘、勘察和设计仪器等。但由于缺乏现代的交通运输设施，没有铁路和高等公路，现有的公路年久失修，路面崎岖不平，致使商品运输既增加了成品又降低了商品的质量和竞争力。

基于上述的情况，从而凸显出中国的机械制造业的优势。因此，首先，要大力加强与次区域五国的农业机械的贸易与合作，主力出口推土机、压路机、筑路机等，其次，由于我国的农机质优价廉，尤其是小型拖拉机竞争力强，同时受到其他的国家欢迎，已形成一定的市场占有率；再次，中国除积极通过对五国出口其所需要的机械设备产品外，也应积极考虑在五国国内开设合资企业。进行工程承包等互利合作项目。除以一定资金投入外、可运用富余的设备、成熟技术、管理经验、高科技人才等作为投入，进行多层次、全方位的市场开拓活动。而且还可以合作办厂参与各种农业机械的修理、制造。①

2011 年 12 月，第四次领导人会议将在缅甸内比都举

① 丁文丽：《大湄公河次区域货币金融合作、理论、基础与对策》，人民出版社 2009 年版。

行，审议确定未来十年的合作战略框架是此次会议的重要议题。中国愿与GMS各成员国一道落实好各项合作倡议，推动各领域合作向新的深度和广度发展，为实现GMS各国的共同发展与繁荣作出积极贡献。2012年大湄公河次区域经济合作（GMS）迎来20周年。2012年6月7日，大湄公河次区域商务理事会第三次会议在昆明召开，来自柬、老、缅、泰、越以及中国云南、广西的代表审议并通过了《大湄公河次区域商务理事会——昆明共识》，这标志着GMS合作已进入崭新历史阶段。

“经过20多年来各国的不懈努力，在铁路、公路、航空和水运等交通运输走廊建设方面取得了显著成绩，为本地区的经济发展以及经济一体化创造了有利条件。”云南省副省长顾朝曦在上述会议的开幕式上致辞表示，当前，各国面临的一个迫切任务就是把面前的地理联系和交通优势、资源优势以及区位优势充分发挥出来、整合起来，使其成为加快大湄公河化次区域发展的经济优势。所以，中国将继续深化合作，推进贸易投资便利化与自由化，努力实现次区域的互联互通和各国经济利益的最大化。

综上所述，面向21世纪的湄公河次区域合作已出现了新的发展趋势：一是次区域合作更具战略性和复杂性，合作不仅要共谋发展，还要以新的安全观来共同创建安全的经济环境；二是更具竞争性和挑战性，资源优势的竞争变成了技术进步和产品质量的竞争，双边贸易的竞争变成了多边贸易和贸易自由化的竞争，经济的竞争变成了经济一体化和区域化的竞争；三是次区域合作进程受到美国次贷危机的影响，但危机也使得次区域合作的愿望更加强烈，信心更加坚定。目前次区域合作已具备一定的基础，并取得了一些实质性的进展。大湄公河次区域经济合作既是机遇，也是挑战。但总的来说有利因素大于不利因素，合作开发前景广阔。次区域各国和国际组织应抓住机遇，趋利避害，积极参与，将次区域合作继续推向深入。由于次区域的地理范围包括在中国—东盟自由贸易区之内，次区域既可以成为中国—东盟自由贸易区的试验区，又可以作为中国连接南亚地区的纽带。所以中国把湄公河次区域构筑成中国连接东南亚、南亚的国际大通道，把湄公河次区域构筑成中国与东盟自由贸易区的先行示范区。因此，次区域经济合作的成功与否对建立中国—东盟自由贸易区的进程影响很大。

第八章

构建“大中华经济圈”的可行性探讨

当今“经济全球化”和“区域经济一体化”已经成为21世纪世界经济发展的主旋律。而建立“大中华经济圈”顺应了世界经济发展的潮流，是所有华人的向往，是大势所趋。“大中华经济圈”的概念虽然早已经被提起，但是由于各方面的原因进展速度一直很慢，并受到台湾因素的影响。然而无可否认的是随着中国经济的发展与壮大，中国大陆与中国台湾、中国香港和中国澳门的联系和依赖越来越紧密，传统的经济界限正在快速被打破，构建大中华经济圈的条件越来越成熟。

中国作为世界上的政治大国和经济大国，无论是从全球战略还是从地区战略的角度来讲，都需要建立以自身为核心的区域经济一体化组织，以更好地应对来自世界各方面的挑战。尽管中国已经成为世界第二大经济体，但是无论从发展的质量还是人民的生活水平上讲中国远都没有成为一个世界强国，如何能够更进一步的发展自己成为摆在中国面前的一道难题。所以，建立“大中华经济圈”，即把中国大陆、中国香港、中国澳门和中国台湾建成自由贸易区或经济共同体是我国参与区域经济合作，避免外部威胁，富民强国的最有效战略途径。

第一节　构建“大中华经济圈”的政治经济背景分析

从当代区域经济合作和一体化（如欧盟和北美自贸区）的实践表明，国家或地区之间的经济贸易合作和一体化，以及各种自由贸易协定的签订，很少是出于纯粹经济原因。在很大程度上，在大多数情况下，各个国家都把自己国家利益放在第一位，把安全、国际政治关系、国内政策目标和政治意识形态放在重要考虑的因素范围，这些都是推动组建区域经济合作组织，签订各种区域经贸协定的重要原因。

一、世界政治外交形势发生了巨大变化

21 世纪的前十年，世界政治外交形势发生了巨大的变化。2008 年的金融危机使美国和欧盟在经济方面正在经历历史上前所没有的困境和衰退，国家债务、失业率、国际贸易赤字等都给其带来巨大的冲击，政治和经济处于波动状态。

美国在中东几场战争结束后，其政治和军事以及经济已经向亚太地区移动，并以中国为潜在对手来制定政治、外交、军事和经济政策。同时美国多方面主导或参与东亚事务，导致东亚许多国家和地区依靠与美国结成双边的军事同盟或经济同盟来提供安全保障。近年来随着中国的快速发展，“中国威胁论”在东亚蔓延。与中国存在领海纠纷的国家如日本、韩国以及东盟的菲律宾等国在政治、军事、外交以及经济方面极度追随美国，并按美国的意识行事，以保全其国在东亚特别是在东海以及南海的既得利益。尽管美国以及日本、韩国、菲律宾以及一些东盟国家在很多领域的利益存在冲突或者差异，但是，其中一个目标是一致的，那就是阻止中国的发展和强大。美国回归东亚，并不意味着美国可以重操霸主的旧业，英国国际关系理论家巴里·布赞认为，我们将迎来一个没有超级大国的世界。

二、中国崛起的影响

中国的崛起和亚洲各国经济的快速发展使得美国认识到，无论从哪个角度他都想回归亚洲以遏制中国并谋求自身经济利益。因此，美国才从开始形成亚洲平衡战略，重视《跨太平洋战略经济伙伴协定》（Trans – Pacific Partnership，TPP）到现在积极主动推动 TPP 的谈判。尽管世界范围内区域经济合作在迅速发展，东亚也在加快了区域经济合作的步伐，但是，东亚区域“10 + 3”、“10 + 6”很难在短时间内达成 FTA，进行全面的合作还存在许许多多的障碍，还需很长的时间和漫长的道路要走。所以，在推动东亚区域经济合作的前提下，积极推动大陆和港澳台四方建立自贸区或中华经济圈是当前我们应该积极进行探讨和解决的问题。

经济学家科林·里德说，2008 年的经济危机说明，一个国家拉动世界经济的时代已经过去了。新的世界金融秩序将是合作与协调的秩序，中国已经决意在其中扮演一个重要的角色。以中国为代表的新兴国家集体崛起是21世纪最大的变局，“金砖四国”中有3个是东亚国家，只要中国坚持走自己的和平发展道路，在东亚这个联盟中的地位就会得到东亚国家的认可，其地位不会因为美国伸手到东亚而受到威胁。

三、中国大陆与香港、澳门、台湾地区经贸合作的快速发展

在经济全球化和区域经济一体化的背景下，中国区域经济合作的战略导向决定了中国大陆和港澳台地区未来经济发展与合作的方向和道路。对于原本有着密切经贸关系的中国大陆和港澳台地区来说，当前如何抓住机遇、如何应对挑战、如何进一步拓展四方的经贸关系，以尽快建立“大中华经济圈”是对四方的一种考验。其合作发展步伐、方向以及前景等不仅将影响四地未来经济发展和国际经济地位，而且还将影响东亚地区乃至亚洲地区的经济发展格局。

从经济发展的层面讲，虽然当前欧美经济的衰退影响了世界经济的复苏和发展，但是中国国内生产总值2011年还在提升，并达到471564亿元人民币，按2011年汇率6.29：1美元折算为74970.429253亿美元；2011年中国香港GDP1.89万亿港元，为2433亿美元，世界排名39；2011年中国澳门本地生产总值（GDP）为2921亿澳门元，中国澳门364亿美元，世界排名82；2011年中国台湾GDP4668亿美元，世界排名26，2011年中国大陆和港澳台地区的经济规模近8万亿美元。3个地区中台湾地区综合实力最强，香港地区最发达，澳门地区人均GDP最高（见图8－1）。

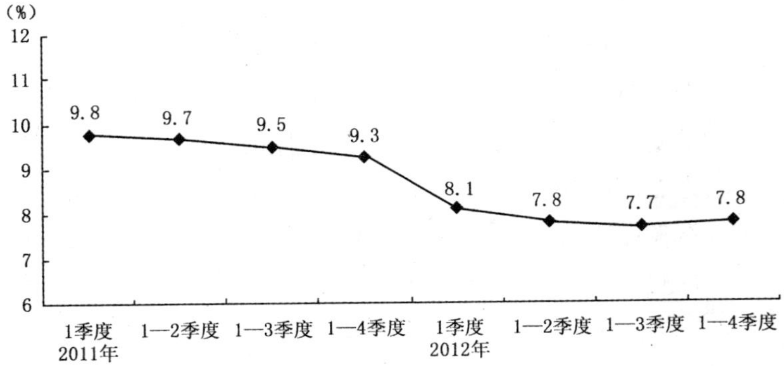

图 8－1　国内生产总值同比增长速度

2012 年全年国内生产总值 519322 亿元，按可比价格计算，比上年增长 7.8%。第一产业增加值 52377 亿元，比上年增长 4.5%；第二产业增加值 235319 亿元，增长 8.1%；第三产业增加值 231626 亿元，增长 8.1%。2012 年中国香港 GDP3802 亿美元，根据瑞士洛桑国际管理发展学院发布的“2012 世界竞争力”排名，中国香港升至第一位，超越美国，甚至其“老对手”新加坡也仅排第四。澳门地区 GDP629 亿美元，台湾地区 GDP7190 亿美元。

从过去近 30 年的发展经验来看，中国大陆和港澳台地区的合作基本可以保持 6% 到 7% 的年经济增长率。除了经济增长和贸易量以外，中国大陆外汇储备位列世界第一，这充分体现了中国大陆和港澳台地区的经济实力和整体的经济优势。如果四方能积极采取协调一致的行动，加强和扩大对外经济合作关系，改变当前单个的经济体各自独立存在、自主运行的状态，并将其整合为一体化的经济体，那样必然会极大地促进“两岸四地”以及本区域生产力的发展和经济的持续增长（见表 8－1）。

表 8-1　　1991 年至 2012 年中国 GDP 增速

年份	中国 GDP 年增长率（%）	年份	中国 GDP 年增长率（%）
2012	7.8	2001	8.3
2011	9.3	2000	8.4
2010	10.4	1999	7.6
2009	9.2	1998	7.8
2008	9.6	1997	9.3
2007	14.2	1996	10
2006	12.7	1995	10.9
2005	11.3	1994	13.1
2004	10.1	1993	14
2003	10	1992	14.2
2002	9.1	1991	9.2

资料来源：2013 年 1 月 18 日国家统计局发布最新 2012 年经济统计数据。

中国是大国但不是强国，历史证明只有成为强国才能在国际关系中体现自己应有的作用和价值，才能在国际政治经济甚至军事中不被别人左右和蚕食，不失去自己应有的利益，不困扰国家的发展和进步。当前中国所面临的问题是国家统一问题，外部军事、政治、经济干涉问题以及南海等问题。这些都是关乎民族的生存和发展的大事。所以，中国要成为强国要崛起是所有中国人的共同愿望和期待，这是中国发展的长远战略。就中国发展和崛起的大战略而言，通过全面的经济融合，建立“大中华经济圈”，吸引更多的海外华人的加入并影响周边国家参与是我们当今的主要任务。同时，通过推进中国—东盟自贸区的进一步合作和中、日、韩自由贸易区的建设，以此来推动区内各经济体的和解和合作，从而使中国成为东亚地区经济贸易合作中的主导力量。这不仅在经济和安全上有利于本地区的和平发展，更有利于本地区各国和各地区人民经济福利和生活水平的提高，更会大大推动世界经济和贸易的发展，更能很好地展示中国的大国形象，更有利于中国以国家实力来参与地区和国际事务的决策，从而展示出一个负责任的，能够维护区域和世界和平发展的大国形象。面对当今的经济全球化的压力，区域经济集团不断形成的推动，以及东亚区域经济合作的缓慢发展及美国印度等国的亚洲战略，中国构建“大中华经济圈”的步伐应该积极推进。

第二节 建立“大中华经济圈”的战略意义

我们无论从政治、经济和其他角度来讲，建立“大中华经济圈”对“两岸四地”都具有现实和历史意义。中国台湾海峡两岸商务协会会长张平沼先生曾经讲：构筑“大中华经济圈”消除区域之间不稳定因素，对两岸间更进一步消除彼此歧见将有正面积极意义。张平沼说，“大中华经济圈”的发展有着巨大的潜力。“大中华经济圈”以中国大陆和台湾地区、香港地区、澳门地区为核心，生产总额接近2亿兆美元，无论从经济、语言及文化各个方面观察，“大中华经济圈”比欧盟更有统合的条件。未来若加入日、韩及东盟，将形成拥有全球1/3人口、高达20亿人的庞大市场，能与美洲自由贸易区和欧盟竞争。张平沼说，“大中华经济圈”将对区域经济做出两大贡献。第一，促进经济圈内各经济体之间的贸易成长；第二，可以消除区域间不稳定因素，从历史经验观察，不稳定的政治因素及区域关系是导致经济发展落后的重要因素之一，因此，两岸关系的紧张势必对双方的经济发展产生不良的影响。通过“大中华经济圈”此一形态的整合，先将彼此的经济发展起来，让大家在经济上达成一种共识，再进一步消除两岸间彼此的歧见，对区域政治经济的稳定将有正面的意义。

一、促进经济圈内各经济体之间的经贸成长和发展

当今，区域经济合作及一体化的迅猛发展，欧盟、北美自贸区的影响和在世界经济贸易领域的作用，对世界各国都已产生具体的影响。建立大中华经济圈可以大大拓展四方合作的领域并发挥整体优势去面对其他区域的竞争与挑战。尽管中国在世界经济发展中已经起到巨大的影响和推动作用，但是如果与港澳台地区形成自由贸易区，走向一体化其意义非凡。这种经济一体化同样意味着地区内各成员间消除贸易壁垒，经济资源和社会资源在彼此间的合理优化配置，不仅能给四方带来巨大的经济效益，更重要的是，能够增强成员的地区感和归宿感。[①]

当今的国际竞争一是国与国之间的竞争；二是区域间的竞争。相对于资源贫乏、市场狭小、对外依赖度极高的台湾而言，唯一能保持竞争力的、在世界上能充分体现自身价值并有话语权的做法就是与包括香港地区、澳门地区、中国大陆连为一体，同舟共济，互为荣辱，走区域经济合作和一体化的道路。同样，对于香港地区和澳门地区而言必须依托大陆的巨大市场，丰富的资源，才能保证自身的稳定发展。作为大陆一方，转变经济机制，更好发挥资源优势，开拓国际

① 喻志军：“发展‘两岸四地’经济一体化，促进中国经济的持续增长”，《成人高教学刊》2002 年第 6 期。

市场，也都离不开台港澳的积极合作。CEPA 和 ECFA 的签订，已经见证了四方合作对于各方经济贸易发展带来的动力和明显效果。

二、“大中华经济圈”的建立可以消除两岸之间不稳定因素

“大中华经济圈”的建立还可以以经济贸易沟通交流的方式冲淡政治方面的一些阻碍，从而尽快实现两岸的统一。从历史经验观察，不稳定的政治因素是导致经济发展落后的重要因素之一，相反，良好的经济贸易交流会带来政治方面的融合。所以，两岸经贸关系的发展会对两岸的政治关系带来较大的影响。中国台湾海峡两岸商务协会会长张平沼说：“通过‘大中华经济圈’此一形态的整合，先将彼此的经济发展起来，让大家在经济上达成一种共识，在进一步消除两岸间彼此的歧见，对区域政治经济的稳定将有正面的意义。”2008 年 12 月 15 日，两岸隔绝 60 年后，两岸海空直航及直接通邮的两岸“大三通”全面启动，台湾地区和中国大陆真正迈入一日生活圈。这些就是两岸经济贸易关系发展的结果。因此，构建“大中华经济圈”，在“两岸四地”之间形成区域经济集团，从而赢得经济整体竞争优势，对于任何一方而言，都显得非常必要。①

诚如日本学人大前研一在《中华联邦》里则从经济的角度，对于大中华经济圈的自然形成，作了总结性的说解：“中国大陆吸收了全世界的资金。在中国大陆的‘磁吸应’下，周边国家如不善用机会，与中国大陆形成合作伙伴关系，势必会被边缘化，并走上衰退之路，连日本也不例

① 李建波：“构建两岸自由贸易区，以经济融合促统一”，《海峡纵横》2002 年第 4 期。

外。”此外，“大中华经济圈”还保持着全球华侨、华裔的庞大联系网，从史缘、亲缘等条件看，具有任何其他经济一体化组织所不具备的优势。[①] 全球区域经济一体化的迅猛发展和东亚区域经济合作的进步，对两岸四方都带来了挑战和压力。所以，建立两岸四方“大中华经济圈”，走区域经济一体化的道路是两岸经济发展的客观需要，是受经济利益所驱动的不可阻挡的潮流，是时代赋予中华民族的特殊历史使命。另外，中国大陆、香港地区、澳门地区与台湾地区共同面临着严峻的国际经济环境以及各自经济发展的内在要求，加强各方的经济联系和经济合作，建立一个能充分发挥联合优势的经济联盟对各方都是有利的。

三、“大中华经济圈”的建立能提升中国大陆和港澳台地区在世界的影响力

我们看到，当今世界之所以有如此多的国家和地区积极参与区域经济一体化，是因为各种类型的经济合作组织都在不同程度上采取对外歧视性的贸易政策，如欧盟和北美自贸区等，他们对贸易集团化以外的成员国采取与内部成员国不一样的贸易政策，即对内完全消除贸易壁垒，而对集团外的国家则继续保持贸易壁垒，这种政策不但对国际分工和世界贸易格局产生了广泛而深远的影响，同时也大大提高了区域内贸易国家在世界贸易中的地位，并可以使一国经济的弱势转化为集团优势。无论是发达国家还是发展中国家都能够通过区域经济的整合达到迅速发展的目的。因此，我们可以看到积极推进“大中华经济圈”的建设，不但对于中国大陆

① 张向前、黄种杰：“入世后两岸四地人力资源开发合作与中华区域经济发展分析”，《当代财经》2004年第6期。

和港澳台地区经济发展带来光明的前景，而且还会给四方经济体的强盛带来极大地推进，从而也会使中国经济的整体实力和在世界的影响力大大提升。

如果能在中国大陆和港澳台地区尽快打破经济界限，建立人类历史上一个最大经济合作组织，不但对四地人民带来福祉，还会使中国找到新的经济增长点和更广阔的区域发展空间，并改变东亚区域经济合作进展缓慢的形势，同时也会给世界经济带来刺激与强大推动力，并将会极大地改变世界经济的格局和政治格局。作为中国与世界各国经济贸易交往的前沿阵地香港地区、澳门地区和台湾地区如果能够在新的形势之下继续发挥自己的优势，打破与中国大陆的空间、地域和时间界限，才能更好地为全球经济发展做出贡献。在全球经济一体化背景下，“大中华经济圈”作为次区域经济体的出现应该遵循“一个市场、一种货币”的区域货币一体化理论，借鉴最适度货币区理论和欧洲货币一体化实践经验，在“大中华经济圈”内应尽快构建单一货币。同时要整合圈内的各种资源，为形成“大中华经济圈”奠定良好的基础。目前，中国大陆和港澳台地区尽管已初具大中华经济圈的形态，但是如何进一步深化和发展则需四地人民特别是台湾方面的共同努力与探索。

第三节

构建“大中华经济圈”的可能性探讨

美籍未来趋势大师奈思比特到台湾曾经讲过，当前国际上的两大趋势是：一是全球关注的重心，已从西方转至东方，尤其是中国大陆；二是全球正朝单一经济体发展，国家疆界逐渐消失。奈思比特的这种预判，不但对香港地区和澳门地区，而且对台湾地区各界及各个党派很有启发性。这点充分可以说明建立“大中华经济圈”的可能性和发展前途。

一、中国大陆和香港、澳门、台湾地区资源等方面的互补

“大中华经济圈”的构建其实质是在资源条件，要素禀赋，经济基础，产业结构和区位条件等方面即存在差异又互补的情况下彼此发挥比较优势而形成分工合作。

从大陆的角度讲，自然资源比较丰富，有着丰富的成本较低的人力资源和潜在的庞大市场。大陆不但是亚洲经济发展的重心，全球的生产中心，而且也是最具有潜力的市场之一。另外，大陆在核物理与技术、航天技术、生物工程等方面在世界上还具有较大优势。而香港地区、澳门地区具有优越的地理位置，在金融、旅游及观光等方面具有特殊的发展优势。同时香港地区、澳门地区有高度自由开放的经济体系、较为完备的法律制度、发达的基础设施、广泛的国际联系和良好的营商环境，并拥有高效率的技术和市场开发能力，企业管理能力。其资本流动十分灵活，正在从资本输入经济逐步转向资本输出经济。特别是香港地区作为国际金融、贸易、航运等中心，现代服务业比较发达，拥有一大批熟悉国际经济规则的人才。因此，中央政府应该促成香港特区政府逐步改变港币与美元的联系汇率制度，同时加快香港地区离岸金融中心建设，充分发挥香港在人民币国际化过程

中的独特作用。[①]

中国台湾地区处于东亚，其在资金、人才管理、技术、市场开拓、商机把握、科技成果产业化、现代管理方法等方面有较大的优势。目前，在高新技术产业化、市场化方面，尤其在电子信息产业方面，中国台湾目前处于仅次于美、日，居世界第三的地位。台湾地区需要的是开拓新市场，同时转移生产基地，以应付劳动力价格上涨、地价抬高、货币升值、环保要求上升等不利于产业发展的因素。而大陆则需要先进技术、人才等，来推动经济的改革和前进。这些互补性需要构成了彼此之间广泛经济合作的基础。随着两岸经贸关系的正常化，经贸依存度将进一步提升。两岸“三通”的实现，为未来两岸经济交流与合作开通了更加广阔的空间。特别是中国大陆改革开放后，在与港、澳、台地区相邻的地区建立四个经济特区的决定，给“两岸四地”经济之间的交流创造了进一步发展的政策条件。

国内外一些专家学者也在充分分析和调查的基础上也认为，随着中国经济的发展以及中国大陆、香港地区、台湾地区经济相互依存程度的加深，将会导致“华人经济圈”或“大中华经济圈”的形成。约翰·奈斯比特在《亚洲大趋势》中就提出：“中国能从日本手中夺得经济领导权力的潜力不仅在本土，更在于广大的海外华人集团，它造就了中国与华人在世界经济中的优势地位，这种‘华人经济圈’已经渗透于整个亚洲，并向全球蔓延。”

① 徐洪才：《大国金融方略：中国金融强国的战略和方向》，北京机械工业出版社 2009 年版。

二、中国大陆与台湾、香港、澳门地区的经济贸易迅速发展

中国大陆和港澳台地区经贸关系的紧密程度和相互之间的依存度是建立自由贸易区的现实物质基础。因为只有区域贸易成员间的贸易达到一个较高水平才能建立自贸区。如欧盟经过近50多年的努力，其区域贸易占全部贸易的比重达到60%以上，北美自由贸易区成员域内贸易已经超过45%，两者区域内有近40%—70%的贸易依存度。

中国改革开放30多年经济以近8%的发展速度令世界瞩目，但是我们看到港澳台地区在经济发展中所起到的重要作用，中国大陆和港澳台地区这种独特的地缘优势和政治环境给中国大陆的改革和发展带来强大的推动力。中国“入世”12年，对外开放程度不断扩大，港澳台地区作为中国内地重要的贸易投资伙伴，也从中获得巨大收获，港澳台地区与中国大陆经贸关系发展呈现出全面、深入、双向的特点，并开启了贸易自由化、人民币国际化和经济一体化进程。

据有关统计资料表明，1990—2000年的11年间，世界经济年平均增长率只有3.2%，而我国香港为4.4%，台湾为6.3%，中国大陆则达9.6%，与香港地区、台湾地区经贸投资关系密切的上海和深圳更达11.4%和23.6%，都高于或远远高于同期世界经济发展的平均水平。虽然中国大陆经济高速增长得益于中国改革开放和市场化发展，但也从一个侧面说明中国大陆和港澳台地区经贸投资关系的快速发展对三地的经济快速增长起到了不可忽视的推动作用。

自1997年和1999年中国香港、澳门回归中国以后，三地之间的经贸关系更加紧密。中国内地经济持续快速增长不但带动了港澳对外贸易量的增加，而且也带动了台湾地区经

济贸易的增长，中国大陆和港澳台地区的经济融合度越来越高。中国大陆与港澳地区在 2003 年签署了 CEPA 协议——《关于建立更紧密经贸关系的安排》（Closer Economic Partnership Arrangement，CEPA）。CEPA 是由一国两制下的中央政府分别与其两个独立关税区签订的自由贸易协定，是国家主体与其单独关税区之间的优惠贸易安排，是作为主权国家内部加强制度性经济合作方面的重要尝试。2004 年和 2005 年两次签署了补充协议，扩大了货物贸易零关税优惠范围和服务贸易开放领域，对香港和澳门的对外贸易产生了正面刺激作用。2005 年 1 月 1 日，CEPA 补充协议生效后，1108 个税号的香港地区原产货物进口内地可以享受零关税优惠待遇。加上中国加入世界贸易组织时的承诺，约有 95% 的香港地区输往内地的本地产品受惠。对几乎全部原产澳门地区的货物实行零关税；在服务贸易方面，中国大陆在 11 个领域对港澳地区进一步扩大开放，8 个领域实施新的开放。2007 年 6 月 29 日，7 月 2 日中国大陆分别与香港、澳门地区签署了《CEPA 补充协议四》，进一步扩大对港澳地区的开放。实践表明，CEPA 的实施，促进了中国大陆与港澳地区经济优势互补、互利共赢，是深化中国大陆与港澳地区经贸合作的双向平台和有力引擎。它必将为中国大陆与港澳地区的经贸合作开辟更宽广的空间，为三地经济快速持续发展注入新的强大活力，并有利于加快中国大陆和港澳台地区的区域经济整合，同时，对中国大陆进一步扩大开放、优化经济结构也起到了积极的推动作用。有经济学家分析认为，中国大陆与香港、澳门地区 CEPA 的签订是中国经济一体化战略的重要一环，是“大中华经济圈”开始画圆的起点。从 1985 年以来，中国大陆一直是香港地区的第一大贸易伙伴，从 2005 年到 2013 年，中国大陆一直是港澳台地区的第一贸易伙伴，是香港、台湾地区出口目的地和进口来源地首位，是澳门地区第二大出口目的地（仅次于香港地区）和第一大进口来源地，是最大的境外投资来源地和对外投资目的地，是重要的承包工程和劳务合作市场。香港地区是中国大陆第四大贸易伙伴、第二大出口市场、最大货物供应地；台湾地区是中国大陆第七大贸易伙伴、第九大出口市场、第五大进口来源地。2012 年中国大陆与香港地区的贸易额为 3414.9 亿美元，增长 20.5%，占我国对外贸易总值的 8.8%。截至 2012 年 6 月底，中国大陆累计批准港资项目 34.2 万个，实际利用港资 5615.7 亿美元。按实际使用外资统计，港资在中国大陆累计吸收境外投资中占 45.8%。

2012 年 1—11 月，中国大陆与澳门地区贸易额为 26.1 亿美元，同比上升 15.4%。其中，中国大陆对澳门地区出口为 23.9 亿美元，同比上升 13.2%；自澳门地区进口为 2.2 亿美元，同比上升 47.3%。2012 年 1—11 月，中国大陆共批准澳商投资项目 277 个，同比上升 5.3%，实际使用澳资金额 4.8 亿美元，同比下降 27.9%。2012 年 11 月，中国大陆共批准澳商投资项目 47 个，环比上升 147.4%，实际使用澳资金额 0.1 亿美元，环比下降 75.0%。截至 2012 年 11 月底，中国大陆累计批准澳资项目 13116 个，实际利用澳资 108.6 亿美元，澳资在中国大陆累计吸收境外投资中占 0.86%。2012 年 1—11 月，中国大陆在澳门地区承包工程合同数共计 19 份，金额共计 5.3 亿美元，完成营业额 2.5 亿美元，在澳劳务人数 65743 人。截至 2012 年 11 月底，中国大陆在澳累计完成营业额 91.5 亿美元。

2010 年 6 月 29 日，两岸领导人签署了海峡两岸经济合作框架协议（Economic Cooperation Framework Agreement，简称 ECFA）。据中国台湾地区媒体报道，从 2011 年 1 月 1 日起，两岸共计 806 个产品，将在两年内分三步实现零关税，绝大部分列入早收清单的产品则会集中于两年内实现零关税。其中，中国大陆将对557项原产于台湾地区的产品实施降税，以海关测算，总金额超过138亿美元。目前，台湾地区对中国大陆的出口比重已达41%。以石化产业为例，中国大陆是台湾地区石化业主要的出口市场，份额超过43%。据商务部统计：2011年1—12月，中国大陆与台湾地区贸易额为1600.3亿美元，同比上升10.1%，占中国大陆对外贸易额的4.4%。其中，中国大陆对台湾地区出口为351.1亿美元，同比上升18.3%；自台湾地区进口为1249.2亿美元，同比上升7.9%。两岸贸易总额累计已达1.1万亿美金。在吸收台资方面。2011年1—12月，中国大陆共批准台商投资项目2639个，截至2011年12月底，中国大陆累计批准台资项目85772个，实际利用台资542.0亿美元。按实际使用外资统计，台资在中国大陆累计吸收境外投资中占4.6%。可见没有中国大陆市场，台湾地区对外贸易将大大缩小。这些充分表明，无论从贸易还是投资分析，两岸已逐步形成一种互相联结、互相依存、互利互补的关系。①

据海关统计，2012年，中国大陆与台湾地区之间的两岸双边贸易达到了1689.6亿美元，占同期大陆外贸总值的4.4%，比上一年增加了5.6%。其中，中国大陆对台湾地区的出口367.8亿美元，增长了4.8%；自台湾地区的进口1321.8亿美元，增长了5.8%。2012年，中国大陆进口台湾地区ECFA项下售汇商品的货值为84.3亿美元，增长了1.05倍，关税优惠39.7亿美元，增长了3.3倍。去年签署的《海峡两岸海关合作协议》为两岸贸易提供了制度性保障。随着中国大陆“十二五”规划和台湾地区“黄金十年”蓝图的对接，海峡两岸采取更加务实、开放的措施，促进贸易的发展，应该会面临更好的前景。特别是2012年8月9

① 方晓丘、金弘讯：《跨世纪的光》，香港社会科学出版社1998年版。

日，海协会与海基会正式签署了《海峡两岸海关合作协议》，这个协议在促进两岸贸易便利化的基础上，就进一步加强双方海关在征税、监管、缉私、统计等方面的合作，打下了坚实的基础，提供了制度性的保障。2013 年随着这一协议的落实，相信定会对两岸的双边贸易发展起到积极的促进作用。

在吸收台资方面，2012 年 1—6 月，大陆共批准台商投资项目 1093 个，同比下降 16.6%；实际使用台资金额 16.2 亿美元，同比上升 35.2%。6 月份，大陆共批准台商投资项目 238 个，环比上升 16.7%；实际使用台资金额 3.1 亿美元，环比上升 106.7%。截至 2012 年 6 月底，大陆累计批准台资项目 8.7 万多个，实际利用台资 558.1 亿美元。按实际使用外资统计，台资在大陆累计吸收境外投资中占 4.6%。

三、“大中华经济圈”的构建是现实因素的推动和历史的必然

就中国崛起的大战略而言，以“大中华经济圈”的全面经济融合为基础，以东亚经济一体化为依托，几乎成为不二选择。[①] 自古以来，中国大陆和港澳台地区就同属华夏之邦，同为中华民族的血脉，有着相同的文化背景与习俗，相当来讲比起其他的区域经济联盟具有更少的冲突。同时，香港地区、澳门地区的顺利回归，为中国大陆和台湾地区政治分歧的解决提供了良好途径。港澳地区与中国大陆同属一个国家，港澳地区市民和中国大陆同胞都是中国的公民，这使港澳地区与中国大陆关系日益紧密，中国大陆成为港澳地区强有力的经济后盾。一个强大和稳定的祖国，是香港地区繁

① 王江雨：“大中华经济圈的两岸思考”，《南风窗》2009 年第 14 期。

荣稳定的根本保证。港澳地区回归以来种种事实表明，国家的大力支持缓解了香港地区在经济困难时期所承受的困境，也为香港地区的经济振兴提供了必要的条件，同时也为澳门地区的经济发展带来了机遇。“大中华经济圈”内的中国大陆、台湾地区、香港地区及澳门地区有种族相同，语言相通、彼此间更有血浓于水的情感。此外，“大中华经济圈”还保持着全球华侨、华裔的庞大联系网，从史缘、亲缘等条件看，具有任何其他经济一体化组织所不具备的优势。①

中国大陆、香港地区和澳门地区当前的合作已经为“大中华经济圈”的建立与发展奠定了基础，如果台湾地区能从两岸国计民生的长远利益着想，与中国大陆进行更紧密的合作，不仅可以使自己在国际上有足够的发展空间，不被边缘化，而且可以提高自身的发展速度，为人民谋福。尽管台湾地区当下还没有充分认识到此，但是中国大陆已经打开了通向自贸区的大门。中国大陆和港澳台地区建立“大中华经济圈”是中国大陆和港澳台地区经济繁荣与发展的需要，是顺应历史潮流的举措，也是新世纪“一国两制”政治思维的新发展。走区域经济一体化的道路是两岸经济发展的客观需要，是受经济利益所驱动的不可阻挡的潮流，是时代赋予中华民族的特殊历史使命。因此，从目前的实践来看，建立“大中华经济圈”的主客观条件已渐成熟，各方的认知已渐趋于一致。相信在不远的将来两岸四方的愿景一定能够尽快实现并造福于四方、亚洲和整个世界。

---

① 张向前、黄种杰：“入世后两岸四地人力资源开发合作与中华区域经济发展分析”，《当代财经》2004 年第 6 期。

第九章

21世纪东亚区域经济合作谁主沉浮

20世纪的60—80年代，东亚在“雁行模式”的带领下飞速发展，成为世界上经济发展最快的地区，创造了举世瞩目的“亚洲经济奇迹”。然而从20世纪80年代后期至21世纪的前12年，经济全球化和区域经济一体化已成为一股不可阻挡的潮流影响着各国经济。在经济全球化的推动下和科技进步的引领之下，东亚许多国家特别是在“亚洲四小龙”和中国经济迅速发展和崛起的同时，日本却经历了经济的长期萧条，使得东亚各国之间的关系发生了巨大转变。与此同时，东亚“新地区主义”思想出现并被逐渐被接受，最后在东亚得到贯彻执行。这就是东亚进行区域经济合作的重要指导思想，东亚也就此开始了区域经济合作实践。

第一节

东亚“雁行模式”的解体

随着中国和东亚其他国家经济的进步和发展，原有的东亚经济格局即“雁行模式”（flying geese pattern）已被打破，东亚已进入了以中国为领头羊的经济发展的“战国时代”，从此也宣告了日本自20世纪后半期经济引领东亚的时代已经终结。那么面对经济的全球化和区域经济一体化的挑战，在当前东亚各国科学技术相互赶超的年代，如何整合各国之间的关系，这已成为东亚各国需要认真思考和解答的问题。

一、东亚经济格局的变迁

20世纪下半叶日本在“脱欧返亚”后对亚洲经济发展起到了积极的推动作用。特别是从日本学者赤松提出的“雁行产业发展形态说”，到日本经济学家、前外相大来佐武郎的“雁行”分工理论，使日本在东亚的经济合作和分工中实现了其经济大国的目标，起到了领头雁的作用。在东亚产业链延伸的基础上，处于雁身的亚洲“四小龙”也创造了经济增长的奇迹，处于雁尾的东盟更实现了经济高速增长。这样就形成了日本同亚洲“四小龙”和东盟的在经济上的相互依赖关系。这种分工模式也自然延伸到中国，从而密切了东亚各国的经济联系。然而从20世纪90年代末至今，由于日本政治和经济等方面的原因导致其无力再担当东亚经济发展的“头雁”。

（一）日本的战略误区

日本在“二战”后的战略重点是恢复战争创伤、振兴经济、拓展海外市场和建立经济大国等目标，然而其近几年的战略重点却发生了巨大转变。从有意修改战后的“和平宪法”，在美国反恐的招牌下向“海外派兵”到干涉别国内政、侵占他国领土主权、加强与美的军事同盟，到欲改自卫队为国防军，梦想和谋求成为联合国安理会成员国，以彻底改变“经济巨人，政治侏儒”的国际形象，从而提高自己在国际政治舞台上的地位。这些都引起了东亚和其他国家的反感、谴责和警惕，遭到了大多数亚洲国家和全世界华人的强烈反对。

日本无论是从地理位置还是到日本的宗教、风俗、文化、语言、文字、皮肤、头发、衣着和饮食等诸多方面都有着显著的亚洲区位性和密切的亚洲文化渊源。然而，日本却严重缺乏对亚洲的认同，并不真正把自己当作一个亚洲国家和民族，否认“本来日出于东方”。作为一个已经被西化了的日本，在思想深处一直认为自己是“亚洲太平洋国家”，政治和军事上一直追随美国，“脱亚入欧”是日本多年未尝的心愿。所以正像日本前首相小渊内阁把日本称作“太平洋国家”或“亚洲太平洋国家”。日本外务省所谓的一些主流派经常讲，日本同美国有“共同的价值观”，但是同中国却没有，自称是亲美派的小泉纯一郎也在电视上使用了同样的说法。①

① 谷口诚：“没有自主的、多方位的外交，日本没有未来—对日本外交的建议”，《世界经济研究》2003 年第 4 期。

（二）日本经济的衰退

从世界现代化进程的视角看，最大的“雁行模式”发源于西方工业革命时期，其“领头雁”就是最先走上“内源性”现代化道路的西方各国，而相继被卷入“外源性”现代化进程的其他地区和国家则依次排列其后。[①] 从日本产业低级向高级波浪式发展到东亚产业分工模式的出现，就是这种“内源性”到“外源性”的演变和过渡。

但是，到20世纪的后10年至2013年，随着东亚特别是亚洲新兴经济体的经济腾飞和中国的崛起，“外源性”的模式已被打破。日本在“二战”后努力追赶美欧，在经历了20多年的经济革命后，其实现了“追赶”欧美的目标。但之后由于在“追赶”期发挥巨大作用的、在美国所帮助下所建立的政府体制和宏观经济政策已不能准确的指导日本的发展，并深陷于“制度缺陷”和“政策扭曲”之中。20世纪90年代泡沫经济的崩溃和亚洲金融危机的影响，使日本经济雪上加霜陷入了“二战”后最低迷和停滞状态。临近20世纪末，由亚洲金融危机引发的日本经济衰退已经相当严重。[②] 正是日本在政治、思想和经济上的衰退使世界难以看到其领导东亚经济的发展。

到21世纪的今天，东亚经济格局发生了巨大的变化，虽然日本当今仍是世界第三经济大国，仍希望像过去一样在经济方面领导东亚，建立起“大东亚共荣圈”，拥有像美国在美洲自由贸易区那样的主宰地位。但随着20世纪90年代泡沫经济的崩溃和亚洲金融危机的影响，日本经济陷入了战后最低迷状态，并经历了所谓“失去的10年”或者是本人

---

① 金熙德：“中日现代化的殊途与交错”，《日本学刊》2001年第5期。

② 吴建华：《东亚现代化与中国》，中央编译出版社2004年版。

认为的“失去的20年”，至今经济依然迟滞。另外，日本的国策扭曲和“制度缺陷”，在信息技术等方面与美欧的距离日益拉大，这不但阻碍了日本自身产业结构升级，也影响了东亚地区产业结构的调整与升级。过去东亚的“雁行”经济发展模式，在亚洲“四小”的追赶下，在中国的崛起中已无踪影。正如美国学者劳拉·海因曾一针见血地指出：日本人满脑子是别人的经济行为怎样使他们受害，而从不考虑自己的经济行为对他人有何不良后果。这种“受害者情结”与他们在政治上（特别是战争问题上）的“受害者情结”一脉相承。

如果说20世纪90年代以前世界经济是美日欧三足鼎立的基本格局，但是过去十年来这种格局由于三方的经济实力对比已经发生了重大变化，已变成美欧两个大陆——两大经济体之间的竞争，已变成美欧与中国的竞争。与美欧区域经济合作的蓬勃发展相比，只有日本还基本停留于原先的状态，因此其丧失了与美欧平等参与全球区域经济合作的机会，在国际经济规则制定过程中也处于劣势地位。当中国与东盟建立自贸区以后，日本才感到在东亚区域经济合作中的落伍，于是在2001年9月与东盟举行了经济部长会议，提出了经济合作的设想。

二、东亚“雁行模式”的解体

过去，日本是东亚产业链的头雁，处于雁身的亚洲“四小龙”在承接着日本的技术等，并创造了经济增长的奇迹，而处于雁尾的东盟更实现了经济高速增长，这样就形成了日本同亚洲“四小龙”、东盟和中国的在经济上的相互依赖关系。然而，传统的“雁行模式”有其必备的条件和基础，那就是雁阵中的头雁必须在高端科学技术领域里占有绝对优势，并有基础科学作为支撑，才能走在雁阵的前头。而头雁的由中端技术产生的成熟产业又可以转移到雁阵的雁身国家和雁尾国家，那些处于雁身和雁尾的追随国家又能从头雁哪里得到技术和资金的支持；处于雁阵中各层次的成员的发展速度应相对保持匀速，不能落后和彼此超越，以保持技术、产业的推移延伸和雁阵的有序性以及垂直型的分工体系。另外，雁阵中所有成员无论是资金的流向和产品出口品都要有充足的市场需求，这样才能保持雁身内部国家和外部国家的贸易均衡。这就是东亚经济发展模式——“雁形模式”在经济方面的阶梯传递性、互补性和在科技、资金及市场方面的依赖性。

（一）“雁行模式”基础的丧失

尽管日本在一些制造业部门还保持着竞争力，但是整个20世纪90年代其经济陷于停滞状态。在1983—1991年期间，全部要素生产率每年增长2.4%，但在1991—2000年期间每年的增长率只有0.2%，其主要原因是在经济非制造业部门生产率的停滞。20世纪90年代以后，日本在科技的许多领域落后于美欧，已无更多的成熟产业可转移给东亚各国，投资更趋减少。其产业在向外转移的过程中已出现空心化。过去日本产业结构由基础技术、中间技术和高技术而构成，这是日本充当东亚“领头雁”必备条件，是带动“四小”和东盟经济发展的重要的经济技术依托，是东亚“雁行模式”基础。然而随着日本在许多方面的衰退，亚洲“四小龙”和中国在经济技术上的发展和崛起，对其科学技术和市场已无更大依赖和企盼。因此，当今东亚地区以日本为“领头雁”的经济格局已荡然无存，日本的经济状况在20世纪90年代中期就已无能力再维持东亚雁行发展模式。

正如2001年5月，日本经济产业省发表的该年度《通商白皮书》第一次明确所说：以日本为领头的东亚经济"雁行形态发展"时代业已结束，代之而起的是"以东亚为舞台的大竞争时代"。

由此可见经历了所谓"失去的20年"的日本已无能力再维持东亚雁行发展模式。同时，在经济全球化的今天，东亚各国无论科学技术和自然条件如何，都不愿再仅仅局限于生产低附加值劳动密集型产品或技术含量低的产品，而更趋于追求开发、生产和出口高附加值的资本密集型和技术密集型产品，以摆脱科学技术落后、经济效益差和在国际贸易中处于劣势的局面。

（二）东亚分工模式的改变

到了21世纪的今天，东亚经济格局发生了巨大的变化，日本当今仍是世界第三经济大国，但随着20世纪90年代泡沫经济的崩溃和亚洲金融危机的影响，经济陷入了战后最低迷状态。同时，21世纪出现的知识经济，给世界各国特别是东亚许多国家注入了新的活力。它也使得中国和新加坡、韩国等在内的一些东亚国家和经济体与发达国家的距离在逐渐拉近。在某些高新技术产业领域，中国大陆、中国香港、中国台湾和新加坡、韩国等都可以与日本站在同一水平线上或者超过日本。正如2000年夏季日本经济企划厅发表的《亚洲经济2000》报告指出，亚洲的发展形态可能已不再是雁行方式，这是由于随着信息产业的兴起，世界各地的产业已无需逐级跟进，可以跳跃式地进入知识技术密集经济领域。当今亚洲新兴工业化国家和地区的信息产业占国内生产总值的比率已达13%，远超过日本的6%；新加坡和中国香港地区的国际互联网和个人电脑的普及率也超过了日本。而东盟的马来西亚、印尼、菲律宾、泰国也在20世纪90年代推出了一系列国家信息基础设施工程和国际IT产业发展战略，并取得了显著的成效。近年来，我国信息产业也有长足进步，2009 年我国电子信息产业总规模仅次于美国，居世界第二位。2011 年我国电子商务交易规模接近 6 万亿元，在 GDP 中所占比重已经上升到 13%，其中网络零售总额超过 7500 亿元，远远超过同期中国社会消费品零售总额实际增长率。电话用户总数达到 13.8 亿，普及率超过 102.7%，互联网网民规模达到 5.55 亿人，普及率达到 41.5%。虽然这些新兴工业化国家和地区及东盟等国在国民收入和国民生产总值等方面与日本还有一定的差距，但是其信息化革命的步伐却比日本走得更快、更远，并带动了这些国家和地区产业结构的升级换代和出口结构的改变。与此同时日本与"四小龙"之间出现了双向的技术转移与产业渗透，从而使日本与东亚各经济体间的分工开始逐步由过去的垂直分工向垂直与水平分工并存的方向转变、由部门间分工向部门内分工的格局发展，东亚经济体之间过去清晰的产业分工"排序"，随着中国和亚洲新兴工业化国家和地区的经济快速发展和科技水平的提高已日渐模糊。然而，东亚在经济全球化的浪潮中，在世界经济的舞台上能否扮演更重要的角色，完全取决于其经济合作和一体化的道路上能走多远，也更取决于东亚经济格局的重新整合。

三、东亚经济格局的重塑

为什么在此主要提及东亚经济格局，是因为在当今经济全球化和区域一体化潮流的大背景下，东亚已经开始走向了区域经济合作和一体化的道路。东亚各国认识到欲振兴本国经济，欲在国际多边体制下有所作为和在世界经济的舞台上扮演更重要的角色，欲与欧盟、北美区域经济体有所抗争，成为世界经济的第三级，必须进行区域内的经济合纵，加速区域经济一体化的步伐，从而尽快改变东亚经济发展中和区域经济合作中无序的状态，整合东亚各国之间的经济关系。所以本人认为未来的东亚经济发展模式或格局应该是：东盟 + “单引擎模式” + 日本助力，即以东盟为平台——推动力量，中国——牵引力量，日本推动力量共同带领和推动东亚区域经济合作和发展。

（一）“单引擎模式”中的日本

日本过去在东亚经济发展中一直处在领导地位，但是当今世界及东亚的经济格局已大有不同。在东亚区域经济整合中，特别是在2005年12月的东亚峰会和（10 +3）会议中，日本已感到自己在东亚的影响力在减少，排开中国而独立主导东亚的事物与经济发展是不可能的。尽管如此，在东亚区域经济发展和一体化的道路上，我们认为日本仍然是带动东亚经济发展的主力之一。

经历了“失去的20年”的日本，在20世纪90年代仍然处于经济徘徊期，增长率较低甚至有许多年还是负增长。对于日本这个严重依赖国际市场的国家，在刚刚过去的2012年，日本贸易赤字则达到创纪录的6.93万亿日元，同比增加170%，这是日本贸易赤字连续两年增长。但不可否认日本GDP的绝对值仍保持着世界第三，亚洲第二的绝对优势。同时，日本在一些高新技术领域仍保持着一定的优势，日本的一些著名企业和金融机构的实力仍跻身于全球的前列。自亚洲金融危机后，日本在东盟各国的直接投资虽有所减少，但仍然是当前东盟各国最主要的外国投资者，东盟各国对日本资金、技术和市场的依赖仍会继续存在。近年来日本也在改变着其在东亚的战略，“返亚”的态势及思想已出现，但是由于受到美国的羁绊和束缚，使其政策不断游荡和不定，脱美、脱西和“返亚”都是其自己无法决定的。

当然日本人看到了中国在东亚的经济地位迅速上升，在东亚区域经济合作中的积极表现，尤其是中国和东盟决定在10年内建成自由贸易区使日本深感其在东亚的影响在减少，其在东亚的地位受到来自中国的挑战。因此，日本前首相小泉2001年初在东盟与中国签订FTA后出访东南亚，以及日本新首相当选之初2013年就首先访问东亚几个国家，其目的一是围堵中国；二是力图挽回其在东亚区域经济合作中的被动局面，以维系日本在东亚经济圈内的地位。虽然日本的政治和经济合作战略没有彻底转变，东亚国家对其还有不信任的思想，但是，东亚区域经济合作与发展离不开日本，在东亚经济发展模式的“单引擎”中，但愿日本会肩负起推动者的角色。

（二）“单引擎模式”中的中国

尽管中国科学技术在某些方面还与发达国家有一定的距离，尽管中国人均国民生产总值仍然处于发展中国家的中下游水平，在信息化的时代，我们还处于国际分工比较落后的位置。但是中国经过30多年的改革开放，经济总量已实现翻两番的目标，经济取得了巨大的进步并高速向工业化和现代化迈进。2004年经济增长9.5%，国民生产总值达1.65万亿美元，从整体上说，发展中经济体占全球经济总量的比例，已经从1990年的13%上升到目前的20%；在世界贸易中的份额同期也从18%上升到25%。如果按购买力平价计算，发展中国家在全球产出中所占的份额更高达43%（1990年是36%）。中国是其中表现突出的国家。1990年以来，中国在全球产出值中所占比例的增长已经超过150%，占全球名义GDP的4.3%。贸易量的增长同期超过了300%，占全球贸易总量的6.1%。

中国经济总量占世界经济的份额已从1978年的1.8%

提高到2011年的8.0%。中国经济总量在世界的排序，从2002年的第6位，上升至2010年的第2位，2012年依然保持着这一位置。2008年到2012年这4年，见证了中国成功举办北京奥运会和上海世博会、中国的GDP超越日本成为世界第二，也见证了以美国为代表的西方世界在国际金融危机中经济举步维艰，而中国却稳步前行。据国家统计局数据显示，2003年至2011年，中国经济年均增长10.7%，而同期世界经济的平均增速为3.9%。中国经济快速发展，成为世界经济的引擎。2012年，稳中求进成为主基调，8年来首次把年度经济增长目标从8%左右下调至7.5%，更加强调加快转变经济发展方式（见表9-1）。

表9-1　2012年上半年界GDP前20强（2012年9月11日版） 制作：北海居

排名	经济体	本币名义GDP		本币实际GDP		美元名义GDP	
		亿本币	同比%	同比%	二季度同比% **	亿美元	同比%
1	美国*	77711.00	4.2	2.4	2.3	77711.00	4.2
2	中国	250366.14	9.1	7.2		39694.03	9.1
	中国大陆	227098.20	10.4	7.8	7.6	36005.04	14.4
	中国台湾	67775.23	0.8	0.1	-0.2	2283.71	-0.8
	中国香港	9342.19	3.9	0.9	1.1	1203.85	4.2
	中国澳门	1611.26	21.5	18.4	12.6	201.56	21.9
3	日本	2343782.00	1.9	3.0	3.2	29386.15	4.7
4	德国	12994.50	2.3	1.1	0.5	16846.97	-5.6
5	法国*	10106.20	1.8	0.3	0.5	13102.38	-6.0
6	英国*	7682.58	1.9	-0.4	-0.5	12119.60	-0.5
7	巴西	21348.99	6.4	0.6	0.5	11448.41	-6.9
8	意大利	7691.15	-0.9	-2.0	-2.8	9971.34	-8.5
9	俄罗斯	280616.53	13.5	4.5	4.0	9180.49	6.1
10	印度	478358.10	12.2	4.8	3.9	9063.19	-3.4
11	加拿大	8546.19	3.3	1.5	1.9	8498.03	0.3

续表

排名	经济体	本币名义 GDP		本币实际 GDP		美元名义 GDP	
		亿本币	同比%	同比%	二季度同比% **	亿美元	同比%
12	澳大利亚	7238.19	4.0	4.2	4.0	7476.45	4.0
13	西班牙	5289.37	-0.8	-1.1	-1.6	6857.51	-8.4
14	墨西哥	75319.67	9.2	4.3	4.1	5680.50	-2.1
15	韩国	6182959.00	3.9	2.5	2.3	5397.52	-0.5
16	印度尼西亚	40277539.00	12.7	6.3	6.4	4376.33	7.0
17	荷兰	3026.61	0.3	-0.6	-0.5	3923.91	2.5
18	土耳其	6776.26	11.8	3.1	2.9	3767.94	2.5
19	瑞士	2962.16	0.8	0.9	0.5	3188.78	-1.6
20	瑞典	17858.42	3.2	1.8	1.8	2610.34	-3.8

注：* 季节调整后数据；美国、日本为最新修订数据。

关于资料图：各国 2012 年上半年最新的 GDP 排名。中国继超越日本成为世界第二之后，继续快速向上攀升，与美国的差距迅速缩小。但是，在国际政治中，“老二”的地位是最尴尬的。“老大”会挑拨离间，召集“老三”等盟友组成“联合战线”共同打击“老二”。但是，历史在变迁，社会在进步，未来世界谁主沉浮？

资料来源：HEYBRAIN. COM 北海居。

“过去十年，中国经济保持高速发展成为世界舞台上的一朵奇葩，同时中国削减了大量贫困人口，提前完成联合国千年发展目标，为世界减贫事业做出积极贡献。”联合国开发计划署驻华代表处高级政策顾问萨文说。

“十一五”期间，中国在机构、基础设施、宏观经济环境、健康与教育培训、商品市场效率等方面的国际竞争力都有了显著增强。据世界经济论坛《2010—2011 年全球竞争力报告》测算，中国国际竞争力在 139 个国家和地区中排名第 27 位，而 2005 年在被评估的 117 个国家和地区中仅排名第 49 位。“十一五”时期，我国经济社会发展又迈上了一个新台阶，国际地位稳步提高，国际影响持续扩大。5 年间，我国经济总量从世界第5位跃居世界第2位；货物出口额从世界第3位跃居第1位；外商直接投资从世界第4位跃居第2位，其他许多经济指标在国际上的排位也有显著进步。在这不平凡的5年里，我国有效应对国际金融危机的巨大冲击，保持了经济平稳较快发展，并积极开展国际合作，对推动世界经济复苏作出了重要贡献，产生了广泛而积极的影响。

中国经济的持续高速发展和综合国力的明显增强以及在世界上的政治地位，在东亚区域经济合作中已经起到了领导和凝聚力的作用。在亚洲金融危机期间，中国坚持人民币不贬值，从而避免了东亚第二次金融危机的爆发。这使得中国与东盟之间彼此更加信任，经济联系也变得更加紧密，从而起到了稳定亚洲甚至全球经济大局的作用。中国经济的影响力还体现在中国大陆、香港地区和澳门地区三地经济的整合，在不远的将来世界会看到大中华圈的出现。

中国经济的持续高速发展是带动东亚经济的巨大引擎，中国潜在的市场规模为东亚各国提供了一个经济贸易与投资的巨大机遇，是东亚经济体调整产业机构的客观载体。所以，日本公布的《2001年通商白书》也承认，日本主导亚洲经济的时代已告结束，往后中国在带动亚洲的成长上将扮演更大的竞争者与推动者的角色。因此可以说中国已基本具备了东亚区域经济合作和发展的领导者的条件和基础。

（三）东盟—东亚区域经济合作中的平台和中坚力量

东亚区域经济合作是由东盟倡导和推动的。1997年东亚金融危机爆发后，鉴于国际货币基金组织态度的低调和发达国家的冷眼相观，东盟各国开始认识到只有加强区域内的经济联系和合作，特别是与东北亚各国中日韩的合作，才是振兴本国和本域经济，防止未来经济波动和金融危机的有效途径。所以，1997 年 11 月，东盟国家首脑会议在马来西亚吉隆坡召开，并在马来西亚的倡导下促成了东盟和中日韩三国的首脑会议。1997 年 12 月 15 日首次“10 +3”会议在马来西亚首都吉隆坡召开，其标志着东亚国家之间经济合作机制的诞生。

既然当前东亚区域经济合作和区域经济一体化还不可能像欧盟和北美自由贸易区那样由主导国家领导，那么东盟作为 10 +3 机制的发起人，其已经成为区域经济合作一个不可替代的角色，从东盟过去和当前的思想意识上可以看到，其既不愿意接受日本也不愿意看到中国在东亚区域经济合作中的主导作用，更愿意以自己为核心发展东亚区域多边的经济合作，以提高自己与日本、中国、美国、印度和欧洲谈判的力量和地位。所以东盟出于平衡力量和拓展空间的考虑，在同中日韩签订区域经济合作协议或意向的同时，还积极寻求与印度以及与澳大利亚和新西兰的双边合作，而印度，澳大利亚和新西兰也对加入与东盟的区域经济合作报以积极的态度。因此在上届举行的东盟地区论坛部长级会议上，东盟曾提出了一个被日本共同社称为“圆心外交”的新地缘战略构想。即以东盟为圆心，“内圈”包括中国、日本和韩国，“外圈”为印度、俄罗斯、澳大利亚的设想。从中可以看出东盟本身也在努力成为东亚经济合作的中心和领导者。

尽管东盟从经济实力看与中日韩还有相当大的距离，力量略显得过于单薄，其目前 GDP 总量与中日韩 3 国相比差之甚远。东盟作为一个区域合作组织或“超国家”的组织，却没有“超国家”的权威。[①] 但是东盟一直不懈地努力壮大自己的集体力量和影响，并以一个“联合起来的大国”身份分别与中日韩等国进行经济合作谈判，从而大大提高了其

① 王士录：“东盟内部的科技合作：成就与问题”，《当代亚太》2005 年第 2 期。

自身的地位，客观上消除了可能被大国“左右”的担忧。尽管当今的东亚区域经济合作缺乏大国主导，尽管东亚经济合作现在还没有形成像欧盟和北美自贸区一样由大国统领，但是东盟峰会和东亚峰会的定期召开和不断扩大，给中日韩和其他国家搭建了一个可以共同协商、逐渐增进互信、消除国家之间的历史宿怨和政治分歧的平台。

如果没有东盟这一平台，根本不会有三个“10+1”的合作以及“10+6”。所以当前或者在今后的很长一段时间内，东盟会继续担当东亚区域经济合作的主要引导者。如果东盟能够在“10+3”框架下协调和推动中日韩等国家的关系作实质性改善，同时中日都以真诚和积极的态度来改变当前的政治经济关系，超越文化的鸿沟，消除历史的恩怨，正确估计各国在未来东亚的发展前景以及在全球经济中的地位，那么一个崭新的、以东盟为主要推动者，以中国为领导者，以日韩为推动者的东亚，一个崭新的在“10+3”自由贸易区基础上的东亚区域经济一体化组织就会出现在不远的将来。

所以，无论从理论还是实际上讲，任何区域的经济发展和任何一种区域性的经济合作都需要有一个或几个国家起主导性或推动者和引导者的作用。如欧洲联盟中的“三驾马车”机制和以美国为首的北美自贸区一样，东亚亦应如此。日本的优势主要在资金方面，而中国的优势则在于它拥有巨大的市场潜力和资金。两种优势相加对于区域内贸易和投资的扩大、产业的升级和防范金融风险将起到有力的推动和防范作用。虽然中日之间历史遗留下的问题和当今两国在政治、军事及经济方面的矛盾，二者目前都难以单独胜任带领东亚各国向经济合作和一体化方向迈进，但是随着时间的推移，如果日本能从两国的长远利益和东亚的利益出发，像法德一样在战后冰释前嫌，双方都以真诚和积极的态度来改变当前的政治经济关系，超越文化的鸿沟，消除历史的恩怨，正确估计认清各国特别是自己在东亚的地位、在亚洲和在世界上的地位，那么将有助于推动东亚经济合作和一体化的进程。

中国走过了几千年的历史道路，取得过辉煌的世纪，在今天崛起过程中一定会超越过去，带领东亚乃至世界经济发展和区域经济合作只是时间的概念。

第二节 东亚区域经济合作——谁主沉浮

21世纪初，日本经济还没有摆脱长期萧条和低迷的状态，与此同时，中国经济迅速崛起腾飞。东亚和中日经济发展的格局和势头的逆转导致了东亚“雁行模式”的终结。那么面对经济的全球化和区域经济一体化的挑战，在推进东亚区域经济一体化的进程中如何整合各国之间的关系，如何领导东亚尽快走上经济合作和一体化的道路，如何引领东亚经济的发展，使之尽快变成世界经济的第三级，这已成为东亚乃至世界各国十分关注和考虑的问题，同时更成为中国重视的问题。

从理论上或从实践方面讲，任何一种区域性的经济合作都需要有一个或几个国家起主导性作用。对于东亚经济合作而言，世界舆论普遍认为，中、日、韩三国之间应加强联合与合作，成为其发展的主导者，或是由中国担当领导是目前或今后最理想的一种选择，如同欧洲联盟中的“三驾马车”机制和以美国为首的北美自贸区一样。但是，现实情况并非如此，这需要历史的推动、各方的充分认知和中国的真正崛起才能完成中国的使命，才能尽快达成东亚区域经济一体化的梦想。

虽然在世界和亚洲中国在迅速崛起，但是日本仍是世界第三经济大国并拥有强大的经济实力与发展优势，科技竞争实力仅次于美国。所以其仍希望像过去一样在经济方面领导东亚，建立起“大东亚共荣圈”，拥有像美国在美洲自由贸易区那样的主宰地位。但是正如澳大利亚学者加文认为，日本“大东亚共荣圈”的失败，正是由于日本没有提供一个能给邻国带有归属感，或者乐于参加的共同体的图像。① 虽然1991年（日本）还勉强保持3.7%的增长率，但1992年实际增长率已降到0.8%，1993年为负增长（-0.5%），被认为是战后日本最严重的一次经济萧条。② 经历了“失去的二十年”以后的日本，经济至今起色不大，加之其国策扭曲和“制度缺陷”，在信息技术等方面与美欧的距离日益拉大。这不但阻碍了日本自身产业结构升级，也影响了东亚地区产业结构的调整与升级。特别是在亚洲金融危机时，日本人为贬值日元，从东亚撤资等行为，更令东亚各国所不可接受。过去东亚的“雁行”经济发展模式，在中国和亚洲“四小”的追赶下，在中国的崛起中已无踪影。正如美国学者劳拉·海因曾一针见血地指出：日本人满脑子是别人的经济行为怎样使他们受害，而从不考虑自己的经济行为对他人有何不良后果。③ 这种“受害者情结”与他们在政治上（特别是战争问题上）的“受害者情结”一脉相承。

从历史上说，日本是一个先天缺乏自然禀赋的国家，从

---

① ［澳］加文·麦考马克：《虚幻的乐园》，上海人民出版社1999年版。

② 吴建华：《东亚现代化与中国》，中央编译出版社2004年版。

③ 转载自经济生活网 http：//www.economicdaily.com.cn。

来都不具备成为世界一流强国的基础。只能成为次强国。日本作为一个岛国，其自然资源有限，一旦发生战争以及经济危机等，只能依靠掠夺外部资源来解决。日本侵亚洲各国和侵华，在某种意义上说，正说明日本经济强盛的脆弱性，只有依靠各国的资源，方可立足未来。很多当年侵华的日本高级将领和政府官员，在对华战争之时，既骄傲自大，更有隐藏于内心的恐惧，从某种意义上说，征服亚洲和中国是日本无可选择的必然之路。但是，既然历史没有给予日本这个机会，在未来，日本一定会是一个逐渐被边缘化的国家。相对中国而言，日本的崛起只不过是得宜中日之间现代化的时间差，在中国尚处于中世纪乃至半封建社会时，已经脱亚入欧的日本，对于中国有一个体制上的比较优势。日本失去了征服中国的机会，即等于失去成为世界一流强国的永久机会。

事实上，早在100多年前，就有日本人洞察到其未来宿命。同时，“二战”后日本的崛起，在某种意义上其更具依附性。“二战”后其由美国占领，由美国人制定其宪法并帮助完成现代化改造，残余的封建制度，被逐步扫清。美国逐步将其培养成卫星国甚至附属国，其国家的特性是在政治和法律以及军事等多方面受到美国的影响和控制。不可否认日本具有高素质的国民及由此造就的丰富人力资源以及贫乏的国内资源和国内市场，其可以纳入美国的体系，但不可能成为独立的政治和军事强国，不可能成为不可控的经济体而游离于美国之外。

另外，日本对“二战”中的侵略行为和给东亚各国人民所造成的深重灾难，至今缺乏应有认识，并故意歪曲、掩盖和否认侵略战争的罪行。比如修改历史教科书、参拜靖国神社、有意修改战后的“和平宪法”、在美国反恐的招牌下向“海外派兵”以及日韩、日中的领土问题和日中的台湾、钓鱼岛和东海石油问题等。这些行为不但伤害了被侵略国家人民的感情，而且还引起了东亚和其他国家对日本的反感、谴责和警惕。另外，在文化上日本严重缺乏亚洲认同，在经济上日本农业保护政策影响了其与东亚其他国家的合作，在军事上又与美国结成同盟等。诸如此类的原因，使得日本不可能领导东亚经济的发展与合作。正如日本公布《2001年通商白皮书》也承认，日本主导亚洲经济的时代已告结束，往后中国在带动亚洲的成长上将扮演更大的竞争者与推动者的角色。

21世纪的前12年已经过去，全世界都看到中国在全球经济舞台上所起到的作用。中国经济的发展不但是世界经济的引擎，同时也是东亚各国经济发展进步的巨大推动力。中国经济的持续快速增长大大提升了在世界和东亚的经济地位，同时也为东亚各国经济带来了强大的生机，带来了巨大的动力和做出了杰出贡献，无论从与日韩的经济贸易往来还是与东盟十国以及与港澳台地区之间的经贸关系都可以见证。

历史上中国GDP总量占世界的比重很多年都在前例。1776年乾隆41年中国GDP全世界第一，1800年中国占世界GDP的32.9%，1840年中国占世界GDP的29%。改革开放以来，中国GDP总量占世界的比重按汇率计算，从1978年的5.0%，到1995年超过11%，中国GDP占世界GDP的比重明显上升。2004年4月26日，据国际货币基金组织按购买力平价最新公布的计算结果，中国的经济总量已占世界生产总值的12.6%，排在美国和欧盟之后。美国和欧盟分别占世界生产总值的21.1%和19.9%。中国的经济总量已在世界排名第三。2005年，中国大陆占东亚10个经济体GDP总量的比重已高达25.2%。而据日本经济产业省综合各重要国际经济机构的预测得出结论，到2015年中国大陆占东亚10个经济体GDP总量的比重还将提升至31.8%。

2011年，中国GDP占世界比重已达9.5%。据美国彭博社报道称，2012年，中国经济占全球的比重会突破10%，而1987年仅为2%。相比之下，美、日、德、英、法、意、加的GDP，占全球比重节节下滑，2012年前，恐由20世纪80年代中的70%跌破50%。到2015年，中国的GDP将占世界GDP总量的17%。另据OECD（经济合作与发展组织）以国际元的测算，中国在2015年就会恢复历史上的地位，GDP总量占世界的20%，与美国等量齐观。高盛公司用美元为单位的预测是，中国2040年左右超过美国。相比之下，2010年，日本公布的GDP为54742亿美元，首次低于中国的58786亿美元。在2000年GDP还占全球近15%的日本，仅10年就缩至8.7%。

尽管中国的人均GDP比之西方国家还很落后，但是随着国民收入的增加，其水平也在大幅度提升。《1995—2015中国和世界经济展望》报告称，中国在改革期间一系列的成功政策，使得中国的人均收入一年上涨6%，比亚洲其他国家（韩国除外）都快，而中国的人均GDP也从世界平均水平的1/4上升到一半。

在中国经济取得非凡成绩之余，我们还看到，中国越来越成为东亚各国出口扩大的目的地。东亚许多经济体的经济增长都依赖出口，东亚区内贸易依存度目前已达55%左右，迅速扩大的中国市场越来越成为东亚各国出口的容纳地，东亚各经济体对中国大陆出口依存度在迅速提升，中国越来越成为亚洲和东亚许多经济体最主要的出口市场。所以，中国经济的发展对东亚经济合作产生了巨大的推动作用；中国越来越成为东亚相互投资的吸收地。东亚经济合作更加重要的实体基础是基于相互投资形成的区内生产网络，随着中国经济的持续快速增长，市场前景和盈利预期的日趋改善，中国大陆已经成为东亚相互投资的吸收地，在东亚区域经济贸易和生产网络体系中扮演着不可替代的重要角色；在东亚经济合作中，在“10+3”合作框架中占据重要地位的是金融货币合作。金融合作的主要目的是要化解和规避东亚各国之间以及全球经济体系运行中货币和金融的运行给各国带来的各种风险。所以，中国强大的金融实力和迅速增加的外汇储备对东亚金融稳定发挥着重要的作用，更成为东亚金融运行稳定和区域金融合作的坚实基础。

鉴于以上论证可见，中国作为东亚有影响力的政治经济大国，在东亚区域经济合作中无论从经济到贸易，或是从军事到文化等多方面都可以起到领导者的作用。在“10+3”框架之下，中国始终活跃在东亚经济合作的舞台上并为东亚经济合作提出了许多有价值的建议，承担了更多重要义务，特别是在“10+3”金融合作领域，在大湄公河次区域合作中中国都起到了巨大的推动作用。在“10+1”框架之下，中国率先与东盟签署了自贸区建设协议，建立中国—东盟自由贸易区，为日本与东盟、韩国与东盟的合作树立了良好的典范。

因此，在新的世纪里，中国应以积极参与推动和领导东亚经济合作，努力促进东亚各国在政治、经济、安全等各个领域的全面合作，使东亚能在最短时间内实现区域的经济整合，最终实现东亚区域经济一体化，成为世界政治经济格局中重要的一极。这对于促进东亚各国政治和经济的长期稳定和发展，维护世界和平与发展具有历史性的意义。在不远的将来世界会看到一个迅速崛起而强大的中国，一个屹立于世界强国之林的大中华，一个在世界政治、军事和经济舞台上起巨大影响作用的中华民族。

结　语

20世纪末到21世纪初，经济全球化浪潮席卷各地，世界范围内区域经济一体化进程也在不断加快。从非洲到欧洲，从北美到亚洲，新的区域经济合作组织在不断增多。在东亚地区，东盟和中日韩与印度、澳大利亚和新西兰采取“10+1”、“10+3”和“10+6”的经济合作形式，不但得到了东亚各国的重视，而且也引起国际社会越来越多的关注，已经成为世界地区经济合作中的一个新亮点。然而，东亚区域经济合作对世界经济格局会带来何种影响，对东亚各国会产生何种利益和结果，其探讨和实践的可行性和空间有多大，其前景如何，都是世界和东亚所寄予极大关注的事情。

东亚区域经济合作、走区域经济一体化的道路是顺应经济全球化和区域经济一体化两个时代潮流的必然选择。当今世界已基本形成由北美、欧盟和东亚三足鼎立及为主导的世界经济格局。欧盟已经从15国扩大为27国并在继续外延；北美自由贸易区也在美国的极力推动下，从北向南推进，旨在2015年建成从阿拉斯加到火地岛的美洲自由贸易区。东亚经济虽在迅速发展崛起，但是其同欧盟和北美自由贸易区相比，经济合作进程滞后和影响力不足。因此，东亚要想真正成为能与欧美并驾齐驱的区域，与其有同样的国际地位，只有进行区域经济合作，走经济一体化的道路。

东亚区域经济整合不仅有利于本地区的繁荣，也有利于世界的和平与发展，不仅对世界和本地区各国经济产生大的推动作用，还符合东亚各国的利益需要。东亚多年来的经济快速发展带动了世界经济的发展，为世界许多国家带来了广阔的市场和经济贸易发展的空间。

从现实和发展的角度来看，东亚通过合作可以实现地区的稳定与安全；合作可以把中日韩和东盟各国联系在一起，改善各国之间的关系，建立信任，避免发生对抗，实现中日韩在政治、领土等方面的争端的顺利解决和地区和平；合作可以建立起东亚地区的政治安全机制，为区域经济合作的深入发展，为东亚的区域一体化组织的建立提供政治基础；合作还可以使东亚在世界事务中争取到自身更大的利益和充分表达地区的声音。同时，东亚区域经济合作还可以推动东亚各国经济快速的发展，避免和防止各种危机的发生；合作不但可以使东盟各国有了一个良好的经济发展空间，而且还可以为本区域的大国如中日韩开辟一个与世界大国进行经济竞争的平台。

东亚区域经济合作和走一体化的道路有其坚实的基础，是可行的。东亚作为世界政治和经济的重要支柱之一，作为世界经济发展最快的地区，其中，中日韩三大经济体就占世界经济总量的1/5，在世界贸易体系中占有举足轻重的地位，彼此间的贸易依存度近年来也随着全球产业链的整合而大大加强。经济总量大约占世界的22%，人口占世界的1/3，并集中了全球外汇储备总量的近2/3。区域内的贸易额超过了万亿美元。这说明东亚已经具备了经济合作和一体化的坚实基础和良好条件。

多年来，东亚地区内部的投资和技术转移也得到很大的发展，经济贸易上的相互合作和互补性带来了越来越大的地区共同利益，从而使东亚经济开放性与内聚力得到迅速提升，这既为推进东亚经济合作提供了必要的条件，又为其提出了强烈的要求。东亚各国在自然资源、劳动力、产业结构上存在着巨大的互补优势。自20世纪80年代以来，随着东亚中日韩三国间和东盟与中日韩之间贸易和投资的发展，其潜在的互补优势日益向现实的区域经济合作优势转变。资本、技术、劳动力等生产要素在区内各国间的流动，扩大了东亚区域的市场规模，推动了生产扩大和国际分工的规模，促进了产业结构的优化和升级，为其实行区域一体化提供了重要的物质基础。

还有，中国经济持续快速增长，占全球进口和出口市场的份额不断扩大，并吸引越来越多的外国投资流入。东亚其他国家希望分享中国发展带来的机遇，同时也担心在本国市场和第三国市场上与中国之间的竞争。中国的发展需要政治和经济相对稳定的周边环境，为了消除东亚国家对中国加入WTO后经济崛起的疑虑，通过与东亚各国发展自由贸易关系，开创共享经济发展成果的新局面。中国在发展区域自由贸易关系问题上的积极立场推动了东亚各国建立区域内和跨区域FTA的进程。

东亚区域经济合作模式的约束条件东亚要保持区域内的和平、繁荣与发展，必须采取具体可行措施，打破制度束缚推进区域经济合作低度发展局面，巩固和逐步推进区域经济合作。目前，东亚制度性区域经济合作正向着金融货币合作与自由贸易区建设两个方向展开，但受到区域内部和外部条件的制约，自由贸易区合作方式比金融和货币合作的可能性更大。东亚自由贸易区的建设不能一步到位，但可以通过“迂回”的方式，在三个分裂的“东盟10国+1”或“10+3”或“10+6”的次自由贸易区分别发展的基础上，才有可能形成一个统一的东亚自由贸易区。随着时间的推移，也可能找到更好地途径。另外，值得提出的是世界经济区域一体化竞争在逐渐加剧，国家之间的竞争逐渐转化为区域之间的竞争，分散的东亚经济不具备区域经济竞争的整体要求，因此，迎头赶上才是东亚的必然选择。

然而，东亚各国复杂的政治形势、不同的经济发展水平和多样的宗教和文化，会导致东亚经济合作和一体化之路将是一个长期的充满困难和阻碍的政治经济整合过程。

1. 东亚区域经济整合会受到美国的干预和影响。东亚区域内的国际政治关系长期以来主要受美国的控制。美国在政治上、军事上和经济方面都已形成一整套控制的总体战略。因此，东亚区域合作的加强对美国的总体战略有很大的影响，脱离美国搞独立性的经济合作，必然会受到美国的干涉和阻挡。还有，东亚地区大部分国家在“二战”后一直受美国的控制，日韩等国在政治、军事上更是受到美国东亚总体战略的影响，尤其是日本为了保持与美国的关系，不得不在区域合作上态度暧昧，行动与美国妥协，这是影响东北亚合作向高级化进一步发展的重要原因。但是，正如经济学家科林·里德说，2008 年的经济危机说明，一个国家拉动世界经济的时代已经过去了。新的世界金融秩序将是合作与协调的秩序，中国已经决意在其中扮演一个重要的角色。以中国为代表的新兴国家集体崛起是 21 世纪最大的变局，“金砖四国”中有 3 个算东亚国家，只要中国坚持走自己的和平发展道路，在东亚这个联盟中的地位就会得到东亚国家的认可，其地位不会因为美国伸手到东亚而受到威胁。

2. 东亚各国在政治层面上存在严重分歧，这就不可避免地使区内各国政府在对外经济贸易战略的步调上难以达到一致。“二战”结束后，东亚的政治安全格局基本上以冷战思维占据主导地位，政治安全成了压倒一切的首要问题。同时，在对待“二战”日本的侵略历史方面的认识又存在着严重的分歧，从而引起区域内不同国家之间的对抗情绪和疑虑心情。这些因素使有些国家必须首先考虑国家的政治安全利益，而把经济合作放在附属的地位上。另外，中日韩三国关系的走向是影响东亚区域经济合作的关键因素。毋庸讳言，中日韩三国政府和人民之间在诸多方面还存在不少鸿沟。中日韩之间的历史问题和领土纷争等问题，这些都是影响东亚区域经济合作向更高层次发展的阻碍所在。

3. 由于东亚地区各国间的经济发展水平存在着较大的差异，既有经济发达国家，又有新兴工业化国家，还有发展中国家。不同经济发展水平的国家所获经济利益是不一样的，由此决定了它们之间的总体战略、产业布局和进出口贸易方面的不一致，从而成为区域经济合作的主要障碍。国际上通常认为，建立一个高层次的区域经济集团应具备4个条件，其中之一就是人均GDP水平相近，而参与“10+3”合作机制的各国内部经济一体化速度迟缓，发达国家与发展中国家之间的经济实力和水平相差极为悬殊。东亚各国经济发展水平差异大、政治关系复杂等因素始终是建立区域自由贸易关系的障碍，这使得各种双边、多边FTA方案的研究和谈判进展缓慢。

尽管20世纪90年代以来，区域经济合作打破了只在经济发展水平相近的国家之间开展的传统做法，出现了不同经济发展水平国家之间也开展了合作的新趋势，但在合作中也存在不少问题。同时，由于东亚各国和地区的产业结构也大都受到发达国家产业转移的影响而导致“产业趋同”，由此形成的“出口导向型”经济，经常使这些国家和地区间处于不同程度的过度竞争，这必然制约东亚经济合作的有效开展。

4. 东亚内部主导力量缺位。东亚内部一直存在区域经济合作“主导国”之争，目前还没有一个能够带领和协调东亚各国进行区域经济合作的主导国家。近一个世纪多年来，日本一直是东亚地区最强大经济体，是东亚“雁行模式”的头雁。然而，自日本经历了10年的经济衰退以及亚洲“四小龙”和中国崛起后，东亚已经不存在主导者。而东盟10个国家在自身整合的基础上以一个声音说话，以一种立场表态，以一个“联合起来的大国”身份分别与日本、中国、韩国以及美国、俄罗斯、印度、澳大利亚和新西兰谈判和合作，不愿意受到任何国家的控制。而中国在短时间内又难以在区域经济合作中起到主导作用。所以，东亚区域经济整合还需要漫长的道路要走。

综上所述，尽管东亚区域经济合作存在这样或那样的问题和阻碍，但是，东亚区域经济合作已经取得了巨大进展。只要东亚各国和地区加强政治和经济合作，坚定共同发展的信心，一切困难和障碍都是可以克服的。随着国际产业分工的客观需要和东亚经济的持续崛起，本区域经济一体化从长期来看是大势所趋，不可阻挡。欧盟经历了半个世纪的发展，取得了今天的成绩，我们相信东亚在不远的将来也必将在区域经济合作和一体化的道路上取得更大的进步，并为世界的和平发展和进步做出更大地贡献。东亚未来区域经济一体化的实现将极大改变世界经济和政治格局，促进世界多极化进程和整个东亚的崛起，增加本地区人民的福祉和自信心。一个崛起中得大国——中国在未来的东亚区域经济合作及一体化中一定会起到领导者的作用。

参 考 文 献

[1] 卡尔·多伊奇：《国际关系分析》，世界知识出版社 1992 年版。

[2] 沈骥如：《欧洲共同体与世界》，人民出版社 1994 年版。

[3] 尔哈格伯：《国际经济学》，转引自朱刚体著：《当代西方国际经济思潮》，辽宁人民出版社 1988 年版。

[4] 司昆阳："论发达国家间的相互依存与一体化趋势"，《世界经济文汇》1988 年第 2 期。

[5] 伍贻康：《欧洲经济共同体》，人民出版社 1983 年版。

[6] 周建平：《欧洲一体化政治经济学》，复旦大学出版社 2002 年版。

[7] 陈剩勇、马斌："区域政府合作：区域经济一体化的路径选择"，《政治学研究》2004 年第 1 期。

[8] 王永无："中亚 + 中国经济一体化构想"，《财经界》Money China—政府版，2005 年第 8 期。

[9] 白英瑞：《欧盟经济一体化理论与实践》，经济管理出版社 2002 年版。

[10] EIU：Country Report [R]. European Union，Jue. 2004.

[11] GDP 数据 [DB]. 来自 IMF 2004 年 9 月《世界经

济展望》数据库。

[12] 莱斯特·瑟罗：21世纪属于谁 [J/OL]，中国文学网 www. chineseliferafure. com. cn。

[13] 戴晓芙、郭定平：《东亚发展模式》，复旦大学出版社2005年版。

[14] 王雪坤："2005年我国对外贸易发展趋势分析"，《国际贸易论坛》，2005年第1期。

[15] 胡舒立："东亚：真老虎还是纸老虎——访《亚洲奇迹之迷》作者克鲁格曼"，《战略与管理》1995年第3期。

[16] 戴维·赫尔德等著，杨雪冬等译：《全球大变革》，社会科学文献出版社2001年版。

[17] 宋玉华等：《开放的地区主义与亚太经济合作组织》，商务印书馆2001年版。

[18] 黄静波："国际贸易政策的两难问题与GATT/WTO体制"，《国际贸易问题》2005年第1期。

[19] 谷口诚："没有自主的、多方位的外交，日本没有未来——对日本外交的建议"，《世界经济研究》2003年第4期。

[20] 金熙德："中日现代化的殊途与交错"，《日本学刊》2001年第5期。

[21] 吴建华：《东亚现代化与中国》，中央编译出版社2004年版。

[22] 杨贵言：《中日韩自由贸易区研究》，中国社会科学出版社2005年版。

[23] 弗朗索瓦·布吉尼翁："世界经济增长放缓强势犹存"，《人民日报》2005年12月26日。

[24] 罗力："对东亚区域经济一体化发展趋势的十个判断"，《开放导报》2004年1月7日。

[25] 王士录："东盟内部的科技合作：成就与问题"，《当代亚太》2005年第2期。

[26] 庞中英："地区主义与民族主义"，《欧洲》1999年第2期。

[27] 肖欢容：《地区主义：理论的历史演进》，北京广播学院出版社2003年版。

[28] Kozo Kato："Open Regionalism and Japan's Systemic Vulnerability"[J]. In Peter J. Katzenstein (ed.): *Asian Regionalism*, Ithaca (N. Y.): the Cornell University Press, 2000: 35.

[29] 马缨：《区域主义与发展中国家》，中国社会科学出版社2002年版。

[30] Baldwin, P. Planning for ASEAN: How to Take Advantage of Southeast Asian's Free Trade Area [J]. *London: Economic Intelligence Unit*, 1997: 4.

[31] 高华：地区一体化的若干理论阐述．[EB]. http: //www. iwep. org. cn/html/diquyitihua - gaohua. htm.

[32] Peter Robson. *The Economics of International Integration* [J]. 4th edition , London: Routledge , 1998: 1.

[33] 冯久玲：在吉隆坡接受《全球财经观察》采访时说[Z]，2004年12月29日。

[34] 叶自成："中国实行大国战略势在必行"，《世界经济与政治》2000年第1期。

[35] 王庭东："论东亚新地区主义"，《当代亚太》2003年第1期。

[36]《马克思恩格斯选集》第1卷，人民出版社1992年版。

[37] European Commission, Growth, Competitiveness, Employment – the Challenges and Ways Forward into the 21 cen-

tury, Bulletin of the European Communities, Supplement [N]. 1993 (6): 61.

[38]《马克思恩格斯选集》第1卷，人民出版社1992年版。

[39]《马克思恩格斯选集》第2卷，人民出版社1992年版。

[40]《列宁全集》第41卷，人民出版社1972年版。

[41]《斯大林全集》第9卷，人民出版社1972年版。

[42] 李新广：《理性与思维：国际贸易轮的探索与发展》，中国经济出版社1997年版。

[43] 席小炎、王秋石：《国际经济学》，经济管理出版社2001年版。

[44] 罗纳德·H. 奇尔科特：《批判的范式：帝国主义政治经济学》，社会科学文献出版社2001年版。

[45] 杨逢民：《欧洲联盟的中国经贸政策》，华东理工大学出版社2001年版。

[46] 樊勇明：《西方国际政治经济学》，上海人民出版社2001年版。

[47] 穆哈默德·阿里夫：《东盟在不断变化的太平洋地区分工中的比较优势》，载罗肇鸿、陈润和编：《中国与东盟国家经济关系》，社会科学文献出版社1995年版。

[48] 罗伯特·吉尔平：《全球资本主义的挑战》，上海人民出版社2001年版。

[49] 费尔南德斯·希尔贝尔托、安德列·英门：《发展中国家的自由化》，经济科学出版社2000年版。

[50] EdwardN. Luttwak. *The Endangered American Dream* [Z]. Simon & Schuster N. Y. 1993: 35.

[51] 倪世雄等：《当代西方国际关系理论》，复旦大学出版社2001年版。

[52] 吴静哲:《当代世界知识200题》，中国青年出版社1998年版。

[53] 宋新宁、陈岳:《国际政治经济学概论》，中国人民大学出版社1999年版。

[54] Paul Routledge: "Anti - Geopolitics" in John Agnew ed, *A Companion to Political Geography* [M]. Blackwell Publishers Ltd., 2003: 236 - 246.

[55] Jimothy W. Luke. "Plstmodern Geopolitics: the Case of the 9. 11 Terrorist Attacks" in John Agnew ed., *A Companion to Political Geography* [M]. Blackwell Publishers Ltd., 2003: 219 - 232.

[56] 田志力:《全球开放论》，东方出版社1990年版。

[57] 卡尔·多伊奇:《国际关系分析》，世界知识出版社1992年版。

[58] Marston Knox Liverman. World Regions in Global Context: People, Place, and Environments [J]. *Uppoer Saddle River*, New Jersey, 2002: 16.

[59] 倪世雄:《当代西方国际关系理论》，复旦大学出版社2001年版。

[60] 杰弗里·帕克:《地缘政治学:过去、现在和未来》，新华出版社2003年版。

[61] 周八俊:《迈向新世纪的国际经济一体化:理论·实践·前景》，上海人民出版社1999年版。

[62] Viner, J. 'The Customs Union Issue' [N]. reprinted in Bhagwati, J., P. Krishna, and A. Panagariya (ed.) *Trading Blocs*, Cambridge: The MIT press, 1999: 105.

[63] 陈同仇、薛荣久:《国际贸易》，对外经济贸易大学出版社1997年版。

[64] Lipsey, R. G.. 'The Theory of Customs Unions:

The Diversion and Welfare' [J]. *Economic*, Vol. 93, 1957: 41.

[65] Gehrels, F.. 'Customs Union from a Single - Country Viewpoint' [J]. *Review of Economic Studies*, Vol. 24, 1956: 63.

[66] 王秋石:《国际经济学》，经济管理出版社 2001 年版。

[67] Cooper, C. A. and B. F. Massell. 'Toward A General Theory of Customs Unions for development Countries' [J]. *Journal of Political Economy*, Vol. 73, 1965: 462.

[68] Johnson, H. G. 'An Economic Theory of Protectionism, Tariff Bargaining, and the Formation of Customs Unions' [J]. *Journal of Political Economy*, Vol. 73, 1965: 470.

[69] 奥古斯托・德拉托利和玛格丽特・R. 凯利:《区域性贸易协定》，中国金融出版社 1993 年版。

[70] 赵晋平:《利用外资与中国经济增长》，人民出版社 2001 年版。

[71] 张斌: "东亚金融合作新尝试"，《人民日报》2006 年 2 月 6 日。

[72] 江瑞平: "构建中的东亚共同体: 经济基础与政治障碍"，《世界经济与政治》2005 年第 9 期。

[73] 庞中英: "中国外交新战略"，《经济观察报》2005 年第 36 期。

[74] 何帆、覃东海: "东亚建立货币联盟的成本与收益分析"，《世界经济》2005 年第 1 期。

[75] Ronald McKinnon. "Monetary and Exchange Rate Policies for International Financial Stability: A Proposal" [J]. *Journal of Economic Perspectives* Vo1. 2, No. 1, Winter 1988: 83 - 103.

[76] Junggun Oh and Charles Harvie. "Exchange Rate Coordination in East Asia" [J]. *The Journal of the Korean Economy*, Vol. 2, No. 2, Fall 2001.

[77] See Ronald McKinnon, "The East Asian Dollar Standard: Life After Death?" [J]. *Economic Notes*, 2000 (1): 29.

[78] 周双庆、岳小春："浅析东亚峰会扩大原因及我国应对策略建议"，《东南亚纵横》2006 年第 8 期。

[79] 钟伟："亚洲单一货币：路途遥远但值得期待"，《中国外汇管理》2001 年第 2 期。

[80] C. H. Kwan. "The Theory of Optimum Currency Areas and the Possibility of Forming a YenBloc in Asia" [J]. *Journal of Asian Economics*, 1998 (4): 9.

[81] 张铁强："积极推进东亚区域金融合作与一体化的进程"，转载于陈乔之：《东亚区域经济合作研究》，中国社会科学出版社 2002 年版。

[82] Jeffrey A. Frankel and Andrew Rose. "The Endogenrity of the Optimum Currency Area Criteria" [J]. *Economic Journal*, Vol. 108, 1998: 1009 - 1025.

[83] 王逸舟："面向 21 世纪的中国外交：三种需求的寻求及其平衡"，《战略与管理》1999 年第 6 期。

[84] 门洪华："参与、创设与主导——以国际制度建设为中心推进东亚一体化"，《国际问题论坛》2004 年第 37 期。

[85] "中国与东盟能够共同繁荣——访中国社会科学院亚太所所长张蕴岭"，《国际经济评论》2002 年第 1—2 期。

[86] 张蕴岭等："中国加入 WTO 的影响" [R]. JRT 研究报告 No. 1, 2001。

[87] ASEAN Secretariat (2004). Agreement on Trade in Goods of the Framework Agreement n Comprehensive Economic Co—operation between the Association of Southeast Asian Nations and the People's Republic of China [EB]. http://www.aseansec.org/16646.htm.

[88] 李荣林："中国—东盟自由贸易区与东亚区域经济一体化"，《当代亚太》2005 年第 8 期。

[89] 孙晓郁：《中日韩经济合作的新起点》，商务印书馆 2004 年版。

[90] 周柯："中日经贸架构下的 ODA 解读"，《国际经贸探索》2005 年第 4 期。

[91] 温家宝："中国的和平发展与东亚的机遇" [Z]，国务院总理温家宝 2005 年 12 月 12 日在东亚峰会领袖对话会议上发表的重要演讲，新华网吉隆坡 12 月 12 日电。

[92] 方晓丘、金弘讯：《跨世纪的光》，香港社会科学出版社 1998 年版。

[93] 贾庆林："4 月 23 日在海南博鳌会见台湾两岸共同市场基金会董事长萧万长所展示的数字"，《人民日报》2005 年 4 月 24 日。

[94] 李海东："冷战后东亚新地区主义的发展及其前景"，中国人民解放军外国语学院，2004 年。

[95] 萧万长："两岸四地共同构建'大中华经济圈'，中国台湾知名人士、前国民党副主席萧万长 2005 年 8 月 27 日在深圳中国企业家论坛的讲话，中国台湾网 8 月 28 日消息。

[96] 施建淮："东亚金融货币合作：短期，中期和长期"，《北京大学中国经济研究中心简报》第 243 期和第 244 期。

[97] 顾延筠："发展亚洲债券市场的新构思——'亚

洲债券基金'”,《世界经济研究》,2003年第10期。

[98] 沈军、谭庆华:“东亚地区货币合作探索及其前景分析”,《东南亚纵横》,2003年第9期。

[99] 李晓、丁一兵:“新世纪的东亚区域货币合作:中国的地位与作用”,《吉林大学社会科学学报》,2004年第3期。

[100] 刘力臻、焦百强:“东亚区域货币合作与我国的参与对策”,《东北亚论坛》2003年第3期。

[101] http://www.sina.com.cn 2008年4月4日《解放日报》。

[102] 陆亚琴:“大湄公河次区域合作面临的经济环境分析”,Journal of Yunnan Finance & Economic University 2004.(11)第19卷,第1期。

[103] 杨靖、毕攀等:“澜沧江—湄公河流域水资源利用概况”,《安徽农业科学》,2009年第37期。

[104] 陈红坤:“缅甸水能资源开发及投资模式研究”,《云南电业》2006年第9期。

[105] 温家宝在大湄公河次区域经济合作第三次领导人会议上的讲话,http://news.xinhuanet.com/,2008年3月31日。

[106] [美] 萨瓦托尔著:《国际经济学》,清华大学出版社1997年版。

[107] 贺圣达:“大湄公河次区域合作:复杂的合作机制和中国的参与”,《南洋问题研究》2005年第33期。

[108] 钟宁:“中国参与大湄公河次区域水能资源开发与利用的思考”,《企业科技与发展》2008年第20期。

[109] 朱孟楠、陈文奇:“建立‘海峡两岸金融合作实验区’的设想”,《发展研究》2004年第5期。

[110] 陈世瑞:“论大湄公河次区域环保合作”,《云南

师范大学学报》2008 年第 5 期。

[111] 冯彦、何大明等："澜沧江—湄公河水资源公平合理分配模式分析"，《自然资源学报》2000 年第 3 期。

[112] 丁文丽：《大湄公河次区域货币金融合作、理论、基础与对策》，人民出版社 2009 年版。

[113] [意] G·甘道尔夫著，王小朋等译：《国际经济学》，中国经济出版社 1999 年版。

[114] 澜沧江—湄公河次区域经济合作信息网，http://www.lmsec.org/。

[115] 熊耀平、刘志忠主编：《国际经济学》，西南财经大学出版社 1999 年版。